대한민국 고등학생 10명 중
4.7 명이 보

영어 고등 교과서 점유율
(7차, 2007 개정, 2009 개정, 201

리딩튜터

그동안 판매된
리딩튜터 1,900만 부
차곡차곡 쌓으면 19만 미터

에베레스트
21 배 높이

그동안 판매된
능률VOCA 1,100만 부

대한민국 박스오피스
천만명을 넘은 영화
단 28개

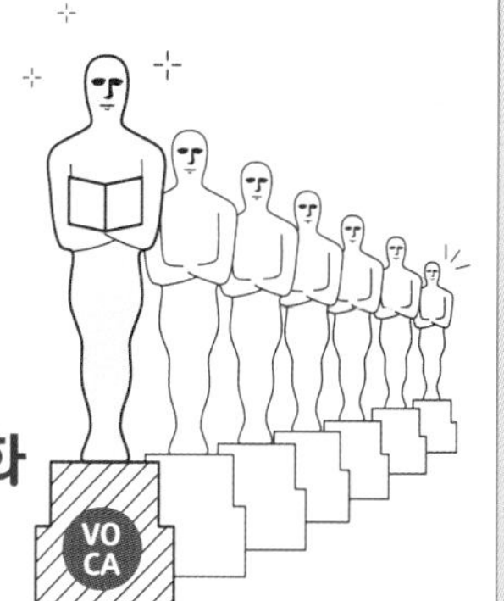

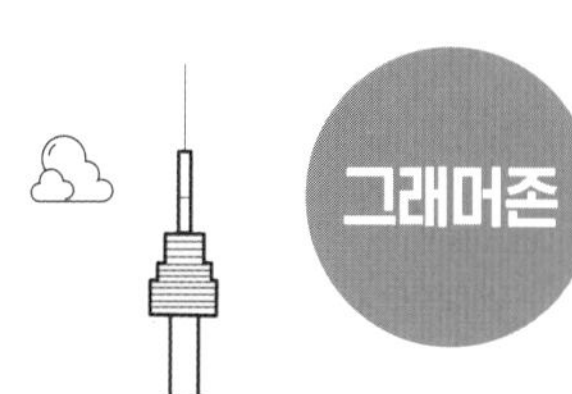

그동안 판매된 450만 부의 그래머존을 바닥에 쭉 ~ 깔면
1000km 서울-부산 왕복가능

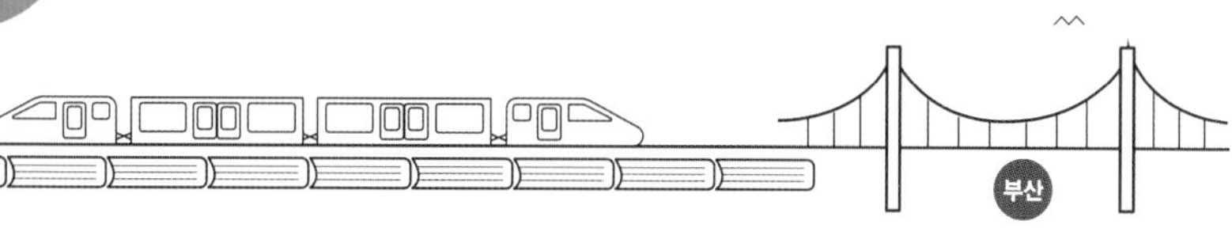

주니어 능률 VOCA 입문

지은이 NE능률 영어교육연구소
선임연구원 김지현, 신유승
연구원 조유람, 채민정, 이정민
영문 교열 Olk Bryce Barrett, Curtis Thompson, Angela Lan
표지 · 내지 디자인 민유화, 조가영
내지 일러스트 강주연, 조희진
맥편집 이인선

Photo Credits Shutter Stock

· 중학 교과서 필수 어휘 50일 완성 ·

주니어 능률 VOCA

입문

구성과 특징

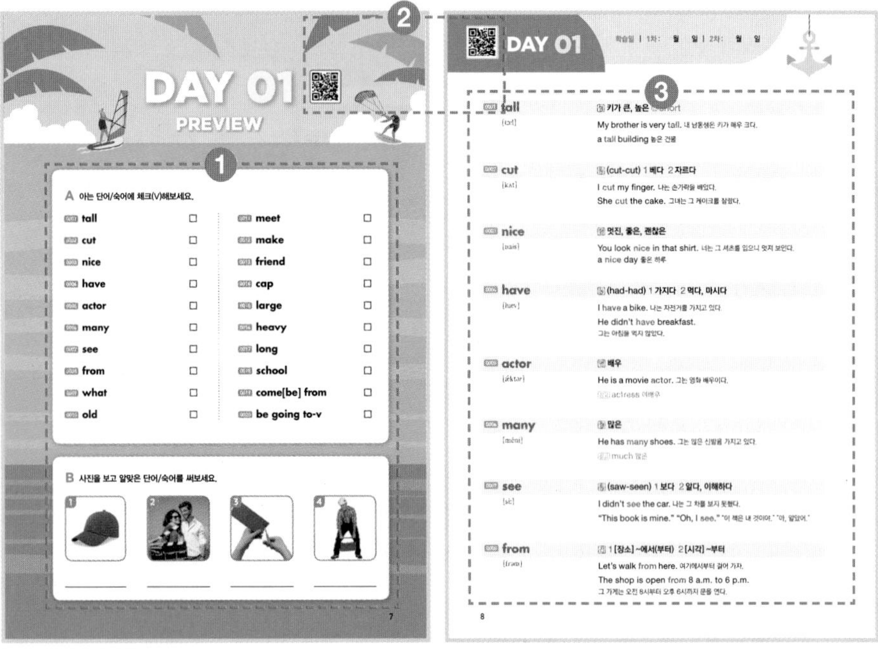

1 해당 DAY에 학습할 어휘를 미리 확인해 볼 수 있는 PREVIEW 수록

2 각 DAY별 어휘의 발음과 뜻을 바로 들을 수 있는 QR코드 삽입

3 새 교육과정 교과서 어휘를 반영한 1000개의 표제어와 뜻 제시
실용적인 예문, 함께 학습하면 좋을 유의어 · 반의어 · 파생어 및 참고 어휘 수록

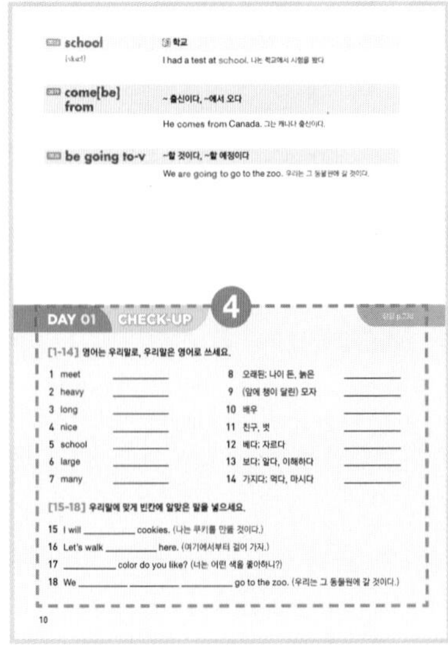

4 간단한 문제를 통해 각 DAY별로 학습한 어휘를 점검할 수 있는 Check-Up 수록

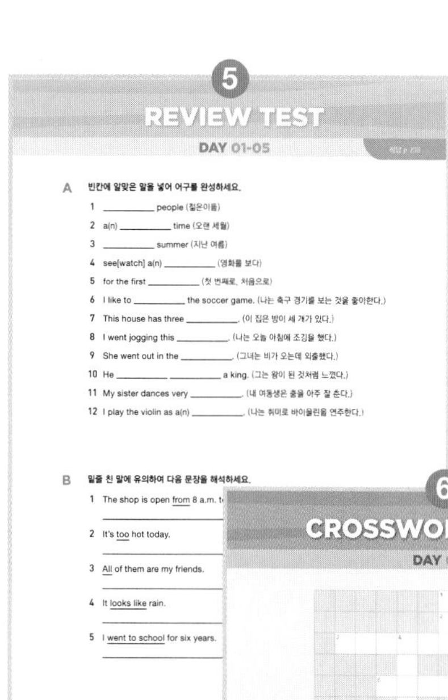

REVIEW TEST

DAY 01-05

A 빈칸에 알맞은 말을 넣어 어구를 완성하세요.

1 __________ people (젊은이들)
2 a(n) __________ time (오랜 세월)
3 __________ summer (지난 여름)
4 see[watch] a(n) __________ (영화를 보다)
5 for the first __________ (첫 번째로, 처음으로)
6 I like to __________ the soccer game. (나는 축구 경기를 보는 것을 좋아한다.)
7 This house has three __________. (이 집은 방이 세 개가 있다.)
8 I went jogging this __________. (나는 오늘 아침에 조깅을 했다.)
9 She went out in the __________. (그녀는 비가 오는데 외출했다.)
10 He __________ __________ a king. (그는 왕이 된 것처럼 느꼈다.)
11 My sister dances very __________. (내 여동생은 춤을 아주 잘 춘다.)
12 I play the violin as a(n) __________. (나는 취미로 바이올린을 연주한다.)

B 밑줄 친 말에 유의하여 다음 문장을 해석하세요.

1 The shop is open from 8 a.m. t
2 It's too hot today.
3 All of them are my friends.
4 It looks like rain.
5 I went to school for six years.

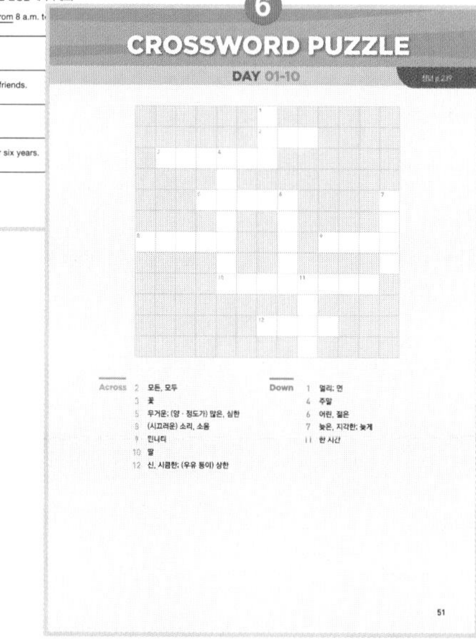

CROSSWORD PUZZLE

DAY 01-10

Across
2 모든, 모두
3 꽃
5 무거운; (양 · 정도가) 많은, 심한
8 (시끄러운) 소리, 소음
9 만나다
10 딸
12 신, 시큼한; (우유 등이) 상한

Down
1 멀리; 먼
4 주말
6 어린, 젊은
7 늦은, 지각한; 늦게
11 한 시간

51

YOUR FUTURE JOBS ART

Musician 음악가
make and play music 음악을 만들고 연주하다

Painter 화가
paint pictures 그림을 그리다

Dancer 무용가
dance to music 음악에 맞춰 춤추다

Cartoonist 만화가
draw cartoons 만화를 그리다

Designer 디자이너
design products 제품을 디자인하다

Photographer 사진 작가
take photographs 사진을 찍다

Curator 큐레이터
collect and display artwork 예술 작품을 모으고 전시하다

Florist 플로리스트
arrange flowers 꽃꽂이를 하다

Architect 건축가
design buildings 건물을 설계하다

52

5 5개 DAY마다 다양한 문제를 풀어보며 누적된 어휘를 반복 확인할 수 있는 REVIEW TEST 수록

6 10개 DAY마다 누적된 어휘를 재미있게 반복 확인할 수 있는 CROSSWORD PUZZLE 수록

7 다양한 분야의 직업과 관련 표현 소개를 통해 추가적으로 어휘를 학습할 수 있는 페이지 수록

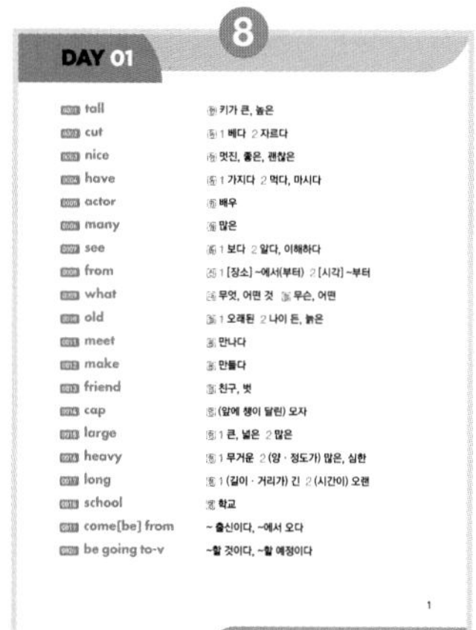

DAY 01

tall	키가 큰, 높은
cut	1 베다 2 자르다
nice	멋진, 좋은, 괜찮은
have	1 가지다 2 먹다, 마시다
actor	배우
many	많은
see	1 보다 2 알다, 이해하다
from	1 [장소] ~에서(부터) 2 [시각] ~부터
what	무엇, 어떤 것 무슨, 어떤
old	1 오래된 2 나이 든, 늙은
meet	만나다
make	만들다
friend	친구, 벗
cap	(앞에 챙이 달린) 모자
large	1 큰, 넓은 2 많은
heavy	1 무거운 2 (양 · 정도가) 많은, 심한
long	1 (길이 · 거리가) 긴 2 (시간이) 오랜
school	학교
come[be] from	~ 출신이다, ~에서 오다
be going to-v	~할 것이다, ~할 예정이다

1

8 간편히 휴대하며 어휘를 암기할 수 있는 어휘 암기장 제공

CONTENTS

발음기호와 품사

발음기호

자음

품사

명 명사 대 대명사 동 동사 형 형용사 부 부사 전 전치사 접 접속사

He played fun and exciting games with his friends yesterday.
대 동 형 접 형 명 전 대 명 부

1 **명사** 사람이나 사물의 이름 예) bus(버스), cat(고양이), movie(영화)
2 **대명사** 명사를 대신하는 말 예) you(너), he(그), it(그것)
3 **동사** 동작이나 상태를 나타내는 말 예) tell(말하다), see(보다), teach(가르치다)
4 **형용사** 상태, 성질, 모양, 크기, 수량 등을 나타내는 말 예) easy(쉬운), hard(단단한)
5 **부사** 시간, 장소, 이유, 방법 등을 나타내는 말 예) now(지금), here(여기에),
6 **전치사** 다른 단어들과의 관계를 나타내는 말 예) on(~ 위에), in(~ 안에), from(~부터)
7 **접속사** 단어와 단어, 문장과 문장을 이어주는 말 예) and(그리고), but(그러나), or(또는)

학습계획

주니어 능률 VOCA로 똑똑하게 어휘 학습하는 방법

Step 1 PREVIEW에서 어휘를 미리 보고 QR코드로 MP3파일 듣기 → 어휘 암기 → Check-Up으로 마무리

Step 2 이전 DAY의 PREVIEW를 펼치고 단어 복습 → 다음 DAY 어휘 학습

Step 3 이전 5일 치 DAY의 PREVIEW를 펼치고 단어 복습 → REVIEW TEST로 5일 치 단어 마무리

YOUR PLAN

DAY	1차 학습일	2차 학습일	DAY	1차 학습일	2차 학습일
01	월 일	월 일	26	월 일	월 일
02	월 일	월 일	27	월 일	월 일
03	월 일	월 일	28	월 일	월 일
04	월 일	월 일	29	월 일	월 일
05	월 일	월 일	30	월 일	월 일
06	월 일	월 일	31	월 일	월 일
07	월 일	월 일	32	월 일	월 일
08	월 일	월 일	33	월 일	월 일
09	월 일	월 일	34	월 일	월 일
10	월 일	월 일	35	월 일	월 일
11	월 일	월 일	36	월 일	월 일
12	월 일	월 일	37	월 일	월 일
13	월 일	월 일	38	월 일	월 일
14	월 일	월 일	39	월 일	월 일
15	월 일	월 일	40	월 일	월 일
16	월 일	월 일	41	월 일	월 일
17	월 일	월 일	42	월 일	월 일
18	월 일	월 일	43	월 일	월 일
19	월 일	월 일	44	월 일	월 일
20	월 일	월 일	45	월 일	월 일
21	월 일	월 일	46	월 일	월 일
22	월 일	월 일	47	월 일	월 일
23	월 일	월 일	48	월 일	월 일
24	월 일	월 일	49	월 일	월 일
25	월 일	월 일	50	월 일	월 일

DAY 01

PREVIEW

A 아는 단어/숙어에 체크(V)해보세요.

0001	**tall**	□
0002	**cut**	□
0003	**nice**	□
0004	**have**	□
0005	**actor**	□
0006	**many**	□
0007	**see**	□
0008	**from**	□
0009	**what**	□
0010	**old**	□
0011	**meet**	□
0012	**make**	□
0013	**friend**	□
0014	**cap**	□
0015	**large**	□
0016	**heavy**	□
0017	**long**	□
0018	**school**	□
0019	**come[be] from**	□
0020	**be going to-v**	□

B 사진을 보고 알맞은 단어/숙어를 써보세요.

1 
____

2 
____

3 
____

4 
____

DAY 01

학습일 | 1차: 월 일 | 2차: 월 일

0001 **tall**
[tɔ:l]

형 **키가 큰, 높은** 반 short

My brother is very tall. 내 남동생은 키가 매우 크다.

a tall building 높은 건물

0002 **cut**
[kʌt]

동 (cut-cut) 1 **베다** 2 **자르다**

I cut my finger. 나는 손가락을 베었다.

She cut the cake. 그녀는 그 케이크를 잘랐다.

0003 **nice**
[nais]

형 **멋진, 좋은, 괜찮은**

You look nice in that shirt. 너는 그 셔츠를 입으니 멋져 보인다.

a nice day 좋은 하루

0004 **have**
[hæv]

동 (had-had) 1 **가지다** 2 **먹다, 마시다**

I have a bike. 나는 자전거를 가지고 있다.

He didn't have breakfast.
그는 아침을 먹지 않았다.

0005 **actor**
[ǽktər]

명 **배우**

He is a movie actor. 그는 영화 배우이다.

참고 actress 여배우

0006 **many**
[méni]

형 **많은**

He has many shoes. 그는 많은 신발을 가지고 있다.

참고 much 많은

0007 **see**
[si:]

동 (saw-seen) 1 **보다** 2 **알다, 이해하다**

I didn't see the car. 나는 그 차를 보지 못했다.

"This book is mine." "Oh, I see." "이 책은 내 것이야." "아, 알았어."

0008 **from**
[frəm]

전 1 **[장소] ~에서(부터)** 2 **[시각] ~부터**

Let's walk from here. 여기에서부터 걸어 가자.

The shop is open from 8 a.m. to 6 p.m.
그 가게는 오전 8시부터 오후 6시까지 문을 연다.

0009 **what** [wɑːt]

대 **무엇, 어떤 것** 형 **무슨, 어떤**

What is this? 이것은 무엇이니?

What color do you like? 너는 어떤 색을 좋아하니?

0010 **old** [ould]

형 1 **오래된** 반 new 2 **나이 든, 늙은** 반 young

The house is very old. 그 집은 매우 오래되었다.

an old man 나이 든 남자

0011 **meet** [miːt]

동 **(met-met) 만나다**

Let's meet at three o'clock. 세 시에 만나자.

0012 **make** [meik]

동 **(made-made) 만들다**

I will make cookies. 나는 쿠키를 만들 것이다.

She made me a bag. 그녀가 내게 가방을 만들어주었다.

0013 **friend** [frend]

명 **친구, 벗**

He has many friends. 그는 친구가 많다.

a best friend 단짝

0014 **cap** [kæp]

명 **(앞에 챙이 달린) 모자**

He is wearing a baseball cap. 그는 야구 모자를 쓰고 있다.

참고 hat (테두리에 챙이 있는) 모자

0015 **large** [lɑːrdʒ]

형 1 **큰, 넓은** 반 small 2 **많은**

This room is very large. 이 방은 매우 크다.

a large number of people 많은 수의 사람들

0016 **heavy** [hévi]

형 1 **무거운** 반 light 2 **(양 · 정도가) 많은, 심한**

This box is very heavy. 이 상자는 매우 무겁다.

heavy rain 폭우

0017 **long** [lɔːŋ]

형 1 **(길이 · 거리가) 긴** 반 short 2 **(시간이) 오랜** 반 short

She has long hair. 그녀는 긴 머리를 가지고 있다.

a long time 오랜 세월

0018 **school**

[sku:l]

명 학교

I had a test at school. 나는 학교에서 시험을 봤다.

0019 **come[be] from**

~ 출신이다, ~에서 오다

He comes from Canada. 그는 캐나다 출신이다.

0020 **be going to-v**

~할 것이다, ~할 예정이다

We are going to go to the zoo. 우리는 그 동물원에 갈 것이다.

DAY 01 CHECK-UP

정답 p.238

[1-14] 영어는 우리말로, 우리말은 영어로 쓰세요.

1 meet ____________

2 heavy ____________

3 long ____________

4 nice ____________

5 school ____________

6 large ____________

7 many ____________

8 오래된; 나이 든, 늙은 ____________

9 (앞에 챙이 달린) 모자 ____________

10 배우 ____________

11 친구, 벗 ____________

12 베다; 자르다 ____________

13 보다; 알다, 이해하다 ____________

14 가지다; 먹다, 마시다 ____________

[15-18] 우리말에 맞게 빈칸에 알맞은 말을 넣으세요.

15 I will ____________ cookies. (나는 쿠키를 만들 것이다.)

16 Let's walk ____________ here. (여기에서부터 걸어 가자.)

17 ____________ color do you like? (너는 어떤 색을 좋아하니?)

18 We ____________ ____________ ____________ go to the zoo. (우리는 그 동물원에 갈 것이다.)

DAY 02

PREVIEW

A 아는 단어/숙어에 체크(V)해보세요.

- 0021 **happy** ☐
- 0022 **room** ☐
- 0023 **dance** ☐
- 0024 **fun** ☐
- 0025 **clean** ☐
- 0026 **bean** ☐
- 0027 **light** ☐
- 0028 **for** ☐
- 0029 **good** ☐
- 0030 **short** ☐
- 0031 **eat** ☐
- 0032 **too** ☐
- 0033 **lunch** ☐
- 0034 **wait** ☐
- 0035 **student** ☐
- 0036 **model** ☐
- 0037 **out** ☐
- 0038 **young** ☐
- 0039 **go to school** ☐
- 0040 **make friends** ☐

B 사진을 보고 알맞은 단어/숙어를 써보세요.

1 
____

2 
____

3 
____

4 
____

학습일 | 1차: 월 일 | 2차: 월 일

0021 **happy** [hǽpi]

형 **행복한**

She is a happy girl. 그녀는 행복한 소녀이다.

+ happily 부 행복하게 happiness 명 행복

0022 **room** [ruːm]

명 **방**

This house has three rooms. 이 집은 방이 세 개가 있다.

0023 **dance** [dæns]

동 **춤추다** 명 **춤, 댄스**

Shall we dance? 춤추실래요?

folk dance 민속 무용

0024 **fun** [fʌn]

명 **재미, 즐거움** 형 **재미있는**

He plays the guitar for fun. 그는 재미로 기타를 친다.

I saw a fun movie. 나는 재미있는 영화를 보았다.

참고 funny 우스운, 재미있는

0025 **clean** [kliːn]

형 **깨끗한** 반 dirty 동 **청소하다**

My hands are not clean. 내 손은 깨끗하지 않다.

He cleaned his room. 그는 자신의 방을 청소했다.

0026 **bean** [biːn]

명 **콩**

I don't like beans. 나는 콩을 좋아하지 않는다.

coffee beans 커피 콩

0027 **light** [lait]

명 1 **빛** 2 **(전깃)불, 전등** 형 **가벼운** 반 heavy

Plants need water and light. 식물은 물과 빛을 필요로 한다.

The light is on. 불이 켜져 있다.

This box is light. 이 상자는 가볍다.

0028 **for** [fɔːr]

전 1 **[목적] ~을 위해** 2 **[시간] ~ 동안**

We went home for dinner. 우리는 저녁 식사를 하러 집에 갔다.

I studied for three hours. 나는 3시간 동안 공부했다.

0029 **good**
[gud]

형 1 좋은, 훌륭한 반 bad 2 즐거운, 기쁜

My English is not good. 내 영어 실력은 좋지 않다.

I have good news. 나는 기쁜 소식이 있다.

0030 **short**
[ʃɔːrt]

형 1 (길이 · 거리가) 짧은 반 long 2 키가 작은 반 tall

Your pants are short. 네 바지는 짧다.

That short girl is my sister. 저 키가 작은 소녀가 내 여동생이다.

0031 **eat**
[iːt]

동 (ate-eaten) 먹다

I eat an apple every day. 나는 매일 사과 한 개를 먹는다.

0032 **too**
[tuː]

부 1 너무 2 또한, 게다가

It's too hot today. 오늘은 너무 덥다.

I think so, too. 나 또한 그렇게 생각해.

0033 **lunch**
[lʌntʃ]

명 점심 (식사)

We have lunch at twelve. 우리는 12시에 점심을 먹는다.

She ate a sandwich for lunch. 그녀는 점심으로 샌드위치를 먹었다.

참고 breakfast 아침 (식사) dinner 저녁 (식사)

0034 **wait**
[weit]

동 기다리다 ((for))

Please wait here. 여기에서 기다려주세요.

They are waiting for you. 그들은 너를 기다리고 있다.

0035 **student**
[stúːdnt]

명 학생

I'm a middle school student. 나는 중학생이다.

0036 **model**
[mádl]

명 1 모형 2 모델

A boy is making a model plane. 한 소년이 모형 비행기를 만들고 있다.

a fashion model 패션모델

0037 **out**
[aut]

부 밖에, 밖으로

Let's go out now. 지금 밖에 나가자.

0038 **young**

[jʌŋ]

형 어린, 젊은 반 old

He looks young. 그는 어려 보인다.

young people 젊은이들

0039 **go to school**

학교에 다니다

I went to school for six years. 나는 6년간 학교에 다녔다.

0040 **make friends**

친구가 되다, 친해지다

I made friends with them. 나는 그들과 친구가 되었다.

DAY 02 CHECK-UP

정답 p.238

[1-14] 영어는 우리말로, 우리말은 영어로 쓰세요.

1 clean ____________

2 dance ____________

3 light ____________

4 happy ____________

5 model ____________

6 too ____________

7 good ____________

8 점심 (식사) ____________

9 기다리다 ____________

10 밖에, 밖으로 ____________

11 먹다 ____________

12 방 ____________

13 학생 ____________

14 어린, 젊은 ____________

[15-18] 우리말에 맞게 빈칸에 알맞은 말을 넣으세요.

15 I saw a(n) ____________ movie. (나는 재미있는 영화를 보았다.)

16 I studied ____________ three hours. (나는 3시간 동안 공부했다.)

17 I ____________ ____________ with them. (나는 그들과 친구가 되었다.)

18 That ____________ girl is my sister. (저 키가 작은 소녀가 내 여동생이다.)

DAY 03

PREVIEW

A 아는 단어/숙어에 체크(V)해보세요.

0041	**all**	☐	0051	**like**	☐
0042	**city**	☐	0052	**new**	☐
0043	**day**	☐	0053	**ago**	☐
0044	**smart**	☐	0054	**classmate**	☐
0045	**look**	☐	0055	**dancer**	☐
0046	**teacher**	☐	0056	**dinner**	☐
0047	**watch**	☐	0057	**dirty**	☐
0048	**to**	☐	0058	**study**	☐
0049	**house**	☐	0059	**have fun**	☐
0050	**hobby**	☐	0060	**eat out**	☐

B 사진을 보고 알맞은 단어/숙어를 써보세요.

1 
______

2 
______

3 
______

4 
______

0041 **all** [ɔːl]

형 모든 대 모두

All the students are waiting for a bus.
모든 학생들이 버스를 기다리고 있다.

All of them are my friends. 그들 모두는 내 친구이다.

0042 **city** [síti]

명 도시

New York is a big city. 뉴욕은 대도시이다.

0043 **day** [dei]

명 1 하루, 날 2 낮

Today is your first day of school. 오늘은 너의 등교 첫날이다.

day and night 밤낮으로

참고 week 주, 일주일

0044 **smart** [smɑːrt]

형 영리한, 똑똑한 유 bright

She is a smart student. 그녀는 영리한 학생이다.

0045 **look** [luk]

동 1 보다 ((at)) 2 (~하게) 보이다

Look at that man. 저 남자를 봐라.

He looks happy. 그는 행복해 보인다.

0046 **teacher** [tíːtʃər]

명 교사, 선생

She is an English teacher. 그녀는 영어 교사이다.

+ teach 동 가르치다

0047 **watch** [watʃ]

동 보다 명 손목시계

I like to watch the soccer game. 나는 축구 경기를 보는 것을 좋아한다.

He is looking at his watch. 그는 손목시계를 보고 있다.

참고 clock 시계

0048 **to** [tuː]

전 1 [방향 · 장소] ~으로, ~에 2 [범위] ~까지

She will come to my room. 그녀는 내 방으로 올 것이다.

It's 5 km from here to school. 여기서부터 학교까지는 5km이다.

0049 **house**

[haus]

명 **집, 주택**

My dad cleaned the **house**. 아빠는 집을 청소하셨다.

참고 home 집, 가정

0050 **hobby**

[hábi]

명 **취미**

I play the violin as a **hobby**. 나는 취미로 바이올린을 연주한다.

0051 **like**

[laik]

동 **좋아하다** 전 **~처럼, ~와 같이**

She **likes** cheesecake. 그녀는 치즈 케이크를 좋아한다.

He is tall **like** his father. 그는 그의 아빠처럼 키가 크다.

0052 **new**

[nuː]

형 **새, 새로운** 반 old

I have a **new** camera. 나는 새로운 카메라를 가지고 있다.

0053 **ago**

[əgóu]

부 **~ 전에, 이전에**

I met her three days **ago**. 나는 그녀를 3일 전에 만났다.

long **ago** 옛날에, 오래전에

0054 **classmate**

[klǽsmèit]

명 **급우, 반 친구**

All of his **classmates** are nice. 그의 반 친구들은 모두 멋지다.

0055 **dancer**

[dǽnsər]

명 **춤추는 사람, 무용수**

She is a ballet **dancer**. 그녀는 발레 무용수이다.

+ dance 동 춤추다 명 춤, 댄스

0056 **dinner**

[dínər]

명 **저녁 (식사)**

He cooks **dinner** for his family. 그는 가족을 위해 저녁 식사를 요리한다.

have[eat] **dinner** 저녁을 먹다

참고 breakfast 아침 (식사) lunch 점심 (식사)

0057 **dirty**

[də́ːrti]

형 **더러운** 반 clean

Your hands are too **dirty**. 너의 손은 너무 더럽다.

0058 study [stʌ́di]

명 동 1 공부(하다) 2 연구(하다)

He is **studying** English. 그는 영어를 공부하고 있다.

a **study** of birds 새에 관한 연구

0059 have fun

즐기다, 재미있게 놀다

We **had fun** at the party. 우리는 파티에서 재미있게 놀았다.

0060 eat out

외식하다

They **eat out** on Sundays. 그들은 일요일마다 외식을 한다.

DAY 03 CHECK-UP

정답 p.238

[1-14] 영어는 우리말로, 우리말은 영어로 쓰세요.

1 ago ____________

2 smart ____________

3 all ____________

4 dinner ____________

5 hobby ____________

6 look ____________

7 study ____________

8 급우, 반 친구 ____________

9 더러운 ____________

10 집, 주택 ____________

11 하루, 날; 낮 ____________

12 보다; 손목시계 ____________

13 좋아하다; ~처럼, ~와 같이 ____________

14 새, 새로운 ____________

[15-18] 우리말에 맞게 빈칸에 알맞은 말을 넣으세요.

15 She is an English ____________. (그녀는 영어 교사이다.)

16 She will come ____________ my room. (그녀는 내 방으로 올 것이다.)

17 They ____________ ____________ on Sundays. (그들은 일요일마다 외식을 한다.)

18 We ____________ ____________ at the party. (우리는 파티에서 재미있게 놀았다.)

DAY 04

PREVIEW

A 아는 단어/숙어에 체크(V)해보세요.

0061 **enter** ☐
0062 **body** ☐
0063 **act** ☐
0064 **bad** ☐
0065 **classroom** ☐
0066 **flower** ☐
0067 **color** ☐
0068 **in** ☐
0069 **minute** ☐
0070 **sand** ☐
0071 **star** ☐
0072 **wet** ☐
0073 **yesterday** ☐
0074 **hot** ☐
0075 **late** ☐
0076 **well** ☐
0077 **beach** ☐
0078 **who** ☐
0079 **look like** ☐
0080 **all day (long)** ☐

B 사진을 보고 알맞은 단어/숙어를 써보세요.

1  ____________

2  ____________

3  ____________

4 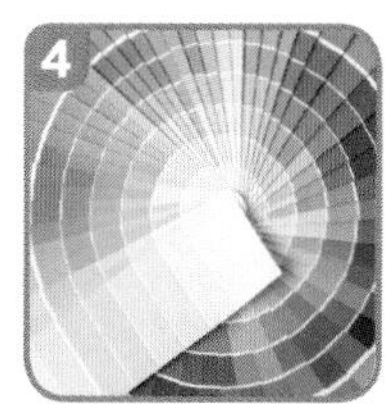 ____________

0061 **enter** [éntər]

동 1 들어가다 2 입학하다

She entered the room. 그녀는 그 방에 들어갔다.

He entered a school. 그는 학교에 입학했다.

+ entrance 명 문, (출)입구; (박물관 등에) 입장; 입학; 입사

0062 **body** [bɑ́di]

명 몸, 신체

Tomatoes are good for your body. 토마토는 네 몸에 좋다.

0063 **act** [ækt]

동 행동하다 명 행동, 행위

The boy acts like a baby. 그 소년은 아기처럼 행동한다.

a kind act 친절한 행위

+ action 명 행동, 조치; 행위, 동작

0064 **bad** [bæd]

형 1 나쁜, 불쾌한 반 good 2 해로운, 안 좋은

Today was a bad day. 오늘은 불쾌한 날이었다.

Junk food is bad for you. 불량식품은 너에게 해롭다.

0065 **classroom** [klǽsrù:m]

명 교실, 강의실

Did they clean the classroom? 그들은 교실을 청소했니?

0066 **flower** [fláuər]

명 꽃

You can see many flowers there. 너는 거기서 많은 꽃들을 볼 수 있다.

0067 **color** [kʌ́lər]

명 색, 색깔

I like the color of your cap. 나는 너의 모자 색깔이 맘에 든다.

+ colorful 형 알록달록한, 다채로운

0068 **in** [in]

전 1 [장소] ~(안)에서 2 [기간] ~(동안)에 3 [시간] ~ 후에

He had dinner in the house. 그는 집에서 저녁을 먹었다.

We went to Japan in 2017. 우리는 2017년에 일본에 갔다.

She will come in an hour. 그녀는 한 시간 후에 올 것이다.

0069 **minute**
[mínit]

명 1 (시간의 단위) 분 2 잠깐

He studied for 30 minutes. 그는 30분 동안 공부했다.

Wait a minute. 잠깐 기다려라.

참고 hour 한 시간 second 초

0070 **sand**
[sænd]

명 모래

I got sand in my eye. 나는 눈에 모래가 들어갔다.

0071 **star**
[stɑːr]

명 1 별 2 (연예 · 스포츠계 등의) 스타

You can't see many stars in the city.
너는 도시에서 별들을 많이 볼 수 없다.

a tennis star 테니스 스타

0072 **wet**
[wet]

형 젖은, 축축한 반 dry

My hair got wet in the rain. 내 머리는 비에 젖었다.

a wet T-shirt 축축한 티셔츠

0073 **yesterday**
[jéstərdei]

부 어제 명 어제

I ate out with my mom yesterday. 나는 어제 엄마와 외식했다.

Yesterday was Friday. 어제는 금요일이었다.

참고 today 오늘 tomorrow 내일

0074 **hot**
[hɑt]

형 1 뜨거운, 더운 반 cold 2 매운 유 spicy

I like to swim on hot days. 나는 더운 날에 수영하는 것을 좋아한다.

This chili sauce is too hot. 이 칠리 소스는 너무 맵다.

0075 **late**
[leit]

형 늦은, 지각한 부 늦게 반 early (형/부)

I was late for school. 나는 학교에 지각했다.

She came home late. 그녀는 집에 늦게 왔다.

0076 **well**
[wel]

부 잘, 훌륭하게 형 건강한

My sister dances very well. 내 여동생은 춤을 아주 잘 춘다.

He looks well. 그는 건강해 보인다.

0077 beach [bi:tʃ]

명 **해변, 바닷가**

Let's go to the **beach** this summer. 이번 여름에 해변에 가자.

0078 who [hu:]

대 **[의문문] 누구**

Who is that girl? 저 소녀는 누구니?

0079 look like

1 ~처럼 보이다 2 ~할 것 같다

That cat **looks like** a lion. 저 고양이는 사자처럼 보인다.

It **looks like** rain. 비가 올 것 같다.

0080 all day (long)

하루 종일

She was at school **all day long.** 그녀는 하루 종일 학교에 있었다.

DAY 04 CHECK-UP

정답 p.238

[1-14] 영어는 우리말로, 우리말은 영어로 쓰세요.

1 color ____________

2 hot ____________

3 who ____________

4 bad ____________

5 minute ____________

6 in ____________

7 star ____________

8 잘, 훌륭하게; 건강한 ____________

9 교실, 강의실 ____________

10 몸, 신체 ____________

11 늦은, 지각한; 늦게 ____________

12 행동하다; 행동, 행위 ____________

13 젖은, 축축한 ____________

14 들어가다; 입학하다 ____________

[15-18] 우리말에 맞게 빈칸에 알맞은 말을 넣으세요.

15 __________ was Friday. (어제는 금요일이었다.)

16 Let's go to the __________ this summer. (이번 여름에 해변에 가자.)

17 That cat __________ __________ a lion. (저 고양이는 사자처럼 보인다.)

18 She was at school __________ __________ __________. (그녀는 하루 종일 학교에 있었다.)

DAY 05

PREVIEW

A 아는 단어/숙어에 체크(V)해보세요.

0081 feel ☐
0082 cold ☐
0083 class ☐
0084 sad ☐
0085 family ☐
0086 really ☐
0087 hour ☐
0088 at ☐
0089 rain ☐
0090 dry ☐
0091 time ☐
0092 last ☐
0093 morning ☐
0094 live ☐
0095 movie ☐
0096 sour ☐
0097 meat ☐
0098 lake ☐
0099 look for ☐
0100 feel like ☐

B 사진을 보고 알맞은 단어/숙어를 써보세요.

1 
______

2 
______

3 
______

4 
______

학습일 | 1차: 월 일 | 2차: 월 일

0081 **feel**

[fiːl]

동 (felt-felt) 1 (촉감으로) 느끼다 2 (기분 · 감정 등이) 들다

I can't **feel** my leg. 나는 다리에 감각이 없다.

I **felt** better after a good sleep. 나는 푹 자고 나서 기분이 나아졌다.

0082 **cold**

[kould]

형 추운, 차가운 반 hot 명 감기

It was very **cold** yesterday. 어제는 매우 추웠다.

I had a bad **cold**. 나는 지독한 감기에 걸렸다.

0083 **class**

[klæs]

명 1 학급, 반 2 수업 유 course

He is the tallest boy in his **class**. 그는 반에서 가장 키가 큰 소년이다.

She is going to take an English **class**.
그녀는 영어 수업을 들을 것이다.

0084 **sad**

[sæd]

형 슬픈

He said goodbye, and I was **sad**. 그는 작별인사를 했고, 나는 슬펐다.

0085 **family**

[fǽməli]

명 가족, 가정

All his **family** likes their new house.
그의 모든 가족은 그들의 새 집을 좋아한다.

0086 **really**

[ríːəli]

부 1 실제로, 진짜로 2 [강조] 아주, 정말로

He **really** came to the party. 그는 실제로 그 파티에 왔다.

I am **really** sorry. 정말 죄송합니다.

+ real 형 진짜의, 실제의

0087 **hour**

[áuər]

명 한 시간

I waited for two **hours**. 나는 두 시간 동안 기다렸다.

참고 minute 분 second 초

0088 **at**

[æt]

전 1 [장소] ~에(서) 2 [시간] ~에

We'll meet **at** the school. 우리는 학교에서 만날 것이다.

I had lunch **at** twelve. 나는 12시에 점심을 먹었다.

0089 **rain**

[rein]

명 **비, 빗물** 동 **비가 오다**

She went out in the rain. 그녀는 비가 오는데 외출했다.

Is it raining now? 지금 비가 오고 있니?

+ rainy 형 비가 오는

0090 **dry**

[drai]

형 **마른, 건조한** 반 wet 동 **마르다, 말리다**

The air is very dry. 공기가 매우 건조하다.

Dry your hands well. 손을 잘 말려라.

0091 **time**

[taim]

명 **1 시각 2 시간 3 때, 번**

What time is it now? 지금 몇 시니?

We had a good time. 우리는 즐거운 시간을 보냈다.

for the first time 첫 번째로, 처음으로

0092 **last**

[læst]

형 **1 마지막의 2 지난**

This is the last bus to Seoul. 이것이 서울로 가는 마지막 버스이다.

last summer 지난 여름

+ lastly 부 끝으로, 마지막으로

0093 **morning**

[mɔ́ːrniŋ]

명 **아침, 오전**

I went jogging this morning. 나는 오늘 아침에 조깅을 했다.

in the morning 아침에

참고 afternoon 오후 evening 저녁

0094 **live**

[liv]

동 **살다** 형 [laiv] **살아있는** 반 dead

He lives in London. 그는 런던에 산다.

live animals 살아있는 동물들

0095 **movie**

[múːvi]

명 **영화** 유 film

The movie was very good. 그 영화는 매우 훌륭했다.

see[watch] a movie 영화를 보다

0096 **sour**

[sauər]

형 **1 신, 시큼한 2 (우유 등이) 상한**

This lemon is very sour. 이 레몬은 매우 시다.

The milk went sour. 그 우유는 상했다.

0097 meat [miːt]

명 고기

My sister doesn't eat **meat**. 내 여동생은 고기를 먹지 않는다.

0098 lake [leik]

명 호수

There are ducks on the **lake**. 호수 위에 오리들이 있다.

0099 look for

~을 찾다

I'm **looking for** a shirt for my brother.
나는 남동생에게 줄 셔츠를 찾고 있다.

0100 feel like

1 ~을 갖고[하고] 싶다 2 ~처럼 느끼다

I **feel like** a cup of water. 나는 물을 한 컵 마시고 싶다.

He **felt like** a king. 그는 왕이 된 것처럼 느꼈다.

DAY 05 CHECK-UP

정답 p.238

[1-14] 영어는 우리말로, 우리말은 영어로 쓰세요.

1 dry	________	8 비, 빗물; 비가 오다	________
2 cold	________	9 아침, 오전	________
3 really	________	10 마지막의; 지난	________
4 sad	________	11 학급, 반; 수업	________
5 feel	________	12 영화	________
6 live	________	13 호수	________
7 sour	________	14 고기	________

[15-18] 우리말에 맞게 빈칸에 알맞은 말을 넣으세요.

15 I waited for two ________. (나는 두 시간 동안 기다렸다.)

16 We'll meet ________ the school. (우리는 학교에서 만날 것이다.)

17 I ________ ________ a cup of water. (나는 물을 한 컵 마시고 싶다.)

18 I'm ________ ________ a shirt for my brother. (나는 남동생에게 줄 셔츠를 찾고 있다.)

REVIEW TEST

DAY 01-05

정답 p.238

A 빈칸에 알맞은 말을 넣어 어구를 완성하세요.

1 ___________ people (젊은이들)

2 a(n) ___________ time (오랜 세월)

3 ___________ summer (지난 여름)

4 see[watch] a(n) ___________ (영화를 보다)

5 for the first ___________ (첫 번째로, 처음으로)

6 I like to ___________ the soccer game. (나는 축구 경기를 보는 것을 좋아한다.)

7 This house has three ___________. (이 집은 방이 세 개가 있다.)

8 I went jogging this ___________. (나는 오늘 아침에 조깅을 했다.)

9 She went out in the ___________. (그녀는 비가 오는데 외출했다.)

10 He ___________ ___________ a king. (그는 왕이 된 것처럼 느꼈다.)

11 My sister dances very ___________. (내 여동생은 춤을 아주 잘 춘다.)

12 I play the violin as a(n) ___________. (나는 취미로 바이올린을 연주한다.)

B 밑줄 친 말에 유의하여 다음 문장을 해석하세요.

1 The shop is open <u>from</u> 8 a.m. to 6 p.m.

____

2 It's <u>too</u> hot today.

____

3 <u>All</u> of them are my friends.

____

4 It <u>looks like</u> rain.

____

5 I <u>went to school</u> for six years.

____

C 밑줄 친 단어와 반대인 뜻을 가진 단어를 고르세요.

1 The house is very old.

① tall ② new ③ nice ④ large

2 My hands are not clean.

① fun ② light ③ young ④ dirty

3 Today was a bad day.

① good ② cold ③ smart ④ sad

4 She came home late.

① too ② really ③ early ④ well

5 The air is very dry.

① heavy ② wet ③ sour ④ short

D 보기 에서 빈칸에 공통으로 들어갈 단어를 골라 쓰세요.

보기 class light have sour minute act

1 I ____________ a bike.

He didn't ____________ breakfast.

2 The ____________ is on.

This box is ____________.

3 He is the tallest boy in his ____________.

She is going to take an English ____________.

4 He studied for 30 ____________(e)s.

Wait a(n) ____________.

5 This lemon is very ____________.

The milk went ____________.

DAY 06

PREVIEW

A 아는 단어/숙어에 체크(V)해보세요.

0101	**again**	☐
0102	**home**	☐
0103	**kid**	☐
0104	**baker**	☐
0105	**cool**	☐
0106	**ready**	☐
0107	**test**	☐
0108	**with**	☐
0109	**week**	☐
0110	**far**	☐
0111	**son**	☐
0112	**town**	☐
0113	**rainy**	☐
0114	**hair**	☐
0115	**funny**	☐
0116	**sea**	☐
0117	**night**	☐
0118	**people**	☐
0119	**be good at**	☐
0120	**watch out (for)**	☐

B 사진을 보고 알맞은 단어/숙어를 써보세요.

1

____

2

____

3

____

4

____

DAY 06

학습일 | 1차: 월 일 | 2차: 월 일

0101 **again** [əgén]
부 **다시, 또**
He was late for class **again**. 그는 수업에 또 지각했다.

0102 **home** [houm]
명 **집, 가정** 부 **집에, 집으로**
She is not at **home** now. 그녀는 지금 집에 없다.
It's time to go **home**. 집에 갈 시간이다.
참고 house 집, 주택

0103 **kid** [kid]
명 **아이, 어린이** 유 child
The **kids** are having lunch. 아이들이 점심을 먹고 있다.
shoes for **kids** 아동용 신발

0104 **baker** [béikər]
명 **제빵사**
The **baker** made a cake for me.
그 제빵사가 나를 위해 케이크를 만들었다.
+ bake 동 (빵 · 과자를) 굽다

0105 **cool** [kuːl]
형 **서늘한, 시원한** 반 warm
It's **cool** in the morning. 아침에는 서늘하다.
a **cool** drink 시원한 음료수

0106 **ready** [rédi]
형 **준비가 된**
We're **ready** for the game. 우리는 경기를 할 준비가 되어 있다.
get **ready** 준비를 하다

0107 **test** [test]
명 1 **시험** 유 examination 2 **검사** 유 examination
I took an English **test**. 나는 영어 시험을 봤다.
an eye **test** 시력 검사

0108 **with** [wið]
전 1 **~와 함께** 2 **~로, ~을 이용하여**
Will you go **with** me? 나와 함께 갈래?
She ate soup **with** a spoon. 그녀는 숟가락으로 수프를 먹었다.

0109 **week**

[wiːk]

명 **주, 일주일**

I don't go to school this week. 나는 이번 주에 학교에 가지 않는다.

for a week 일주일 동안

참고 day 하루, 날

0110 **far**

[fɑːr]

부 **멀리** 형 **먼** 반 near(부/형)

He lives far from here. 그는 여기에서 멀리 떨어진 곳에 산다.

My house is not far from here. 우리집은 여기서 멀지 않다.

0111 **son**

[sʌn]

명 **아들** 반 daughter

My son likes toy robots. 내 아들은 장난감 로봇을 좋아한다.

0112 **town**

[taun]

명 **(소)도시, 마을**

They live in a small town. 그들은 작은 마을에 살고 있다.

참고 village (시골) 마을

0113 **rainy**

[réini]

형 **비가 오는**

I don't go out on rainy days. 나는 비 오는 날에 나가지 않는다.

+ rain 명 비, 빗물 동 비가 오다

0114 **hair**

[hɛər]

명 **머리(카락)**

He has short black hair. 그는 짧고 검은 머리를 가지고 있다.

0115 **funny**

[fʌ́ni]

형 **우스운, 재미있는**

She made a funny face. 그녀는 우스운 표정을 지었다.

참고 fun 재미

0116 **sea**

[siː]

명 **바다** 유 ocean

I can swim in the sea. 나는 바다에서 수영할 수 있다.

by the sea 바닷가에서

0117 **night**

[nait]

명 **밤, 야간**

She saw a movie last night. 그녀는 어젯밤에 영화를 봤다.

at night 밤에

0118 people
[píːpl]

명 1 사람들 2 (the ~) 국민

There are four **people** in the room. 방 안에 네 명의 사람들이 있다.

the English **people** 영국 국민

참고 person 사람, 인간

0119 be good at

~을 잘하다

They **are good at** singing. 그들은 노래를 잘한다.

0120 watch out (for)

~을 주의하다, ~을 조심하다

You should **watch out for** cars. 너는 차를 조심해야 한다.

DAY 06 CHECK-UP

정답 p.238

[1-14] 영어는 우리말로, 우리말은 영어로 쓰세요.

1 test ____________
2 rainy ____________
3 town ____________
4 people ____________
5 ready ____________
6 sea ____________
7 kid ____________
8 제빵사 ____________
9 서늘한, 시원한 ____________
10 밤, 야간 ____________
11 다시, 또 ____________
12 주, 일주일 ____________
13 머리(카락) ____________
14 우스운, 재미있는 ____________

[15-18] 우리말에 맞게 빈칸에 알맞은 말을 넣으세요.

15 It's time to go ____________. (집에 갈 시간이다.)
16 I can swim in the ____________. (나는 바다에서 수영할 수 있다.)
17 They ____________ ____________ ____________ singing. (그들은 노래를 잘한다.)
18 You should ____________ ____________ ____________ cars. (너는 차를 조심해야 한다.)

DAY 07

PREVIEW

A 아는 단어/숙어에 체크(V)해보세요.

0121	**say**	☐	
0122	**where**	☐	
0123	**bakery**	☐	
0124	**word**	☐	
0125	**thin**	☐	
0126	**play**	☐	
0127	**child**	☐	
0128	**after**	☐	
0129	**start**	☐	
0130	**dark**	☐	
0131	**read**	☐	
0132	**evening**	☐	
0133	**open**	☐	
0134	**every**	☐	
0135	**fill**	☐	
0136	**name**	☐	
0137	**floor**	☐	
0138	**knife**	☐	
0139	**again and again**	☐	
0140	**be happy with**	☐	

B 사진을 보고 알맞은 단어/숙어를 써보세요.

1 
______

2 
______

3 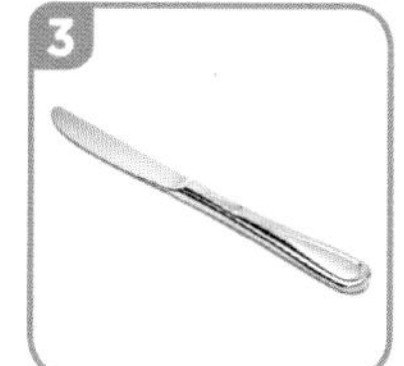
______

4 
______

DAY 07

학습일 | 1차: 월 일 | 2차: 월 일

0121 **say** [sei]

동 (said-said) 말하다

Can you say that again? 그것을 다시 말씀해 주시겠어요?

0122 **where** [wεər]

부 [의문문] 어디에, 어디로

Where does he live? 그는 어디에 사니?

Where are you going? 너는 어디로 가고 있니?

0123 **bakery** [béikəri]

명 제과점, 베이커리

I'm looking for a bakery. 나는 제과점을 찾고 있다.

0124 **word** [wə:rd]

명 단어, 낱말, 말

Many English words come from Latin.
많은 영어 단어들이 라틴어에서 왔다.

0125 **thin** [θin]

형 1 얇은, 가는 반 thick 2 마른, 야윈 반 fat

This coat is thin. 이 코트는 얇다.

He is tall and thin. 그는 키가 크고 말랐다.

0126 **play** [plei]

동 1 놀다 2 경기하다 3 연주하다

The kids played with their toys. 그 아이들은 장난감을 가지고 놀았다.

He is playing tennis. 그는 테니스를 치고 있다.

I can play the piano. 나는 피아노를 연주할 수 있다.

+ player 명 (게임 · 경기 등의) 참가자, 선수; 연주자

0127 **child** [tʃaild]

명 (복수형 children) 1 아이, 어린이 유 kid 2 자식, 자녀

Your son is a smart child. 네 아들은 똑똑한 아이이다.

She has three children. 그녀는 세 명의 자식이 있다.

0128 **after** [ǽftər]

전 (시간 · 순서상) 뒤[후]에 접 ~한 뒤[후]에 반 before(전/접)

We'll have lunch after this class. 우리는 이 수업 후에 점심을 먹을 것이다.

I watched TV after I studied. 나는 공부를 한 후에 TV를 봤다.

0129 **start**
[stɑːrt]

동 1 시작하다 유 begin 2 출발하다

The class starts at nine. 그 수업은 9시에 시작한다.

We will start from Busan. 우리는 부산에서 출발할 것이다.

0130 **dark**
[dɑːrk]

형 어두운

The house was dark and cold. 그 집은 어둡고 추웠다.

+ darkness 명 어둠, 암흑

0131 **read**
[riːd]

동 (read[red]-read[red]) 읽다

He reads books at night. 그는 밤에 책을 읽는다.

+ reader 명 독자, 독서가

0132 **evening**
[íːvniŋ]

명 저녁

I will meet him on Monday evening.
나는 그를 월요일 저녁에 만날 것이다.

참고 morning 아침, 오전 afternoon 오후

0133 **open**
[óupən]

형 열린 동 열다 반 close

The door is open. 문이 열려 있다.

They opened the box. 그들은 그 상자를 열었다.

0134 **every**
[évri]

형 1 모든 2 매~, ~마다

Every student entered the classroom. 모든 학생들이 교실에 들어갔다.

every week 매주

0135 **fill**
[fil]

동 채우다

He filled a cup with water. 그는 컵을 물로 채웠다.

0136 **name**
[neim]

명 이름, 성명

What is the name of this tree? 이 나무의 이름이 뭐니?

last[family] name 성(姓)

0137 **floor**
[flɔːr]

명 1 (실내의) 바닥 2 (건물의) 층

I'm cleaning the floor. 나는 바닥을 청소하고 있다.

My room is on the second floor. 내 방은 2층에 있다.

0138 **knife**

[naif]

명 (복수형 knives) 칼, 나이프

Cut the apple with a **knife**. 칼로 그 사과를 잘라라.

0139 **again and again**

몇 번이고, 되풀이해서

She danced **again and again**. 그녀는 몇 번이고 춤을 췄다.

0140 **be happy with**

~에 기뻐하다, ~에 만족하다

He **is happy with** his new school. 그는 새 학교에 만족하고 있다.

DAY 07 CHECK-UP

정답 p.239

[1-14] 영어는 우리말로, 우리말은 영어로 쓰세요.

1 start ____________

2 after ____________

3 read ____________

4 child ____________

5 play ____________

6 say ____________

7 floor ____________

8 모든; 매~, ~마다 ____________

9 단어, 낱말, 말 ____________

10 어두운 ____________

11 얇은, 가는; 마른, 야윈 ____________

12 저녁 ____________

13 어디에, 어디로 ____________

14 채우다 ____________

[15-18] 우리말에 맞게 빈칸에 알맞은 말을 넣으세요.

15 The door is ____________. (문이 열려 있다.)

16 What is the ____________ of this tree? (이 나무의 이름이 뭐니?)

17 She danced ____________ ____________ ____________. (그녀는 몇 번이고 춤을 췄다.)

18 He ____________ ____________ ____________ his new school. (그는 새 학교에 만족하고 있다.)

DAY 08

PREVIEW

A 아는 단어/숙어에 체크(V)해보세요.

0141 **easy** ☐
0142 **cute** ☐
0143 **know** ☐
0144 **daughter** ☐
0145 **player** ☐
0146 **window** ☐
0147 **close** ☐
0148 **of** ☐
0149 **cook** ☐
0150 **then** ☐
0151 **fat** ☐
0152 **snow** ☐
0153 **handsome** ☐
0154 **sick** ☐
0155 **month** ☐
0156 **walk** ☐
0157 **rock** ☐
0158 **next** ☐
0159 **after school** ☐
0160 **say hello to** ☐

B 사진을 보고 알맞은 단어/숙어를 써보세요.

1 
______

2 
______

3 
______

4 
______

DAY 08

학습일 | 1차: 월 일 | 2차: 월 일

0141 **easy** [í:zi]

형 **쉬운** 반 difficult

The test was really easy. 그 시험은 정말 쉬웠다.

+ easily 부 쉽게

0142 **cute** [kju:t]

형 **귀여운, 예쁜**

The baby is very cute. 그 아기는 매우 귀엽다.

0143 **know** [nou]

동 **(knew-known) 알다, 알고 있다**

I know his sister. 나는 그의 여동생을 안다.

0144 **daughter** [dɔ́:tər]

명 **딸** 반 son

I have two daughters and a son. 나는 딸 두 명과 아들 한 명이 있다.

0145 **player** [pléiər]

명 1 **(게임 · 경기 등의) 참가자, 선수** 2 **연주자**

He is a tennis player. 그는 테니스 선수이다.

a guitar player 기타 연주자

+ play 동 경기하다; 연주하다

0146 **window** [wíndou]

명 **창문**

She looked out the window. 그녀는 창문 밖을 내다보았다.

0147 **close** [klouz]

동 **닫다** 반 open 형 [klous] 1 **(거리가) 가까운** 유 near 2 **친한**

The bakery closes at four. 그 제과점은 4시에 문을 닫는다.

The hotel is close to the beach. 그 호텔은 해변과 가깝다.

a close friend 친한 친구

0148 **of** [əv]

전 1 **[소속 · 소유] ~의** 2 **[부분] ~의, ~ 중의**

The legs of this chair are short. 이 의자의 다리는 짧다.

I ate one of his cookies. 나는 그의 쿠키 중 하나를 먹었다.

0149 **cook**

[kuk]

동 요리하다 명 요리사 유 chef

He will cook for you. 그가 너를 위해 요리할 것이다.

She is a good cook. 그녀는 훌륭한 요리사이다.

0150 **then**

[ðen]

부 1 (과거 · 미래의) 그 당시, 그때 2 그 다음에

She will be in Paris then. 그녀는 그때 파리에 있을 것이다.

Wash the potatoes, then cut them.
감자를 씻고, 그 다음에 그것들을 잘라라.

0151 **fat**

[fæt]

형 살찐, 뚱뚱한 반 thin 명 지방

He is short and fat. 그는 키가 작고 뚱뚱하다.

body fat 체지방

0152 **snow**

[snou]

명 눈 동 눈이 오다

There was a heavy snow in our town. 우리 마을에 많은 눈이 왔다.

It snowed all day. 하루 종일 눈이 왔다.

+ snowy 형 눈이 많이 내리는

0153 **handsome**

[hǽnsəm]

형 잘생긴

He is young and handsome. 그는 젊고 잘생겼다.

0154 **sick**

[sik]

형 아픈, 병든 반 healthy

She is sick with a cold. 그녀는 감기로 아프다.

get sick 병에 걸리다

0155 **month**

[mʌnθ]

명 달, 월, 개월

I went to the beach last month. 나는 지난 달에 해변에 갔다.

I lived in Vancouver for six months.
나는 6개월 동안 밴쿠버에서 살았다.

참고 year 해, 연(年)

0156 **walk**

[wɔːk]

동 걷다 명 걷기, 산책

She walks to school. 그녀는 학교에 걸어서 간다.

Let's take a walk after dinner. 저녁 먹은 후에 산책하자.

0157 rock
[rɑk]
명 바위, 돌 유 stone
The car hit a large **rock**. 그 차는 큰 바위에 부딪쳤다.

0158 next
[nekst]
형 다음의 부 다음에(는), 다음으로
I will go to Vietnam **next** time. 나는 다음번에 베트남에 갈 것이다.
What will you do **next**? 너는 다음에 무엇을 할 거니?

0159 after school
방과 후에
We will play baseball **after school**. 우리는 방과 후에 야구를 할 것이다.

0160 say hello to
~에게 안부를 전하다, ~에게 인사하다
Please **say hello to** your sister! 너의 언니한테 안부 전해줘!

DAY 08 CHECK-UP

정답 p.239

[1-14] 영어는 우리말로, 우리말은 영어로 쓰세요.

1 window ______
2 close ______
3 easy ______
4 cute ______
5 next ______
6 player ______
7 cook ______
8 알다, 알고 있다 ______
9 딸 ______
10 바위, 돌 ______
11 아픈, 병든 ______
12 살찐, 뚱뚱한; 지방 ______
13 달, 월, 개월 ______
14 걷다; 걷기, 산책 ______

[15-18] 우리말에 맞게 빈칸에 알맞은 말을 넣으세요.

15 He is young and ______. (그는 젊고 잘생겼다.)
16 There was a heavy ______ in our town. (우리 마을에 많은 눈이 왔다.)
17 We will play baseball ______ ______. (우리는 방과 후에 야구를 할 것이다.)
18 Please ______ ______ ______ your sister! (너의 언니한테 안부 전해줘!)

DAY 09

PREVIEW

A 아는 단어/숙어에 체크(V)해보세요.

0161	**end**	☐	0171	**sound**	☐
0162	**year**	☐	0172	**hungry**	☐
0163	**group**	☐	0173	**run**	☐
0164	**there**	☐	0174	**kind**	☐
0165	**afternoon**	☐	0175	**round**	☐
0166	**wear**	☐	0176	**loud**	☐
0167	**theater**	☐	0177	**push**	☐
0168	**on**	☐	0178	**bright**	☐
0169	**hear**	☐	0179	**next to**	☐
0170	**story**	☐	0180	**fill in**	☐

B 사진을 보고 알맞은 단어/숙어를 써보세요.

1 
____

2 
____

3 
____

4 
____

DAY 09

학습일 | 1차: 월 일 | 2차: 월 일

0161 end [end]

동 **끝나다, 끝내다** 반 start 명 **끝, 마지막**

The movie ends happily. 그 영화는 행복하게 끝난다.
at the end of the month 월말에

0162 year [jiər]

명 1 **해, 연(年)** 2 **나이**

I will go to Spain this year. 나는 올해 스페인에 갈 것이다.
She is 13 years old. 그녀는 13살이다.
참고 month 달, 월, 개월

0163 group [gru:p]

명 **무리, 집단**

A group of boys are playing soccer.
한 무리의 소년들이 축구를 하고 있다.

0164 there [ðɛər]

부 **거기에(서), 그곳으로**

He went there with his son. 그는 자신의 아들과 거기에 갔다.
참고 here 여기에(서), 이곳으로

0165 afternoon [æ̀ːftərnúːn]

명 **오후**

We have a test this afternoon. 우리는 오늘 오후에 시험이 있다.
in the afternoon 오후에
참고 morning 아침, 오전 evening 저녁

0166 wear [wɛər]

동 (wore-worn) **입고[신고, 쓰고, 끼고] 있다**

She is wearing white pants. 그녀는 흰 바지를 입고 있다.

0167 theater [θíːətər]

명 **극장**

Let's go to the theater. 극장에 가자.
a movie theater 영화관

0168 on [ən]

전 1 **[장소] ~ 위에** 2 **[요일 · 날짜] ~에**

Your books are on the desk. 네 책들은 책상 위에 있다.
on Sunday 일요일에

0169 **hear**
[hiər]

동 (heard-heard) 들리다, 듣다

I can't hear well. 나는 잘 들리지 않는다.

He heard that song this morning. 그는 오늘 아침에 그 노래를 들었다.

0170 **story**
[stɔ́:ri]

명 이야기

She read her son a fun story.
그녀는 아들에게 재미있는 이야기를 읽어주었다.

0171 **sound**
[saund]

명 소리, 음성 동 (~하게) 들리다

I heard the sound of the sea. 나는 바다 소리를 들었다.

That sounds funny. 그것은 우습게 들린다.

0172 **hungry**
[hʌ́ŋgri]

형 배고픈 반 full

I'm very hungry now. 나는 지금 매우 배고프다.

0173 **run**
[rʌn]

동 (ran-run) 1 달리다, 뛰다 2 경영하다

He ran really fast. 그는 정말 빨리 달렸다.

She runs a small store. 그녀는 작은 가게를 운영한다.

0174 **kind**
[kaind]

형 친절한 명 종류 유 type

He is kind to all of us. 그는 우리 모두에게 친절하다.

We don't like this kind of food.
우리는 이런 종류의 음식을 좋아하지 않는다.

0175 **round**
[raund]

형 둥근

I have a round face. 나는 얼굴이 둥글다.

0176 **loud**
[laud]

형 큰 소리의, 시끄러운

The music was too loud. 그 음악 소리는 너무 컸다.

+ loudly 부 큰 소리로

0177 **push**
[puʃ]

동 밀다 반 pull

Can you push the door? 문을 밀어줄 수 있으세요?

0178 **bright**

[brait]

형 1 빛나는, 밝은 2 영리한 유 smart

Look at the **bright** star in the sky. 하늘에 저 빛나는 별을 보아라.

He is a **bright** student. 그는 영리한 학생이다.

0179 **next to**

~ 옆에

Who is the girl **next to** John? John 옆에 있는 소녀는 누구니?

0180 **fill in**

1 ~을 채우다, 써넣다 2 ~을 메우다

Fill in the blanks please. 빈칸을 채워주세요.

You should **fill in** the hole. 너는 구멍을 메워야 한다.

DAY 09 CHECK-UP

정답 p.239

[1-14] 영어는 우리말로, 우리말은 영어로 쓰세요.

1 kind ____________

2 year ____________

3 loud ____________

4 hear ____________

5 end ____________

6 wear ____________

7 push ____________

8 이야기 ____________

9 빛나는, 밝은; 영리한 ____________

10 오후 ____________

11 배고픈 ____________

12 둥근 ____________

13 극장 ____________

14 무리, 집단 ____________

[15-18] 우리말에 맞게 빈칸에 알맞은 말을 넣으세요.

15 I heard the ____________ of the sea. (나는 바다 소리를 들었다.)

16 She ____________ a small store. (그녀는 작은 가게를 운영한다.)

17 ____________ ____________ the blanks please. (빈칸을 채워주세요.)

18 Who is the girl ____________ ____________ John? (John 옆에 있는 소녀는 누구니?)

DAY 10

PREVIEW

A 아는 단어/숙어에 체크(V)해보세요.

0181	**air**	☐	0191	**put**	☐
0182	**hard**	☐	0192	**warm**	☐
0183	**listen**	☐	0193	**pull**	☐
0184	**full**	☐	0194	**north**	☐
0185	**music**	☐	0195	**noise**	☐
0186	**animal**	☐	0196	**door**	☐
0187	**beautiful**	☐	0197	**size**	☐
0188	**up**	☐	0198	**how**	☐
0189	**weekend**	☐	0199	**go on**	☐
0190	**sit**	☐	0200	**in the end**	☐

B 사진을 보고 알맞은 단어/숙어를 써보세요.

1 
______

2 
______

3 
______

4 
______

DAY 10

학습일 | 1차: 월 일 | 2차: 월 일

0181 **air**
[εər]

명 **1 공기, 대기 2 공중**

The air is very cold at night. 밤에는 공기가 매우 차갑다.

in the air 공중에

0182 **hard**
[hɑːrd]

형 **1 어려운** 반 easy **2 단단한, 딱딱한** 반 soft 부 **열심히**

Making new friends is hard for me.
새 친구를 사귀는 것은 나에게 어렵다.

My chair is too hard. 내 의자는 너무 딱딱하다.

He works hard. 그는 열심히 일한다.

0183 **listen**
[lísn]

동 **듣다** ((to))

I'm listening to the radio. 나는 라디오를 듣고 있다.

0184 **full**
[ful]

형 **1 가득 찬** 반 empty **2 배가 부른** 반 hungry

The bus is full of people. 그 버스는 사람들로 가득 차 있다.

I can't eat. I'm very full. 나는 먹을 수 없다. 나는 매우 배가 부르다.

0185 **music**
[mjúːzik]

명 **음악**

They love listening to music. 그들은 음악 듣는 것을 좋아한다.

play music 음악을 연주하다

+ musician 명 (작곡가 · 연주가 등의) 음악가

0186 **animal**
[ǽnəməl]

명 **동물, 짐승**

There are many animals in the zoo.
그 동물원에는 많은 동물들이 있다.

0187 **beautiful**
[bjúːtəfəl]

형 **아름다운** 유 pretty

That flower is beautiful. 저 꽃은 아름답다.

+ beautifully 부 아름답게 beauty 명 아름다움, 미(美); 미인

0188 **up**
[ʌp]

부 **위로[에], 위쪽으로** 전 **~ 위로[에]** 반 down (부/전)

Put your hands up. 두 손을 위로 들어라.

Let's walk up the hill. 언덕을 걸어 올라가자.

0189 **weekend**
[wíːkènd]

명 **주말** 반 weekday

She went to the theater last **weekend**. 그녀는 지난 주말 극장에 갔다.

on **weekends** 주말에, 주말마다

0190 **sit**
[sit]

동 **(sat-sat) 앉다** 반 stand

We **sat** on the floor. 우리는 바닥에 앉았다.

sit down (서 있던 사람이) 앉다

0191 **put**
[put]

동 **(put-put) 놓다, 두다**

He **put** a box on my desk. 그는 상자를 내 책상 위에 놓았다.

0192 **warm**
[wɔːrm]

형 **따뜻한** 반 cool

Spring is **warm**. 봄은 따뜻하다.

a cup of **warm** water 따뜻한 물 한 컵

0193 **pull**
[pul]

동 **끌다, 잡아당기다** 반 push

My brother **pulled** my hair. 오빠가 내 머리를 잡아당겼다.

0194 **north**
[nɔːrθ]

명 **북쪽** 형 **북쪽의**

Russia is **north** of Korea. 러시아는 한국의 북쪽에 있다.

the **north** side 북쪽, 북부

참고 south 남쪽; 남쪽의

0195 **noise**
[nɔiz]

명 **(시끄러운) 소리, 소음**

The **noise** of the drum is too loud. 그 북 소리는 너무 크다.

make **noise** 떠들다, 소란을 피우다

+ noisy 형 시끄러운, 소란스러운

0196 **door**
[dɔːr]

명 **문**

Please close the **door**. 문을 닫아 주세요.

0197 **size**
[saiz]

명 1 **크기, 규모** 2 **(옷 · 신발 등의) 치수, 사이즈**

Do you know the **size** of Italy? 너는 이탈리아의 크기를 아니?

What **size** do you wear? 너는 어떤 사이즈를 입니?

0198 **how**

[hau]

부 [의문문] 1 어떻게 2 어떤 상태로 3 얼마나

How did you know that? 너는 그것을 어떻게 알았니?

How do you feel now? 너는 이제 기분이 어떠니?

How old are you? 너는 몇 살이니?

0199 **go on**

(어떤 상황이) 계속되다

This game must go on. 이 경기는 계속되어야 한다.

0200 **in the end**

마침내

She studied really hard, and in the end she got an A.
그녀는 정말 열심히 공부했고, 마침내 A를 받았다.

DAY 10 CHECK-UP

정답 p.239

[1-14] 영어는 우리말로, 우리말은 영어로 쓰세요.

1 listen ______________
2 hard ______________
3 pull ______________
4 weekend ______________
5 size ______________
6 animal ______________
7 full ______________
8 따뜻한 ______________
9 공기, 대기; 공중 ______________
10 앉다 ______________
11 (시끄러운) 소리, 소음 ______________
12 북쪽; 북쪽의 ______________
13 아름다운 ______________
14 음악 ______________

[15-18] 우리말에 맞게 빈칸에 알맞은 말을 넣으세요.

15 ____________ do you feel now? (너는 이제 기분이 어떠니?)

16 He ____________ a box on my desk. (그는 상자를 내 책상 위에 놓았다.)

17 This game must ____________ ____________. (이 경기는 계속되어야 한다.)

18 She studied really hard, and ____________ ____________ ____________ she got an A.
(그녀는 정말 열심히 공부했고, 마침내 A를 받았다.)

REVIEW TEST

DAY 06-10

정답 p.239

A **우리말에 맞게 빈칸에 알맞은 말을 넣으세요.**

1 in the ___________ (오후에)

2 in the ___________ (공중에)

3 get ___________ (준비를 하다)

4 at the ___________ of the month (월말에)

5 a cup of ___________ water (따뜻한 물 한 컵)

6 ___________ does he live? (그는 어디에 사니?)

7 We ___________ on the floor. (우리는 바닥에 앉았다.)

8 I'm very ___________ now. (나는 지금 매우 배고프다.)

9 The music was too ___________. (그 음악 소리는 너무 컸다.)

10 Russia is ___________ of Korea. (러시아는 한국의 북쪽에 있다.)

11 There are four ___________ in the room. (방 안에 네 명의 사람들이 있다.)

12 I will go to Vietnam ___________ time. (나는 다음번에 베트남에 갈 것이다.)

B **밑줄 친 말에 유의하여 다음 문장을 해석하세요.**

1 Will you go with me?

____

2 My room is on the second floor.

____

3 Wash the potatoes, then cut them.

____

4 The bus is full of people.

____

5 You should fill in the hole.

____

C 밑줄 친 단어와 가장 비슷한 뜻을 가진 단어를 고르세요.

1 I can swim in the sea.

① air ② night ③ dark ④ ocean

2 Your son is a smart child.

① kid ② daughter ③ player ④ cook

3 The hotel is close to the beach.

① open ② near ③ round ④ far

4 He is a bright student.

① funny ② smart ③ thin ④ warm

5 The class starts at nine.

① reads ② pulls ③ knows ④ begins

D 보기 에서 빈칸에 들어갈 단어를 골라 쓰세요.

보기 knife rainy music put rock month after sick

1 The car hit a large ___________.

2 She is ___________ with a cold.

3 They love listening to ___________.

4 I don't go out on ___________ days.

5 Cut the apple with a(n) ___________.

6 We'll have lunch ___________ this class.

7 I lived in Vancouver for six ___________s.

CROSSWORD PUZZLE

DAY 01-10

정답 p.239

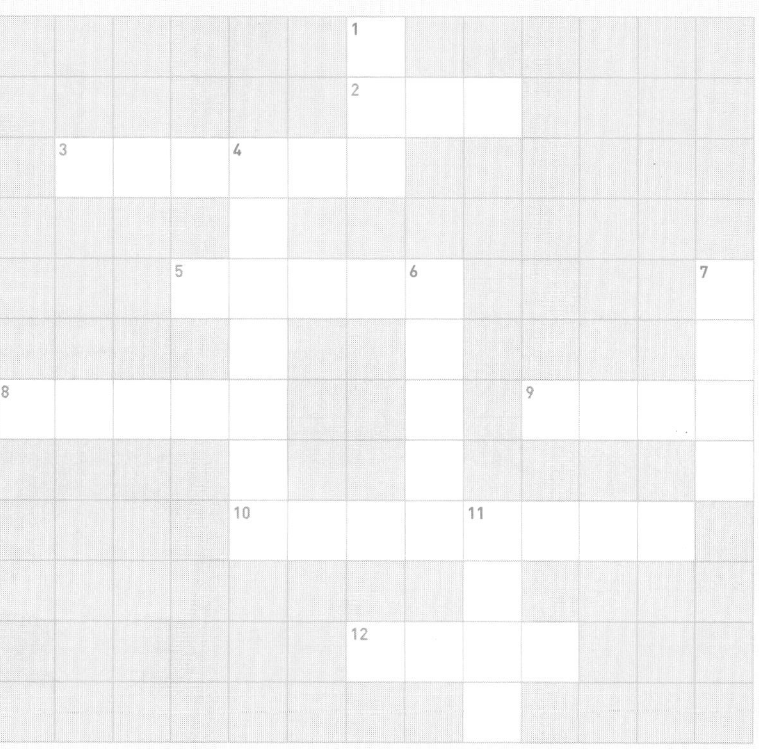

Across
2 모든, 모두
3 꽃
5 무거운; (양 · 정도가) 많은, 심한
8 (시끄러운) 소리, 소음
9 만나다
10 딸
12 신, 시큼한; (우유 등이) 상한

Down
1 멀리; 먼
4 주말
6 어린, 젊은
7 늦은, 지각한; 늦게
11 한 시간

YOUR FUTURE JOBS ART

Musician
음악가

make and play music
음악을 만들고 연주하다

Painter
화가

paint pictures
그림을 그리다

Dancer
무용가

dance to music
음악에 맞춰 춤추다

Cartoonist
만화가

draw cartoons
만화를 그리다

Designer
디자이너

design products
제품을 디자인하다

Photographer
사진 작가

take photographs
사진을 찍다

Curator
큐레이터

collect and display artwork
예술 작품을 모으고 전시하다

Florist
플로리스트

arrange flowers
꽃꽂이를 하다

Architect
건축가

design buildings
건물을 설계하다

DAY 11

PREVIEW

A 아는 단어/숙어에 체크(V)해보세요.

0201	fly	☐	0211	ride	☐
0202	way	☐	0212	grow	☐
0203	earth	☐	0213	pocket	☐
0204	voice	☐	0214	sweet	☐
0205	get	☐	0215	hit	☐
0206	thick	☐	0216	mountain	☐
0207	knock	☐	0217	loudly	☐
0208	down	☐	0218	easily	☐
0209	fight	☐	0219	make fun of	☐
0210	fast	☐	0220	put on	☐

B 사진을 보고 알맞은 단어/숙어를 써보세요.

1 
______

2 
______

3 
______

4 
______

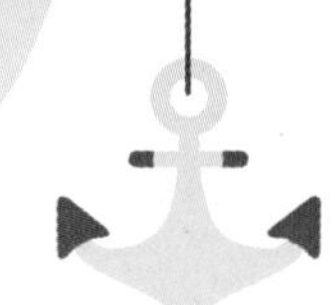

0201 **fly**
[flai]

동 (flew-flown) 1 (새 · 곤충이) 날다 2 비행하다 명 파리

Chickens can't fly well. 닭들은 잘 날지 못한다.

We are flying from Seoul to Boston.
우리는 서울에서 보스턴으로 비행 중이다.

That fly is really big! 저 파리는 정말 크다!

0202 **way**
[wei]

명 1 길 2 방법, 방식

I know the way to the supermarket.
나는 슈퍼마켓으로 가는 길을 안다.

a way of life 생활 방식

0203 **earth**
[əːrθ]

명 1 지구 2 땅, 지면

The earth is round. 지구는 둥글다.

The earth began to shake. 땅이 흔들리기 시작했다.

0204 **voice**
[vɔis]

명 목소리, 음성

He speaks in a small voice. 그는 작은 목소리로 말한다.

She has a good voice. 그녀는 목소리가 좋다.

0205 **get**
[get]

동 (got-got) 1 받다, 얻다 2 가져오다 3 도착하다

I got a book from my friend. 나는 친구로부터 책을 받았다.

Go and get your bag. 가서 네 가방을 가져와라.

What time did you get home? 너는 몇 시에 집에 도착했니?

0206 **thick**
[θik]

형 굵은, 두꺼운 반 thin

She wore thick socks. 그녀는 두꺼운 양말을 신고 있었다.

0207 **knock**
[nɑk]

동 (문을) 두드리다, 노크하다

Dad knocked on the door. 아빠가 문을 두드리셨다.

0208 **down**
[daun]

부 아래로, 낮은 쪽으로 반 up

The boy came down from the rock. 그 소년은 바위에서 내려왔다.

0209 **fight**

[fait]

동 (fought-fought) 싸우다 명 싸움

Don't fight with your friends. 네 친구들과 싸우지 마라.

They had a fight at school. 그들은 학교에서 싸웠다.

0210 **fast**

[fæst]

형 (움직임이) 빠른 반 slow 부 빨리 반 slowly

That car is really fast. 저 차는 정말 빠르다.

She can run fast. 그녀는 빨리 달릴 수 있다.

0211 **ride**

[raid]

동 (rode-ridden) (말 · 탈것 등을) 타다 명 (말 · 탈것 등에) 타기

He rode a horse. 그는 말을 탔다.

Mom gives us a ride to school. 엄마는 우리를 학교까지 태워다 주신다.

0212 **grow**

[grou]

동 (grew-grown) 1 자라다, 성장하다 2 기르다 유 raise

She grew 8 centimeters in two years. 그녀는 2년간 8cm가 자랐다.

I grow potatoes. 나는 감자를 기른다.

+ growth 명 성장, 발육

0213 **pocket**

[pákit]

명 (호)주머니

He put the pen in his pocket. 그는 그 펜을 주머니에 넣었다.

0214 **sweet**

[swiːt]

형 단, 달콤한

This chocolate is very sweet. 이 초콜릿은 매우 달다.

0215 **hit**

[hit]

동 (hit-hit) 때리다, 치다

She hit the ball with her hand. 그녀는 손으로 그 공을 쳤다.

0216 **mountain**

[máuntən]

명 산; (-s) 산맥

I saw a bear on this mountain. 나는 이 산에서 곰을 보았다.

the Rocky Mountains 록키 산맥(북미 서부의 대산맥)

0217 **loudly**

[láudli]

부 큰 소리로, 시끄럽게 반 quietly

We can't talk loudly in the theater.
우리는 극장에서 큰 소리로 말할 수 없다.

+ loud 형 큰 소리의, 시끄러운

0218 **easily**

[íːzəli]

부 **쉽게, 수월하게**

Food can easily go sour in summer. 여름에는 음식이 쉽게 상한다.

+ easy 형 쉬운

0219 **make fun of**

~을 놀리다

They make fun of my name. 그들은 내 이름을 가지고 놀린다.

0220 **put on**

~을 입다[신다, 쓰다] 반 take off

He put on his new shoes. 그는 새 신발을 신었다.

DAY 11 CHECK-UP

정답 p.239

[1-14] 영어는 우리말로, 우리말은 영어로 쓰세요.

1 fight ____________

2 knock ____________

3 fly ____________

4 down ____________

5 grow ____________

6 voice ____________

7 way ____________

8 큰 소리로, 시끄럽게 ____________

9 (움직임이) 빠른; 빨리 ____________

10 때리다, 치다 ____________

11 굵은, 두꺼운 ____________

12 지구; 땅, 지면 ____________

13 쉽게, 수월하게 ____________

14 산; 산맥 ____________

[15-18] 우리말에 맞게 빈칸에 알맞은 말을 넣으세요.

15 What time did you ____________ home? (너는 몇 시에 집에 도착했니?)

16 He ____________ ____________ his new shoes. (그는 새 신발을 신었다.)

17 Mom gives us a(n) ____________ to school. (엄마는 우리를 학교까지 태워다 주신다.)

18 They ____________ ____________ ____________ my name. (그들은 내 이름을 가지고 놀린다.)

DAY 12

PREVIEW

A 아는 단어/숙어에 체크(V)해보세요.

0221 **sky** ☐
0222 **bicycle** ☐
0223 **today** ☐
0224 **angry** ☐
0225 **slow** ☐
0226 **back** ☐
0227 **rice** ☐
0228 **about** ☐
0229 **person** ☐
0230 **cry** ☐
0231 **hat** ☐
0232 **deep** ☐
0233 **parent** ☐
0234 **drive** ☐
0235 **often** ☐
0236 **find** ☐
0237 **low** ☐
0238 **fruit** ☐
0239 **at last** ☐
0240 **on one's way (to)** ☐

B 사진을 보고 알맞은 단어/숙어를 써보세요.

1 
____

2 
____

3 
____

4 
____

DAY 12

학습일 | 1차: 월 일 | 2차: 월 일

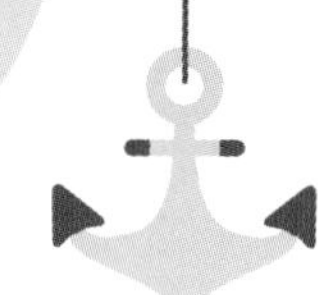

0221 **sky** [skai]

명 **하늘**

I saw a bright star in the **sky**. 나는 하늘에서 밝은 별 하나를 보았다.

0222 **bicycle** [báisikl]

명 **자전거** 동 bike

The boy is riding his **bicycle**. 그 소년은 자전거를 타고 있다.

0223 **today** [tədéi]

부 **오늘** 명 **오늘**

I have a lot of time **today**. 나는 오늘 시간이 많다.

Today is her birthday. 오늘은 그녀의 생일이다.

참고 yesterday 어제 tomorrow 내일

0224 **angry** [ǽŋgri]

형 **화난**

She is **angry** with you. 그녀는 너에게 화나 있다.

get **angry** 화내다

0225 **slow** [slou]

형 **느린, 더딘** 반 fast

My computer is too **slow**. 내 컴퓨터는 너무 느리다.

+ slowly 부 느리게, 천천히

0226 **back** [bæk]

부 **1 뒤로 2 되돌아가서[와서]** 명 **뒤쪽, 뒷부분** 반 front

He looked **back** at me. 그는 나를 뒤돌아보았다.

We will go **back** to school. 우리는 학교로 되돌아갈 것이다.

I sit in the **back** of the classroom.
나는 교실의 뒤쪽에 앉는다.

0227 **rice** [rais]

명 **밥, 쌀**

I ate curry and **rice** for lunch. 나는 점심으로 카레와 밥을 먹었다.
brown **rice** 현미

0228 **about** [əbáut]

전 **~에 대하여** 부 **거의, 대략**

This book is **about** animals. 이 책은 동물들에 관한 것이다.

He is **about** 180 cm tall. 그는 키가 대략 180센티미터이다.

0229 **person**

[pə́ːrsn]

명 **사람, 인간**

She is a kind person. 그녀는 친절한 사람이다.

참고 people 사람들; 국민

0230 **cry**

[krai]

동 1 **울다** 2 **외치다**

The baby started to cry. 그 아기는 울기 시작했다.

He cried out my name. 그는 내 이름을 외쳤다.

0231 **hat**

[hæt]

명 **(테두리에 챙이 있는) 모자**

She is putting on her hat. 그녀는 모자를 쓰고 있다.

참고 cap (앞에 챙이 달린) 모자

0232 **deep**

[diːp]

형 **깊은** 부 **깊이, 깊게**

This lake is deep. 이 호수는 깊다.

The man lived deep in the mountains. 그 남자는 깊은 산속에 살았다.

0233 **parent**

[pɛ́ərənt]

명 **(-s) 부모, 어버이**

They live with their parents. 그들은 부모님과 함께 산다.

0234 **drive**

[draiv]

동 **(drove-driven) 운전하다**

Can you drive a car? 너는 차를 운전할 수 있니?

\+ driver 명 운전자, 기사

0235 **often**

[ɔ́ːfən]

부 **흔히, 자주**

I often listen to music. 나는 자주 음악을 듣는다.

0236 **find**

[faind]

동 **(found-found) 찾다, 발견하다** 유 discover

He found the pen on the bed. 그는 그 펜을 침대 위에서 찾았다.

참고 found 동 (founded-founded) 설립하다

0237 **low**

[lou]

형 1 **(높이가) 낮은** 반 high 2 **(양 · 정도가) 낮은, 적은** 반 high

This chair is too low for me. 이 의자는 나에게 너무 낮다.

This milk is low in fat. 이 우유는 지방 함량이 낮다.

0238 fruit

[fruːt]

명 과일

An apple is a round, sweet fruit. 사과는 둥글고, 달콤한 과일이다.

fruit juice 과일 주스

0239 at last

마침내 유 finally

Spring is coming at last. 마침내 봄이 오고 있다.

0240 on one's way (to)

(~로 가는) 길[도중]에

I'm on my way home. 나는 집으로 가는 길이다.

She met him on her way to school.
그녀는 학교에 가는 길에 그를 만났다.

DAY 12 CHECK-UP

정답 p.240

[1-14] 영어는 우리말로, 우리말은 영어로 쓰세요.

1 person	____________	8 ~에 대하여; 거의, 대략	____________
2 deep	____________	9 부모, 어버이	____________
3 angry	____________	10 흔히, 자주	____________
4 cry	____________	11 하늘	____________
5 fruit	____________	12 찾다, 발견하다	____________
6 slow	____________	13 밥, 쌀	____________
7 back	____________	14 자전거	____________

[15-18] 우리말에 맞게 빈칸에 알맞은 말을 넣으세요.

15 Can you ____________ a car? (너는 차를 운전할 수 있니?)

16 This chair is too ____________ for me. (이 의자는 나에게 너무 낮다.)

17 Spring is coming ____________ ____________. (마침내 봄이 오고 있다.)

18 I'm ____________ ____________ ____________ home. (나는 집으로 가는 길이다.)

DAY 13

PREVIEW

A 아는 단어/숙어에 체크(V)해보세요.

0241 **date** ☐
0242 **talk** ☐
0243 **birthday** ☐
0244 **work** ☐
0245 **here** ☐
0246 **country** ☐
0247 **price** ☐
0248 **by** ☐
0249 **alone** ☐
0250 **high** ☐
0251 **set** ☐
0252 **wall** ☐
0253 **driver** ☐
0254 **each** ☐
0255 **slowly** ☐
0256 **table** ☐
0257 **pick** ☐
0258 **cloud** ☐
0259 **find out** ☐
0260 **grow up** ☐

B 사진을 보고 알맞은 단어/숙어를 써보세요.

1 
____

2 
____

3 
____

4 
____

DAY 13

학습일 | 1차: 월 일 | 2차: 월 일

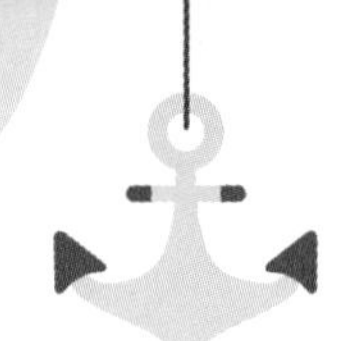

0241 **date**
[deit]

명 1 날짜 2 만날 약속, 데이트

What is the date today? 오늘이 며칠이니?

I have a date with her. 나는 그녀와 데이트가 있다.

0242 **talk**
[tɔːk]

동 말하다, 이야기하다 유 speak

Can I talk to you for a minute? 당신과 잠깐 이야기할 수 있을까요?

Let's talk about your problem. 네 문제에 대해 이야기해보자.

0243 **birthday**
[bə́ːrθdèi]

명 생일

This Friday is my birthday. 이번주 금요일이 내 생일이다.

0244 **work**
[wəːrk]

동 1 일하다, 근무하다 2 노력하다 명 일, 업무

I work in a movie theater. 나는 영화관에서 일한다.

He worked hard to become an actor.
그는 배우가 되기 위해 열심히 노력했다.

She has a lot of work to do. 그녀는 해야 할 일이 많다.

0245 **here**
[hiər]

부 여기에(서), 이곳으로

I'll be back here next week. 나는 다음 주에 여기에 다시 올 것이다.

참고 there 거기에(서), 그곳으로

0246 **country**
[kʌ́ntri]

명 1 나라 2 (the ~) 시골

China is a big country. 중국은 큰 나라이다.

He lives in the country. 그는 시골에 산다.

0247 **price**
[prais]

명 값, 가격 유 cost

What's the price of this skirt? 이 치마의 가격은 얼마입니까?

a low price 낮은 가격

0248 **by**
[bai]

전 1 [위치] ~ 옆에 2 [수단] ~에 의해, ~으로

She was sitting by me. 그녀는 내 옆에 앉아 있었다.

You can go there by bus. 너는 버스로 그곳에 갈 수 있다.

0249 **alone**
[əlóun]

형 1 **혼자인** 2 **외로운** 유 lonely 부 **혼자**

I was alone in the house. 나는 집에 혼자 있었다.

He felt alone. 그는 외로웠다.

Don't go out alone at night. 밤에 혼자 나가지 마라.

0250 **high**
[hai]

형 1 **(높이가) 높은** 반 low 2 **(정도 · 양이) 높은, 많은** 반 low 부 **높이**

Mt. Everest is very high. 에베레스트 산은 매우 높다.

The price is too high. 그 가격은 너무 높다.

The bird is flying high in the air. 그 새는 공중에서 높이 날고 있다.

0251 **set**
[set]

동 (set-set) 1 **놓다, 두다** 2 **(기계를) 맞추다** 명 **세트, 한 조**

Set your books on the desk. 너의 책들을 책상 위에 놓아라.

He set his watch again. 그는 시계를 다시 맞추었다.

a set of chairs 의자 한 세트

0252 **wall**
[wɔːl]

명 1 **벽** 2 **담**

He put a map on the wall. 그는 벽에 지도를 붙였다.

Her house has high walls. 그녀의 집에는 높은 담이 있다.

0253 **driver**
[dráivər]

명 **운전자, 기사**

He is a taxi driver. 그는 택시 기사이다.

+ drive 동 운전하다

0254 **each**
[iːtʃ]

형 **각자의, 각각의** 대 **각자, 각각**

She gave a box to each child. 그녀는 각 아이에게 상자를 한 개씩 주었다.

Each of them has a bicycle. 그들은 각각 자전거를 가지고 있다.

0255 **slowly**
[slóuli]

부 **느리게, 천천히** 반 fast

Could you talk more slowly? 좀 더 천천히 말씀해 주시겠어요?

+ slow 형 느린, 더딘

0256 **table**
[téibl]

명 **탁자, 식탁**

Put the cups on the table. 컵들을 탁자 위에 놓아라.

set the table 상[식탁]을 차리다

0257 **pick** [pik]

동 1 **고르다** 유 choose 2 **따다, 꺾다**

She **picked** a white shirt. 그녀는 흰색 셔츠를 골랐다.

Don't **pick** flowers here. 이곳에서 꽃을 꺾지 마라.

0258 **cloud** [klaud]

명 **구름**

There are no **clouds** in the sky. 하늘에 구름 한 점 없다.

+ cloudy 형 흐린, 구름 낀

0259 **find out**

~을 알아내다

I **found out** her name at last. 나는 마침내 그녀의 이름을 알아냈다.

0260 **grow up**

성장하다, 자라다

He **grew up** in Seoul. 그는 서울에서 자랐다.

DAY 13 CHECK-UP

정답 p.240

[1-14] 영어는 우리말로, 우리말은 영어로 쓰세요.

1 alone	________	8 구름	________
2 table	________	9 여기에(서), 이곳으로	________
3 talk	________	10 생일	________
4 pick	________	11 값, 가격	________
5 each	________	12 나라; 시골	________
6 driver	________	13 벽; 담	________
7 high	________	14 느리게, 천천히	________

[15-18] 우리말에 맞게 빈칸에 알맞은 말을 넣으세요.

15 I ________ in a movie theater. (나는 영화관에서 일한다.)

16 He ________ his watch again. (그는 시계를 다시 맞추었다.)

17 He ________ ________ in Seoul. (그는 서울에서 자랐다.)

18 I ________ ________ her name at last. (나는 마침내 그녀의 이름을 알아냈다.)

DAY 14

PREVIEW

A 아는 단어/숙어에 체크(V)해보세요.

0261 **alarm** ☐

0262 **weather** ☐

0263 **some** ☐

0264 **think** ☐

0265 **buy** ☐

0266 **speak** ☐

0267 **cloudy** ☐

0268 **before** ☐

0269 **ship** ☐

0270 **east** ☐

0271 **everyone** ☐

0272 **paint** ☐

0273 **tomorrow** ☐

0274 **map** ☐

0275 **half** ☐

0276 **idea** ☐

0277 **holiday** ☐

0278 **kick** ☐

0279 **by the way** ☐

0280 **up and down** ☐

B 사진을 보고 알맞은 단어/숙어를 써보세요.

1 
______

2 
______

3 
______

4 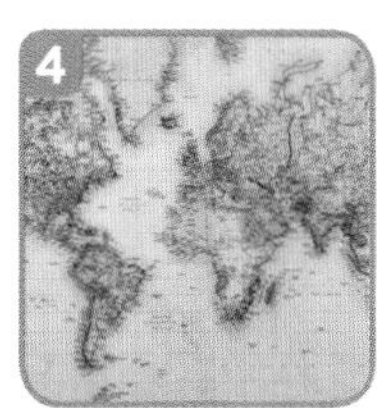
______

학습일 | 1차: 월 일 | 2차: 월 일

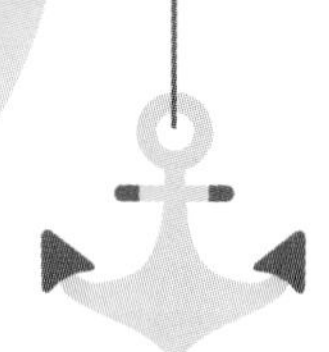

0261 **alarm**
[əlɑ́ːrm]

명 1 경보(기) 2 자명종, 알람

I heard the fire alarm. 나는 화재 경보를 들었다.

He set the alarm for 7 o'clock. 그는 알람을 7시에 맞췄다.

0262 **weather**
[wéðər]

명 날씨

How's the weather today? 오늘은 날씨가 어떠니?

0263 **some**
[sʌm]

형 몇몇의, 약간의 대 몇몇, 약간

I ate some pie. 나는 파이를 조금 먹었다.

Some of them live alone. 그들 중 몇몇은 혼자 산다.

0264 **think**
[θiŋk]

동 (thought-thought) 1 생각하다 2 ~라고 생각하다

What do you think about the movie?
너는 그 영화에 대해 어떻게 생각하니?

I think that he is smart. 나는 그가 똑똑하다고 생각한다.

0265 **buy**
[bai]

동 (bought-bought) 사다, 구입하다 반 sell

I'll buy a new camera. 나는 새 카메라를 살 것이다.

My dad bought me a doll. 아빠는 내게 인형을 사 주셨다.

0266 **speak**
[spiːk]

동 (spoke-spoken) 1 이야기하다, 말하다 유 talk 2 연설하다

She is speaking with her mother. 그녀는 어머니와 이야기하고 있다.

He spoke at the party. 그는 파티에서 연설을 했다.

+ speaker 명 연설가, 발표자

0267 **cloudy**
[kláudi]

형 흐린, 구름 낀 반 clear

It will be cloudy today. 오늘은 날씨가 흐릴 것이다.

a cloudy sky 구름 낀 하늘

+ cloud 명 구름

0268 **before**
[bifɔ́ːr]

전 ~ 전에 접 ~하기 전에 반 after(전/접)

Come here before six o'clock. 6시 전에 여기로 와라.

I'll go home before it gets dark. 나는 어두워지기 전에 집에 갈 것이다.

0269 **ship** [ʃip]

명 **(커다란) 배, 선박**

She went to Japan by **ship**. 그녀는 배를 타고 일본에 갔다.

참고 boat (소형) 배, 보트

0270 **east** [iːst]

명 **동쪽** 형 **동쪽의**

These birds flew here from the **east**.
이 새들은 동쪽에서 여기로 날아왔다.

the **East** Sea (우리나라의) 동해

참고 west 서쪽; 서쪽의

0271 **everyone** [évriwʌ̀n]

대 **모든 사람, 모두** 동 everybody

He is nice to **everyone**. 그는 모든 사람들에게 친절하다.

0272 **paint** [peint]

명 **페인트** 동 **1 페인트칠하다 2 (물감으로) 그리다**

Is the **paint** dry? 페인트가 말랐니?

She **painted** the door white. 그녀는 문을 흰색으로 페인트칠했다.

The girl is **painting** flowers. 그 소녀는 꽃을 그리고 있다.

+ painter 명 화가 painting 명 (물감으로 그린) 그림

0273 **tomorrow** [təmɔ́ːrou]

부 **내일** 명 **내일**

It is going to rain **tomorrow**. 내일 비가 올 것이다.

Tomorrow is my birthday. 내일은 내 생일이다.

참고 today 오늘 yesterday 어제

0274 **map** [mæp]

명 **지도**

Let's find Canada on the **map**. 지도에서 캐나다를 찾아보자.

read a **map** 지도를 보다[읽다]

0275 **half** [hæf]

명 **(복수형 halves) 반, 2분의 1** 형 **반의, 2분의 1의**

He ate **half** of the cake. 그는 그 케이크의 반을 먹었다.

I waited for a **half** hour. 나는 반 시간(30분) 동안 기다렸다.

0276 **idea** [aidíːə]

명 **1 생각, 발상, 아이디어 2 지식, 이해**

That's a good **idea**. 그것 좋은 생각이다.

"Where is Ted?" "I have no **idea**." "Ted는 어디에 있니?" "모르겠어."

0277 **holiday**
[hálidèi]

명 **휴일, 공휴일**

We don't work on **holidays**. 우리는 휴일에 일을 하지 않는다.

0278 **kick**
[kik]

동 **차다, 걷어차다**

He **kicked** the ball to me. 그가 내 쪽으로 공을 찼다.

0279 **by the way**

그나저나, 그런데

Who is that guy, **by the way**? 그런데, 저 남자는 누구니?

0280 **up and down**

위아래로

The children are jumping **up and down**.
그 아이들은 위아래로 뛰고 있다.

DAY 14 CHECK-UP

정답 p.240

[1-14] 영어는 우리말로, 우리말은 영어로 쓰세요.

1 cloudy ____________
2 everyone ____________
3 alarm ____________
4 speak ____________
5 half ____________
6 some ____________
7 kick ____________
8 동쪽; 동쪽의 ____________
9 지도 ____________
10 내일 ____________
11 휴일, 공휴일 ____________
12 날씨 ____________
13 (커다란) 배, 선박 ____________
14 사다, 구입하다 ____________

[15-18] 우리말에 맞게 빈칸에 알맞은 말을 넣으세요.

15 That's a good ____________. (그것 좋은 생각이다.)

16 Come here ____________ six o'clock. (6시 전에 여기로 와라.)

17 I ____________ that he is smart. (나는 그가 똑똑하다고 생각한다.)

18 Who is that guy, ____________ ____________ ____________? (그런데, 저 남자는 누구니?)

DAY 15

PREVIEW

A 아는 단어/숙어에 체크(V)해보세요.

0281	life	☐
0282	board	☐
0283	brush	☐
0284	tooth	☐
0285	little	☐
0286	call	☐
0287	market	☐
0288	around	☐
0289	speaker	☐
0290	fine	☐
0291	someday	☐
0292	much	☐
0293	sleep	☐
0294	use	☐
0295	why	☐
0296	present	☐
0297	pet	☐
0298	key	☐
0299	get up	☐
0300	be made of	☐

B 사진을 보고 알맞은 단어/숙어를 써보세요.

1 
____

2 
____

3 
____

4 
____

DAY 15

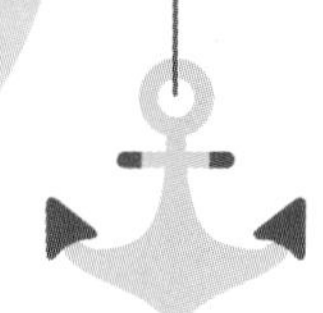

0281 **life**
[laif]

명 (복수형 lives) 1 인생, 삶 2 목숨, 생명

She lived a happy **life**. 그녀는 행복한 삶을 살았다.
He lost his **life** in the fire. 그는 화재로 목숨을 잃었다.

0282 **board**
[bɔːrd]

명 1 판자 2 게시판 동 탑승하다

How thick is the **board**? 그 판자는 얼마나 두껍니?
Look at the list on the **board**. 게시판에 붙은 명단을 봐라.
They **boarded** a plane to Seoul. 그들은 서울로 가는 비행기에 탑승했다.

0283 **brush**
[brʌʃ]

명 붓, 솔, 빗 동 솔[빗]질하다, 닦다

We painted the wall with a **brush**. 우리는 붓으로 벽을 페인트칠했다.
She is **brushing** her hair. 그녀는 머리를 빗고 있다.

0284 **tooth**
[tuːθ]

명 (복수형 teeth) 이, 치아

A person has 32 **teeth**. 사람은 32개의 치아를 가지고 있다.
Brush your **teeth** before you go to bed. 자기 전에 양치질해라.

0285 **little**
[lítl]

형 1 작은 2 어린

I saw a **little** bug. 나는 작은 벌레 하나를 보았다.
She has two **little** brothers. 그녀는 남동생이 두 명 있다.

0286 **call**
[kɔːl]

동 1 (큰 소리로) 부르다 2 전화하다 명 전화 (통화)

The teacher **called** her name. 그 선생님은 그녀의 이름을 불렀다.
I'll **call** you back. 내가 너에게 다시 전화할 것이다.
make a **call** 전화를 걸다

0287 **market**
[máːrkit]

명 시장

They bought some fruit at the **market**.
그들은 시장에서 과일을 좀 샀다.

0288 **around**
[əráund]

전 ~ 주위에, ~을 둘러싸고

We sat **around** the table. 우리는 그 탁자에 둘러앉았다.

0289 **speaker**
[spíːkər]

명 **연설가, 발표자**

She is a slow **speaker**. 그녀는 말이 느린 연설가이다.

+ speak 동 연설하다

0290 **fine**
[fain]

형 **1 훌륭한, 좋은 2 건강한**

It is **fine** weather for a date. 데이트하기 좋은 날씨이다.

She is **fine** now. 그녀는 이제 건강하다.

0291 **someday**
[sʌ́mdèi]

부 **(미래의) 언젠가**

I will go to Africa **someday**. 나는 언젠가 아프리카에 갈 것이다.

0292 **much**
[mʌtʃ]

형 **많은** 부 **매우, 대단히**

I don't have **much** time. 나는 시간이 많지 않다.

He eats too **much**. 그는 너무 많이 먹는다.

참고 many 많은

0293 **sleep**
[sliːp]

동 **(slept-slept) 자다** 명 **잠, 수면**

It's time to go to **sleep**. 잘 시간이다.

He **slept** seven hours yesterday. 그는 어제 7시간을 잤다.

You should get some **sleep**. 너는 잠을 좀 자야 한다.

+ sleepy 형 졸리는

0294 **use**
[juːz]

동 **쓰다, 사용하다** 명 [juːs] **사용**

You can **use** my computer. 너는 내 컴퓨터를 써도 된다.

be in **use** 사용되고 있다

+ useful 형 쓸모 있는, 유용한

0295 **why**
[wai]

부 **[의문문] 왜, 어째서**

Why does he eat alone? 그는 왜 혼자 먹고 있니?

0296 **present**
[préznt]

형 **1 참석[출석]한** 반 absent **2 현재의** 명 **선물** 유 gift

He was **present** at the class. 그는 그 수업에 출석했다.

at the **present** time 지금은, 현재로서는

a birthday **present** 생일 선물

참고 past 과거의 future 미래의

0297 **pet**
[pet]

명 **애완동물**

She has a **pet** dog. 그녀는 애완견 한 마리를 기른다.

0298 **key**
[kiː]

명 **열쇠, 키**

I can't find my car **key**. 나는 내 차 열쇠를 찾을 수 없다.

0299 **get up**

1 (잠자리에서) 일어나다 2 일어서다

I **got up** late this morning. 나는 오늘 아침 늦게 일어났다.

Every student in class **got up**. 교실 안의 모든 학생들이 일어났다.

0300 **be made of**

~로 만들어지다, ~로 구성되다

This cup **is made of** gold. 이 컵은 금으로 만들어졌다.

DAY 15 CHECK-UP

정답 p.240

[1-14] 영어는 우리말로, 우리말은 영어로 쓰세요.

1 someday	________	8 참석[출석]한; 현재의; 선물	________
2 board	________	9 자다; 잠, 수면	________
3 use	________	10 붓, 솔, 빗; 솔[빗]질하다, 닦다	________
4 around	________	11 연설가, 발표자	________
5 pet	________	12 이, 치아	________
6 fine	________	13 인생, 삶; 목숨, 생명	________
7 key	________	14 작은; 어린	________

[15-18] 우리말에 맞게 빈칸에 알맞은 말을 넣으세요.

15 I'll ________ you back. (내가 너에게 다시 전화할 것이다.)

16 They bought some fruit at the ________. (그들은 시장에서 과일을 좀 샀다.)

17 I ________ ________ late this morning. (나는 오늘 아침 늦게 일어났다.)

18 This cup ________ ________ ________ gold. (이 컵은 금으로 만들어졌다.)

REVIEW TEST

DAY 11-15

정답 p.240

A **우리말에 맞게 빈칸에 알맞은 말을 넣으세요.**

1 a(n) ___________ sky (구름 낀 하늘)

2 ___________ juice (과일 주스)

3 a low ___________ (낮은 가격)

4 make a(n) ___________ (전화를 걸다)

5 set the ___________ (상[식탁]을 차리다)

6 The ___________ is round. (지구는 둥글다.)

7 What is the ___________ today? (오늘이 며칠이니?)

8 Chickens can't ___________ well. (닭들은 잘 날지 못한다.)

9 My computer is too ___________. (내 컴퓨터는 너무 느리다.)

10 He was ___________ at the class. (그는 그 수업에 출석했다.)

11 These birds flew here from the ___________. (이 새들은 동쪽에서 여기로 날아왔다.)

12 Every student in class ___________ ___________. (교실 안의 모든 학생들이 일어났다.)

B **밑줄 친 말에 유의하여 다음 문장을 해석하세요.**

1 I know the way to the supermarket.

____

2 You can go there by bus.

____

3 She is angry with you.

____

4 The children are jumping up and down.

____

5 She met him on her way to school.

____

C 밑줄 친 단어와 반대인 뜻을 가진 단어를 고르세요.

1 She wore thick socks.

① sweet ② thin ③ some ④ little

2 I sit in the back of the classroom.

① front ② way ③ table ④ market

3 Mt. Everest is very high.

① deep ② cloudy ③ east ④ low

4 Come here before six o'clock.

① about ② around ③ after ④ by

5 Could you talk more slowly?

① deep ② fast ③ alone ④ easily

D 보기 에서 빈칸에 공통으로 들어갈 단어를 골라 쓰세요.

보기 half about fine work little often

1 It is ____________ weather for a date.

She is ____________ now.

2 This book is ____________ animals.

He is ____________ 180 cm tall.

3 He ____________(e)d hard to become an actor.

She has a lot of ____________ to do.

4 He ate ____________ of the cake.

I waited for a(n) ____________ hour.

5 I saw a(n) ____________ bug.

She has two ____________ brothers.

DAY 16

PREVIEW

A 아는 단어/숙어에 체크(V)해보세요.

0301	any	☐
0302	always	☐
0303	train	☐
0304	want	☐
0305	water	☐
0306	backpack	☐
0307	tonight	☐
0308	because	☐
0309	strong	☐
0310	fall	☐
0311	under	☐
0312	glass	☐
0313	when	☐
0314	give	☐
0315	subway	☐
0316	street	☐
0317	police	☐
0318	painter	☐
0319	get well	☐
0320	look around	☐

B 사진을 보고 알맞은 단어/숙어를 써보세요.

1 
______

2 
______

3 
______

4 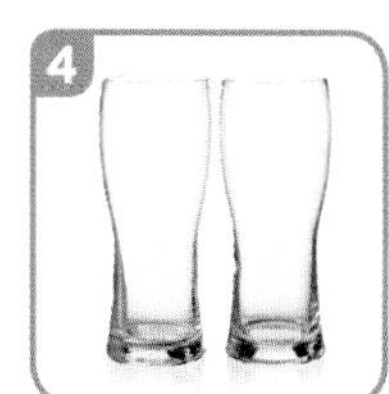
______

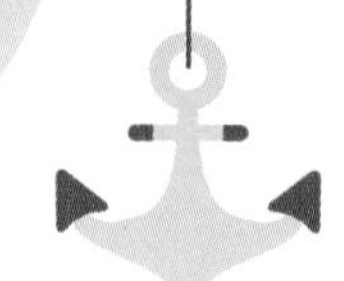

0301 **any** [éni]

형 1 [부정문] 아무것도 2 [의문문] 약간 3 [긍정문] 어떤 ~든지

He didn't have any brothers. 그는 형제가 아무도 없다.

Do you have any money? 너는 돈이 좀 있니?

I can eat any kind of food. 나는 어떤 종류의 음식이든 먹을 수 있다.

0302 **always** [ɔ́:lweiz]

부 항상, 언제나 유 all the time

She always gets up at seven. 그녀는 항상 7시에 일어난다.

0303 **train** [trein]

명 기차, 열차

People are waiting for a train. 사람들이 기차를 기다리고 있다.

get on[off] a train 기차에 타다[기차에서 내리다]

0304 **want** [wɑnt]

동 1 원하다, 바라다 2 ~하고 싶다

I want a new desk. 나는 새 책상을 원한다.

He wants to be a model. 그는 모델이 되고 싶어 한다.

0305 **water** [wɔ́:tər]

명 물 동 물을 주다

Can I have some water? 저 물 좀 마실 수 있을까요?

She watered the flowers. 그녀는 그 꽃들에 물을 주었다.

0306 **backpack** [bǽkpæ̀k]

명 배낭 동 배낭 여행하다

The map is in my backpack. 그 지도는 내 배낭 안에 있다.

They went backpacking in the US last year.
그들은 작년에 미국으로 배낭여행을 갔다.

0307 **tonight** [tənáit]

부 오늘 밤에 명 오늘 밤

Let's eat out tonight. 오늘 밤에 외식하자.

Tonight will be hot. 오늘 밤은 더울 것이다.

0308 **because** [bikɔ́:z]

접 ~ 때문에, 왜냐하면

I didn't go to school because I had a cold.
나는 감기에 걸렸기 때문에 학교에 가지 않았다.

참고 because of 전 ~ 때문에

0309 **strong**
[strɔːŋ]

형 **힘센, 강한** 반 weak

The woman is tall and **strong**. 그 여자는 키가 크고 힘이 세다.

+ strength 명 힘

0310 **fall**
[fɔːl]

동 (fell-fallen) 1 **떨어지다** 2 **넘어지다, 쓰러지다** 명 **가을**

The monkey **fell** from the tree. 그 원숭이는 나무에서 떨어졌다.

The child **fell** down on the ice. 그 아이는 얼음 위에서 넘어졌다.

The weather is cool in **fall**. 가을에는 날씨가 서늘하다.

0311 **under**
[ʌ́ndər]

전 1 **~ 아래[밑]에** 반 over 2 **~ 미만[아래]인** 반 over

He was sleeping **under** a tree. 그는 나무 아래에서 자고 있었다.

Children **under** ten cannot go in. 10세 미만 어린이들은 입장할 수 없다.

0312 **glass**
[glæs]

명 1 **유리** 2 **유리잔** 3 **(-es) 안경**

This window is made of **glass**. 이 창문은 유리로 만들어졌다.

She filled the **glass** with milk. 그녀는 유리잔에 우유를 채웠다.

He wore **glasses** like his mom. 그는 자신의 엄마처럼 안경을 썼다.

0313 **when**
[wen]

부 **[의문문] 언제** 접 **~할 때**

When is your birthday? 너의 생일은 언제니?

I lived in LA **when** I was young. 나는 어렸을 때 LA에 살았다.

0314 **give**
[giv]

동 (gave-given) **주다**

She **gave** me a Christmas present.
그녀는 나에게 크리스마스 선물을 주었다.

0315 **subway**
[sʌ́bwèi]

명 **지하철**

We go to school by **subway**. 우리는 지하철을 타고 학교에 간다.

take the **subway** 지하철을 타다

0316 **street**
[striːt]

명 **거리, 길**

I saw him on the **street**. 나는 길에서 그를 보았다.

walk down the **street** 거리를 걷다

참고 road 길, 도로

0317 **police**
[pəlíːs]

명 (the ~) 경찰

Please call the **police**. 경찰을 불러주세요.

0318 **painter**
[péintər]

명 화가

He was a good **painter**. 그는 실력 있는 화가였다.

+ paint 동 (물감으로) 그리다 painting 명 (물감으로 그린) 그림

0319 **get well**

(병이) 나아지다, 회복하다

You will **get well** again. 너는 다시 나아질 것이다.

0320 **look around**

(주위를) 둘러보다, 구경하다

You can **look around** my room. 너는 내 방을 둘러봐도 된다.

DAY 16 CHECK-UP

정답 p.240

[1-14] 영어는 우리말로, 우리말은 영어로 쓰세요.

1 fall ____________
2 because ____________
3 give ____________
4 want ____________
5 when ____________
6 glass ____________
7 under ____________
8 거리, 길 ____________
9 배낭; 배낭 여행하다 ____________
10 경찰 ____________
11 힘센, 강한 ____________
12 지하철 ____________
13 항상, 언제나 ____________
14 오늘 밤에; 오늘 밤 ____________

[15-18] 우리말에 맞게 빈칸에 알맞은 말을 넣으세요.

15 She ____________ the flowers. (그녀는 그 꽃들에 물을 주었다.)
16 You will ____________ ____________ again. (너는 다시 나아질 것이다.)
17 You can ____________ ____________ my room. (너는 내 방을 둘러봐도 된다.)
18 I can eat ____________ kind of food. (나는 어떤 종류의 음식이든 먹을 수 있다.)

DAY 17

PREVIEW

A 아는 단어/숙어에 체크(V)해보세요.

0321 **busy** ☐
0322 **early** ☐
0323 **food** ☐
0324 **almost** ☐
0325 **bring** ☐
0326 **draw** ☐
0327 **cross** ☐
0328 **over** ☐
0329 **sing** ☐
0330 **doctor** ☐
0331 **special** ☐
0332 **weak** ☐
0333 **stair** ☐
0334 **which** ☐
0335 **road** ☐
0336 **kitchen** ☐
0337 **snack** ☐
0338 **pair** ☐
0339 **these days** ☐
0340 **get it** ☐

B 사진을 보고 알맞은 단어/숙어를 써보세요.

1 
____

2 
____

3 
____

4 
____

학습일 | 1차: 월 일 | 2차: 월 일

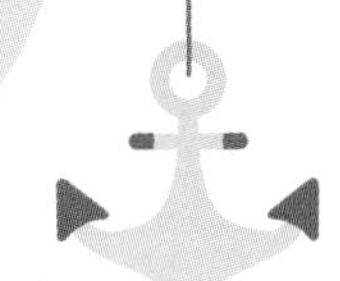

0321 **busy** [bízi]

형 1 바쁜 2 혼잡한

She is busy with work and study. 그녀는 일과 학업으로 바쁘다.

a busy street 혼잡한 거리

0322 **early** [ə́ːrli]

부 일찍, 빨리 형 이른, 빠른 반 late(부/형)

I get up early every day. 나는 매일 일찍 일어난다.

in the early morning 이른 아침에

0323 **food** [fuːd]

명 음식, 식량

He likes Korean food. 그는 한국 음식을 좋아한다.

0324 **almost** [ɔ́ːlmoust]

부 거의

It's almost four o'clock. 거의 4시가 다 되어간다.

almost all 거의 전부

0325 **bring** [briŋ]

동 (brought-brought) 가져오다, 데려오다 반 take

Bring your book next time. 다음번에는 네 책을 가져와라.

Can I bring a friend home? 제가 친구를 집에 데려와도 될까요?

0326 **draw** [drɔː]

동 (drew-drawn) 1 (연필 등으로) 그리다 2 (마차 등을) 끌다

My son drew animals on the wall. 아들이 벽에 동물들을 그렸다.

Two horses drew the cart. 두 마리의 말이 그 수레를 끌었다.

+ drawing 명 (연필로 등으로 그린) 그림

0327 **cross** [krɔːs]

동 가로지르다, 건너다

A woman is crossing the street. 한 여자가 길을 건너고 있다.

0328 **over** [óuvər]

전 1 ~ 위에[로] 반 under 2 (수 등이) ~ 넘는 반 under 부 건너, 너머

There are clouds over the mountain. 산 위로 구름이 떠 있다.

Over forty people came to the party.
40명이 넘는 사람들이 파티에 왔다.

Come over here. 이쪽으로 건너 와라.

0329 **sing**
[siŋ]

동 (sang-sung) 노래하다, (노래를) 부르다

They **sang** and danced after school. 그들은 방과 후에 노래하고 춤췄다.

He **sang** a song for me. 그가 나를 위해 노래를 불렀다.

0330 **doctor**
[dάktər]

명 의사

The **doctor** told me to drink a lot of water.
그 의사는 나에게 물을 많이 마시라고 했다.

0331 **special**
[spéʃəl]

형 특별한

Do you have a **special** menu for kids?
아이들을 위한 특별 메뉴가 있나요?

+ specially 부 특별히

0332 **weak**
[wiːk]

형 약한, 힘이 없는 반 strong

My grandmother has **weak** legs. 할머니는 다리가 약하시다.

0333 **stair**
[stɛər]

명 (-s) 계단

He went up the **stairs**. 그는 계단을 올라갔다.

take the **stairs** 계단을 이용하다

0334 **which**
[witʃ]

대 [의문문] 어느[어떤] 것 형 [의문문] 어느, 어떤

Which is your book? 어떤 것이 네 책이니?

Which cup is mine? 어느 컵이 내 것이니?

0335 **road**
[roud]

명 길, 도로

There are a lot of cars on the **road**. 도로에 차들이 많다.

참고 street 거리, 길

0336 **kitchen**
[kítʃən]

명 부엌, 주방

The woman is cooking in the **kitchen**.
그 여자는 부엌에서 요리를 하고 있다.

0337 **snack**
[snæk]

명 간식, 간단한 식사

I like eating chocolate for a **snack**.
나는 간식으로 초콜릿 먹는 것을 좋아한다.

0338 **pair**

[pɛər]

명 **한 쌍[켤레]**

She bought a new **pair** of glasses. 그녀는 새 안경 하나를 샀다.

two **pairs** of socks 양말 두 켤레

0339 **these days**

요즘

The weather is nice **these days.** 요즘 날씨가 좋다.

0340 **get it**

이해하다

I don't **get it.** Can you say that again?
저는 이해를 못하겠어요. 그것을 다시 말씀해 주시겠어요?

DAY 17 CHECK-UP

정답 p.241

[1-14] 영어는 우리말로, 우리말은 영어로 쓰세요.

1 draw ____________

2 bring ____________

3 weak ____________

4 cross ____________

5 sing ____________

6 almost ____________

7 food ____________

8 간식, 간단한 식사 ____________

9 일찍, 빨리; 이른, 빠른 ____________

10 특별한 ____________

11 길, 도로 ____________

12 바쁜; 혼잡한 ____________

13 계단 ____________

14 부엌, 주방 ____________

[15-18] 우리말에 맞게 빈칸에 알맞은 말을 넣으세요.

15 ____________ cup is mine? (어느 컵이 내 것이니?)

16 There are clouds ____________ the mountain. (산 위로 구름이 떠 있다.)

17 She bought a new ____________ of glasses. (그녀는 새 안경 하나를 샀다.)

18 The weather is nice ____________ ____________. (요즘 날씨가 좋다.)

DAY 18

PREVIEW

A 아는 단어/숙어에 체크(V)해보세요.

0341 **bottle** □
0342 **clock** □
0343 **dream** □
0344 **complete** □
0345 **season** □
0346 **die** □
0347 **store** □
0348 **off** □
0349 **sell** □
0350 **mouth** □
0351 **glove** □
0352 **dish** □
0353 **heart** □
0354 **picture** □
0355 **leaf** □
0356 **hospital** □
0357 **bridge** □
0358 **useful** □
0359 **see a doctor** □
0360 **pick up** □

B 사진을 보고 알맞은 단어/숙어를 써보세요.

1 
____

2 
____

3 
____

4 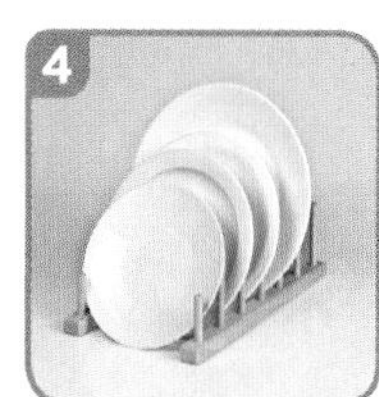
____

DAY 18

학습일 | 1차: 월 일 | 2차: 월 일

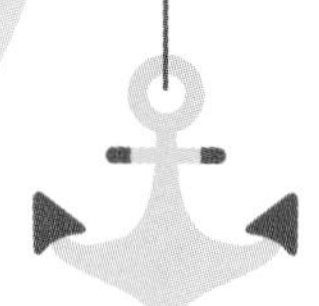

0341 **bottle**
[bɑ́tl]

명 1 병 2 한 병(의 양)

Would you open this bottle? 이 병 좀 열어주시겠어요?

a bottle of water 물 한 병

0342 **clock**
[klɑk]

명 시계

This clock is five minutes fast. 이 시계는 5분 빠르다.

참고 watch 손목시계

0343 **dream**
[driːm]

명 꿈 동 꿈을 꾸다

He had a bad dream last night. 그는 어젯밤에 악몽을 꾸었다.

I dreamed about a pig. 나는 돼지 꿈을 꾸었다.

0344 **complete**
[kəmplíːt]

형 완전한, 완벽한 동 완료하다 유 finish

a complete victory 완승

We should complete the work today.
우리는 그 일을 오늘 완료해야 한다.

0345 **season**
[síːzən]

명 1 계절 2 시기, 철

Which season do you like? 너는 어떤 계절을 좋아하니?

the rainy season 장마철

0346 **die**
[dai]

동 죽다

The dog died last year. 그 개는 작년에 죽었다.

+ dead 형 죽은

0347 **store**
[stɔːr]

명 가게, 상점 유 shop

Buy some eggs at the store. 그 가게에서 달걀을 좀 사라.

0348 **off**
[ɔːf]

부 [이동 · 방향] 떨어져, 멀리 전 [분리] ~에서 떨어져

The town is 5 kilometers off. 그 마을은 5km 떨어져 있다.

He fell off the horse. 그는 말에서 떨어졌다.

0349 **sell**
[sel]

동 (sold-sold) 1 **팔다** 반 buy 2 **팔리다**

This store **sells** nice caps. 이 가게는 멋진 모자들을 판다.

That bag **sells** well. 저 가방은 잘 팔린다.

0350 **mouth**
[mauθ]

명 **입**

Please open your **mouth**. 입을 벌려보세요.

0351 **glove**
[glʌv]

명 **장갑**

I put on a pair of **gloves**. 나는 장갑 한 켤레를 꼈다.

0352 **dish**
[diʃ]

명 **접시, 그릇** 유 plate

She bought a glass **dish**. 그녀는 유리 접시를 하나 샀다.

참고 bowl (속이 깊은) 그릇, 사발

0353 **heart**
[hɑːrt]

명 1 **심장** 2 **마음**

He has a weak **heart**. 그는 심장이 약하다.

She has a kind **heart**. 그녀는 마음씨가 착하다.

0354 **picture**
[píktʃər]

명 1 **그림** 2 **사진** 유 photograph

I'm drawing a **picture**. 나는 그림을 그리고 있다.

My father took a **picture** of us. 아빠가 우리의 사진을 찍으셨다.

0355 **leaf**
[liːf]

명 (복수형 leaves) **잎, 나뭇잎**

Leaves are red and yellow in fall. 가을에는 나뭇잎들이 빨갛고 노랗다.

fallen **leaves** 낙엽

0356 **hospital**
[hάspitəl]

명 **병원**

There were many sick children at the **hospital**.
그 병원에는 아픈 아이들이 많이 있었다.

in the **hospital** 입원 중인

0357 **bridge**
[bridʒ]

명 **다리**

I crossed the **bridge**. 나는 다리를 건넜다.

0358 useful [júːsfəl]

형 쓸모 있는, 유용한 ㊤helpful

This class will be **useful** to you. 이 수업은 너에게 유용할 것이다.

+ use 동 쓰다, 사용하다 명 사용

0359 see a doctor

병원에 가다, 진찰을 받다

You look sick. You should **see a doctor**.
너 아파 보여. 너는 병원에 가야 해.

0360 pick up

1 ~을 집다 2 ~을 (차에) 태우러 가다[오다]

She **picked up** a book. 그녀는 책 한 권을 집어 들었다.

Mom will **pick** me **up** at five. 엄마가 5시에 나를 태우러 올 것이다.

DAY 18 CHECK-UP

정답 p.241

[1-14] 영어는 우리말로, 우리말은 영어로 쓰세요.

1 die ____________
2 picture ____________
3 leaf ____________
4 glove ____________
5 mouth ____________
6 sell ____________
7 bottle ____________
8 계절; 시기, 철 ____________
9 접시, 그릇 ____________
10 가게, 상점 ____________
11 심장; 마음 ____________
12 쓸모 있는, 유용한 ____________
13 완전한, 완벽한; 완료하다 ____________
14 병원 ____________

[15-18] 우리말에 맞게 빈칸에 알맞은 말을 넣으세요.

15 I crossed the ____________. (나는 다리를 건넜다.)
16 He fell ____________ the horse. (그는 말에서 떨어졌다.)
17 He had a bad ____________ last night. (그는 어젯밤에 악몽을 꾸었다.)
18 Mom will ____________ me ____________ at five. (엄마가 5시에 나를 태우러 올 것이다.)

DAY 19

PREVIEW

A 아는 단어/숙어에 체크(V)해보세요.

0361 **age**	☐	0371 **sure**	☐
0362 **bath**	☐	0372 **shoe**	☐
0363 **cousin**	☐	0373 **wind**	☐
0364 **enjoy**	☐	0374 **cheap**	☐
0365 **ask**	☐	0375 **love**	☐
0366 **only**	☐	0376 **husband**	☐
0367 **take**	☐	0377 **vegetable**	☐
0368 **into**	☐	0378 **teach**	☐
0369 **bread**	☐	0379 **do the dishes**	☐
0370 **wash**	☐	0380 **be over**	☐

B 사진을 보고 알맞은 단어/숙어를 써보세요.

1

____

2

____

3

____

4

____

DAY 19

학습일 | 1차: 월 일 | 2차: 월 일

0361 **age** [eidʒ]

명 나이

He died at the **age** of 70. 그는 70세의 나이로 죽었다.

children under the **age** of 13 13세 미만의 어린이들

0362 **bath** [bæθ]

명 목욕

My dog hates **baths**. 내 개는 목욕을 싫어한다.

have[take] a **bath** 목욕하다

0363 **cousin** [kʌ́zn]

명 사촌

That boy is my **cousin**. 저 소년은 내 사촌이다.

0364 **enjoy** [indʒɔ́i]

동 즐기다

She is **enjoying** the music. 그녀는 음악을 즐기고 있다.

They **enjoy** playing tennis. 그들은 테니스를 치는 것을 즐긴다.

0365 **ask** [æsk]

동 1 묻다, 물어보다 2 부탁하다, 요청하다

May I **ask** your name? 제가 당신의 이름을 물어도 될까요?

He **asked** you to speak loudly. 그가 너에게 크게 말해 달라고 부탁했다.

0366 **only** [óunli]

부 단지, 오직 형 유일한

I was **only** ten minutes late. 나는 단지 10분 늦었을 뿐이다.

an **only** child 외동 아이

0367 **take** [teik]

동 (took-taken) 1 가져가다 반 bring 2 잡다 3 (시간이) 걸리다

I **took** my bag to my room. 나는 내 가방을 방으로 가져갔다.

He **took** my arm. 그가 내 팔을 잡았다.

It **takes** about 30 minutes to get there.
그곳에 도착하는 데 약 30분이 걸린다.

0368 **into** [íntu]

전 1 ~ 안[속]으로 2 (상태가 변하여) ~로

She walked **into** the hospital. 그녀는 병원 안으로 걸어 들어갔다.

Strawberries can be made **into** jam. 딸기는 잼으로 만들 수 있다.

0369 **bread**
[bred]

명 **빵**

They ate some **bread** with soup. 그들은 수프와 빵을 먹었다.

0370 **wash**
[wɑʃ]

동 **씻다**

Wash your hands before dinner. 저녁 식사 전에 손을 씻어라.

0371 **sure**
[ʃuər]

형 **확신하는** 유 certain

We are not **sure** about that. 우리는 그것에 대해 확신할 수 없다.
I am **sure** that he will come. 나는 그가 올 것이라고 확신한다.

0372 **shoe**
[ʃuː]

명 **(-s) 신발, 구두**

Put on your socks and **shoes**. 양말과 신발을 신어라.
a pair of **shoes** 신발 한 켤레

0373 **wind**
[wind]

명 **바람**

The **wind** was really strong yesterday. 어제는 바람이 정말 강했다.
a cold **wind** 차가운 바람
+ windy 형 바람이 많이 부는

0374 **cheap**
[tʃiːp]

형 **(값이) 싼** 반 expensive

The baseball glove is **cheap**. 그 야구 장갑은 싸다.
a **cheap** ticket 저렴한 표

0375 **love**
[lʌv]

동 **사랑하다** 명 **사랑**

She **loves** her daughter very much. 그녀는 딸을 매우 사랑한다.
be in **love** with ~와 사랑에 빠지다

0376 **husband**
[hʌ́zbənd]

명 **남편**

He is Jenny's **husband**. 그는 Jenny의 남편이다.
참고 wife 부인

0377 **vegetable**
[védʒətəbl]

명 **채소, 야채**

Potatoes are a kind of **vegetable**. 감자는 채소의 일종이다.

0378 **teach** [tiːtʃ]

동 (taught-taught) 가르치다

I **teach** English to Korean students.
나는 한국 학생들에게 영어를 가르친다.

+ teacher 명 교사, 선생

0379 **do the dishes**

설거지를 하다

Dad **does the dishes** every day. 아빠는 매일 설거지를 하신다.

0380 **be over**

끝나다

The concert will **be over** at nine. 그 콘서트는 9시에 끝날 것이다.

DAY 19 CHECK-UP

정답 p.241

[1-14] 영어는 우리말로, 우리말은 영어로 쓰세요.

1 ask ____________
2 cheap ____________
3 age ____________
4 wind ____________
5 cousin ____________
6 shoe ____________
7 enjoy ____________
8 씻다 ____________
9 단지, 오직; 유일한 ____________
10 남편 ____________
11 확신하는 ____________
12 목욕 ____________
13 가르치다 ____________
14 채소, 야채 ____________

[15-18] 우리말에 맞게 빈칸에 알맞은 말을 넣으세요.

15 She walked ____________ the hospital. (그녀는 병원 안으로 걸어 들어갔다.)

16 The concert will ____________ ____________ at nine. (그 콘서트는 9시에 끝날 것이다.)

17 It ____________ about 30 minutes to get there. (그곳에 도착하는 데 약 30분이 걸린다.)

18 Dad ____________ ____________ ____________ every day. (아빠는 매일 설거지를 하신다.)

DAY 20

PREVIEW

A 아는 단어/숙어에 체크(V)해보세요.

- 0381 **art** ☐
- 0382 **show** ☐
- 0383 **airplane** ☐
- 0384 **become** ☐
- 0385 **boat** ☐
- 0386 **question** ☐
- 0387 **send** ☐
- 0388 **inside** ☐
- 0389 **jump** ☐
- 0390 **learn** ☐
- 0391 **true** ☐
- 0392 **move** ☐
- 0393 **dessert** ☐
- 0394 **square** ☐
- 0395 **world** ☐
- 0396 **restaurant** ☐
- 0397 **picnic** ☐
- 0398 **shop** ☐
- 0399 **for sure** ☐
- 0400 **show ~ around** ☐

B 사진을 보고 알맞은 단어/숙어를 써보세요.

1

____

2

____

3

____

4

____

DAY 20

학습일 | 1차: 월 일 | 2차: 월 일

0381 **art**
[ɑːrt]

명 1 **예술** 2 **미술**
Music is a kind of art. 음악은 예술의 일종이다.
an art teacher 미술 교사
+ artist 명 예술가, 화가

0382 **show**
[ʃou]

동 (showed-shown) **보여주다** 명 **쇼, 공연물**
He showed me his picture. 그는 내게 자신의 사진을 보여주었다.
She entered the quiz show. 그녀는 그 퀴즈쇼에 참가했다.

0383 **airplane**
[ɛ́ərplèin]

명 **비행기** 동 plane
I went to China by airplane. 나는 비행기를 타고 중국에 갔다.

0384 **become**
[bikʌ́m]

동 (became-become) **~이 되다, ~해지다**
They will become parents in July. 그들은 7월에 부모가 될 것이다.
It became dark. 날이 어두워졌다.

0385 **boat**
[bout]

명 **(소형) 배, 보트**
A boat was on the lake. 보트 한 척이 호수에 떠 있었다.
참고 ship (커다란) 배, 선박

0386 **question**
[kwéstʃən]

명 **질문**
I have a question about the test. 나는 그 시험에 관해 질문이 있다.
ask a question 질문을 하다

0387 **send**
[send]

동 (sent-sent) **보내다, 발송하다**
I sent a birthday card to him. 나는 그에게 생일 카드를 보냈다.
She sent me an email. 그녀는 나에게 이메일을 보냈다.

0388 **inside**
[insáid]

부 **안에[으로]** 전 **~ 안에** 명 **안, 내부** 반 outside(부/전/명)
It's cold! Let's go inside. 춥다! 안으로 들어가자.
A small doll was inside the box. 그 상자 안에 작은 인형이 있었다.
the inside of the house 집 내부

0389 **jump**
[dʒʌmp]

동 **뛰다, 뛰어오르다** 명 **뛰기, 뛰어오르기**

They **jumped** into the water. 그들은 물속으로 뛰어들었다.
the high **jump** 높이뛰기

0390 **learn**
[ləːrn]

동 **배우다, 익히다**

She **learned** Chinese at school. 그녀는 학교에서 중국어를 배웠다.

0391 **true**
[truː]

형 1 **사실인, 맞는** 반 false 2 **진짜의** 유 real

The story was not **true**. 그 이야기는 사실이 아니었다.
true love 진정한 애정
+ truth 명 진실, 사실

0392 **move**
[muːv]

동 1 **움직이다** 2 **이사하다**

I can't **move** my finger. 나는 손가락을 움직일 수가 없다.
She **moved** to New York. 그녀는 뉴욕으로 이사했다.

0393 **dessert**
[dizə́ːrt]

명 **디저트, 후식**

I had apple pie for **dessert**. 나는 디저트로 애플파이를 먹었다.

0394 **square**
[skwɛər]

명 1 **정사각형** 2 **광장** 형 **정사각형의**

Cut the bread into **squares**. 빵을 정사각형으로 잘라라.
the town **square** 마을 광장
a **square** room 정사각형 모양의 방
참고 circle 원, 동그라미 triangle 삼각형

0395 **world**
[wəːrld]

명 **세계**

There are many countries in the **world**. 세계에는 많은 국가들이 있다.
around the **world** 전 세계적으로

0396 **restaurant**
[réstərənt]

명 **식당, 음식점**

We had lunch at a French **restaurant**.
우리는 프랑스 식당에서 점심을 먹었다.

0397 **picnic**
[píknik]

명 **소풍, 피크닉**

Let's go on a **picnic** this Saturday. 이번 주 토요일에 소풍을 가자.

0398 shop [ʃap]

명 가게, 상점 유 store 동 물건을 사다, 쇼핑하다

There is a flower **shop** over there. 저쪽에 꽃 가게가 있다.

I often **shop** for food at the market. 나는 시장에서 식료품을 자주 산다.

go **shopping** 쇼핑을 하러 가다

0399 for sure

분명히, 확실히

We don't know his age **for sure**. 우리는 그의 나이를 확실히 모른다.

0400 show ~ around

~에게 구경시켜 주다

I will **show** you **around** my town.
내가 너에게 우리 마을을 구경시켜 줄 것이다.

DAY 20 CHECK-UP

정답 p.241

[1-14] 영어는 우리말로, 우리말은 영어로 쓰세요.

1 dessert ____________
2 boat ____________
3 true ____________
4 world ____________
5 learn ____________
6 show ____________
7 shop ____________
8 비행기 ____________
9 식당, 음식점 ____________
10 질문 ____________
11 ~이 되다, ~해지다 ____________
12 보내다, 발송하다 ____________
13 정사각형; 광장; 정사각형의 ____________
14 움직이다; 이사하다 ____________

[15-18] 우리말에 맞게 빈칸에 알맞은 말을 넣으세요.

15 Music is a kind of ____________. (음악은 예술의 일종이다.)

16 A small doll was ____________ the box. (그 상자 안에 작은 인형이 있었다.)

17 We don't know his age ____________ ____________. (우리는 그의 나이를 확실히 모른다.)

18 I will ____________ you ____________ my town.
(내가 너에게 우리 마을을 구경시켜 줄 것이다.)

REVIEW TEST

DAY 16-20

정답 p.241

A **우리말에 맞게 빈칸에 알맞은 말을 넣으세요.**

1 in the ____________ (입원 중인)

2 a(n) ____________ of water (물 한 병)

3 take the ____________ (지하철을 타다)

4 in the ____________ morning (이른 아침에)

5 be in ____________ with (~와 사랑에 빠지다)

6 ____________ is your birthday? (너의 생일은 언제니?)

7 Which ____________ do you like? (너는 어떤 계절을 좋아하니?)

8 She ____________ gets up at seven. (그녀는 항상 7시에 일어난다.)

9 My grandmother has ____________ legs. (할머니는 다리가 약하시다.)

10 She is ____________ with work and study. (그녀는 일과 학업으로 바쁘다.)

11 She ____________ ____________ a book. (그녀는 책 한 권을 집어 들었다.)

12 I have a(n) ____________ about the test. (나는 그 시험에 관해 질문이 있다.)

B **밑줄 친 말에 유의하여 다음 문장을 해석하세요.**

1 Children under ten cannot go in.

____

2 Two horses drew the cart.

____

3 A woman is crossing the street.

____

4 You look sick. You should see a doctor.

____

5 I don't get it. Can you say that again?

____

C 밑줄 친 단어와 가장 비슷한 뜻을 가진 단어를 고르세요.

1 We should complete the work today.

① finish ② take ③ enjoy ④ learn

2 Buy some eggs at the store.

① show ② shop ③ picnic ④ kitchen

3 I am sure that he will come.

① busy ② cheap ③ useful ④ certain

4 I went to China by airplane.

① train ② plane ③ backpack ④ bridge

5 My father took a picture of us.

① art ② snack ③ photograph ④ glass

D 보기 에서 빈칸에 들어갈 단어를 골라 쓰세요.

보기 teach sell glove only become bath useful age

1 He died at the ____________ of 70.

2 I put on a pair of ____________(e)s.

3 I was ____________ ten minutes late.

4 This store ____________(e)s nice caps.

5 This class will be ____________ to you.

6 They will ____________ parents in July.

7 I ____________ English to Korean students.

CROSSWORD PUZZLE

DAY 11-20

정답 p.241

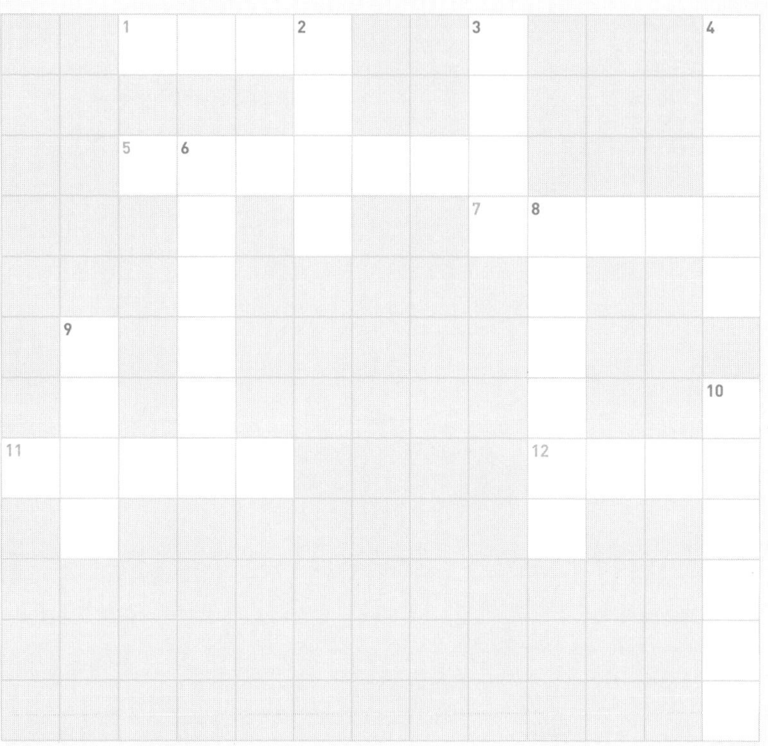

Across

1 깊은; 깊이, 깊게
5 특별한
7 배우다, 익히다
11 이, 치아
12 인생, 삶; 목숨, 생명

Down

2 고르다; 따다, 꺾다
3 떨어지다; 넘어지다, 쓰러지다; 가을
4 혼자인; 외로운; 혼자
6 부모, 어버이
8 쉽게, 수월하게
9 자라다, 성장하다; 기르다
10 계절; 시기, 철

Baker 제빵사

- make dough 반죽을 만들다
- bake bread, cake, and cookies
  빵, 케이크, 그리고 쿠키를 굽다

Cook / Chef 요리사

- prepare ingredients and cook
  재료를 준비하고 요리하다
- develop new recipes
  새로운 레시피를 개발하다

Barista 바리스타

- roast and grind coffee beans 커피콩을 볶고 갈다
- brew coffee 커피를 내리다

Sommelier 소믈리에

- taste and select wine
  와인을 맛보고 선별하다
- suggest wine with a dish 음식에 와인을 추천하다

Food Stylist
푸드스타일리스트

- put food on a plate and decorate it
  음식을 접시에 담고 장식하다

DAY 21

PREVIEW

A 아는 단어/숙어에 체크(V)해보세요.

0401	**arrive** ☐	0411	**both** ☐
0402	**bathroom** ☐	0412	**quick** ☐
0403	**case** ☐	0413	**rich** ☐
0404	**library** ☐	0414	**stand** ☐
0405	**online** ☐	0415	**sorry** ☐
0406	**straight** ☐	0416	**lesson** ☐
0407	**try** ☐	0417	**wake** ☐
0408	**near** ☐	0418	**let** ☐
0409	**begin** ☐	0419	**come true** ☐
0410	**finish** ☐	0420	**one by one** ☐

B 사진을 보고 알맞은 단어/숙어를 써보세요.

1 
____

2 
____

3 
____

4 
____

학습일 | 1차: 월 일 | 2차: 월 일

0401 **arrive**
[əráiv]

동 **도착하다**

The train arrived in Seoul at four. 그 기차는 4시에 서울에 도착했다.

He arrived at school early. 그는 학교에 일찍 도착했다.

+ arrival 명 도착

0402 **bathroom**
[bǽθrù:m]

명 **욕실, 화장실**

Wash your face in the bathroom. 화장실에서 세수를 해라.

참고 restroom (공공장소의) 화장실

0403 **case**
[keis]

명 **1 상자, 용기 2 경우**

There are two pens in the pencil case. 그 필통에 두 자루의 펜이 있다.

in this[that] case 이러한[그러한] 경우에는

0404 **library**
[láibrèri]

명 **도서관**

I often read books in the library. 나는 도서관에서 자주 책을 읽는다.

a school library 학교 도서관

0405 **online**
[ɑ́:nlain]

형 **온라인의** 부 **온라인으로**

They play online games every day. 그들은 매일 온라인 게임을 한다.

shop online 온라인으로 쇼핑하다

0406 **straight**
[streit]

부 **똑바로, 곧장** 형 **곧은, 일직선의**

She walked straight to him. 그녀는 그에게 똑바로 걸어갔다.

a straight road 직선 도로

0407 **try**
[trai]

동 **1 노력하다** ((to-v)) **2 시도하다** ((v-ing))

He tried to complete the work. 그는 그 일을 완수하기 위해 노력했다.

Try eating this food. 이 음식을 한번 먹어봐.

0408 **near**
[niə*r*]

부 **가까이** 형 **가까운** 반 far (부/형) 전 **~ 가까이에**

The man came near. 그 남자가 가까이 왔다.

The hospital is very near. 그 병원은 매우 가깝다.

She lives near my house. 그녀는 우리집 가까이에 산다.

0409 **begin** [bigín]

동 (began-begun) 시작하다 유 start

The movie **begins** at seven. 그 영화는 7시에 시작한다.

0410 **finish** [fíniʃ]

동 끝나다, 끝마치다 유 complete

All classes **finish** at 5 p.m. 모든 수업은 오후 5시에 끝난다.

She **finished** her work. 그녀는 자신의 일을 끝마쳤다.

0411 **both** [bouθ]

형 둘 다의, 양쪽의 대 둘 다, 양쪽

Both the boys can speak English. 그 두 소년들은 영어를 말할 수 있다.

Both of us were late. 우리 둘 다 늦었다.

0412 **quick** [kwik]

형 신속한, 빠른 반 slow

It is **quick** to go by bus. 버스를 타고 가는 것이 빠르다.

+ quickly 부 빨리

0413 **rich** [ritʃ]

형 부유한, 부자인 반 poor

The old lady is very **rich**. 그 노부인은 매우 부유하다.

get **rich** 부자가 되다

0414 **stand** [stænd]

동 (stood-stood) 서 있다, 서다 반 sit

He was **standing** at the door. 그는 문가에 서 있었다.

stand up 일어서다

0415 **sorry** [sɔ́ːri]

형 1 미안한 2 유감스러운

I'm **sorry** about yesterday. 어제 일은 내가 미안하다.

I'm **sorry** to hear that he's sick. 그가 아프다는 것을 듣게 되어 유감이다.

0416 **lesson** [lésn]

명 1 수업 2 (교재의) 과 3 교훈

I take piano **lessons** after school. 나는 방과 후에 피아노 수업을 받는다.

Lesson 3 is about family. 3과는 가족에 관한 것이다.

learn a **lesson** 교훈을 얻다

0417 **wake** [weik]

동 (woke-woken) 잠에서 깨다, 일어나다

She **woke** up at 7:30. 그녀는 7시 30분에 일어났다.

0418 let [let]

동 (let-let) 1 ~하게 하다, ~하도록 허락하다 2 [Let's] ~하자

He **let** me use his pen. 그는 내가 그의 펜을 쓰게 했다.

Let's go to the theater. 극장에 가자.

0419 come true

이루어지다, 실현되다

Your dream will **come true**. 너의 꿈은 이루어질 것이다.

0420 one by one

한 사람씩, 차례로

They entered the room **one by one**.
그들은 한 사람씩 방으로 들어갔다.

DAY 21 CHECK-UP

정답 p.242

[1-14] 영어는 우리말로, 우리말은 영어로 쓰세요.

1 near	______	8 도착하다	______
2 stand	______	9 끝나다, 끝마치다	______
3 straight	______	10 잠에서 깨다, 일어나다	______
4 lesson	______	11 욕실, 화장실	______
5 begin	______	12 신속한, 빠른	______
6 both	______	13 상자, 용기; 경우	______
7 rich	______	14 도서관	______

[15-18] 우리말에 맞게 빈칸에 알맞은 말을 넣으세요.

15 He ______ me use his pen. (그는 내가 그의 펜을 쓰게 했다.)

16 Your dream will ______ ______. (너의 꿈은 이루어질 것이다.)

17 He ______ to complete the work. (그는 그 일을 완수하기 위해 노력했다.)

18 They entered the room ______ ______ ______.
(그들은 한 사람씩 방으로 들어갔다.)

DAY 22

PREVIEW

A 아는 단어/숙어에 체크(V)해보세요.

0421 **turn** ☐
0422 **airport** ☐
0423 **catch** ☐
0424 **pretty** ☐
0425 **breakfast** ☐
0426 **trip** ☐
0427 **hill** ☐
0428 **as** ☐
0429 **homework** ☐
0430 **touch** ☐
0431 **side** ☐
0432 **letter** ☐
0433 **middle** ☐
0434 **fresh** ☐
0435 **poor** ☐
0436 **soft** ☐
0437 **garden** ☐
0438 **gate** ☐
0439 **try on** ☐
0440 **talk on the phone** ☐

B 사진을 보고 알맞은 단어/숙어를 써보세요.

1
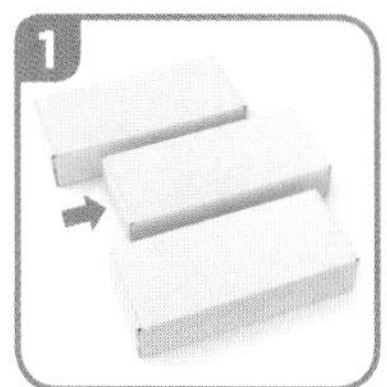
____

2

____

3

____

4

____

DAY 22

학습일 | 1차: 월 일 | 2차: 월 일

0421 **turn**
[təːrn]

동 **돌다, 돌리다** 명 **순서, 차례**

Go straight and turn left. 곧장 가다가 왼쪽으로 돌아라.

Please wait your turn. 당신의 순서를 기다려 주세요.

0422 **airport**
[ɛ́ərpɔ̀ːrt]

명 **공항**

The plane will arrive at the airport at six.
그 비행기는 6시에 공항에 도착할 것이다.

0423 **catch**
[kætʃ]

동 **(caught-caught) 1 (붙)잡다 2 (병에) 걸리다**

I caught the ball with both hands. 나는 두 손으로 그 공을 잡았다.

catch a cold 감기에 걸리다

0424 **pretty**
[príti]

형 **예쁜** 유 beautiful 부 **1 꽤, 상당히 2 매우**

My sister is pretty. 내 여동생은 예쁘다.

It gets pretty cold at night. 밤에는 상당히 추워진다.

I'm pretty busy. 나는 매우 바쁘다.

0425 **breakfast**
[brékfəst]

명 **아침 식사**

What do you want for breakfast? 너는 아침 식사로 무엇을 먹고 싶니?

참고 lunch 점심 식사 dinner 저녁 식사

0426 **trip**
[trip]

명 **여행** 유 tour

How was your trip to Busan? 부산 여행은 어땠니?

take[go on] a trip 여행하다

0427 **hill**
[hil]

명 **언덕, (낮은) 산**

They walked up the hill. 그들은 그 언덕을 걸어 올라갔다.

on a hill 언덕 위에

0428 **as**
[æz]

접 **1 ~할 때, ~하면서 2 ~이기 때문에** 유 because

He watched TV as I cooked dinner.
내가 저녁을 준비할 때 그는 TV를 보았다.

As I was late, I ran. 나는 늦었기 때문에 달렸다.

0429 **homework**

[hóumwə̀ːrk]

명 **숙제, 과제**

Do your **homework** first. 숙제 먼저 해라.

She finished her **homework**. 그녀는 숙제를 끝냈다.

0430 **touch**

[tʌtʃ]

동 1 **만지다** 2 **감동시키다**

A girl is **touching** a cat. 한 소녀가 고양이를 만지고 있다.

His words **touched** me. 그의 말은 나를 감동시켰다.

0431 **side**

[said]

명 1 **쪽, 측** 2 **측면, 옆면**

The lake is on the east **side** of the city.
그 호수는 그 도시의 동쪽에 있다.

the **side** of a house 집의 측면

0432 **letter**

[létər]

명 1 **편지** 2 **글자, 문자**

I sent a **letter** to her. 나는 그녀에게 편지를 보냈다.

The English alphabet has 26 **letters**. 영어의 알파벳은 26글자이다.

0433 **middle**

[mídl]

명 **가운데, 중앙** 유 center 형 **가운데의, 중간의**

He stood in the **middle** of the room. 그는 그 방 중앙에 서 있었다.

I cut my **middle** finger. 나는 가운뎃손가락을 베었다.

0434 **fresh**

[freʃ]

형 1 **신선한** 2 **새로운, 참신한**

I eat **fresh** fruit every day. 나는 매일 신선한 과일을 먹는다.

a **fresh** idea 참신한 생각

0435 **poor**

[puər]

형 1 **가난한** 반 rich 2 **불쌍한**

She grew up in a **poor** family. 그녀는 가난한 가정에서 자랐다.

The **poor** dog was very thin. 그 불쌍한 강아지는 굉장히 말랐다.

0436 **soft**

[sɔːft]

형 **부드러운** 반 hard

The sweater is really **soft**. 그 스웨터는 정말 부드럽다.

0437 **garden**

[gáːrdn]

명 **정원, 뜰**

He grows some vegetables in his **garden**.
그는 정원에서 채소를 좀 기른다.

0438 **gate**

[geit]

명 1 문, 출입문 2 탑승구

Please open the **gate**. 출입문을 열어 주세요.

We boarded the plane at **Gate** 20.
우리는 20번 탑승구에서 비행기에 탑승했다.

0439 **try on**

~을 입어[신어]보다

Can I **try on** this skirt? 제가 이 치마를 입어봐도 될까요?

0440 **talk on the phone**

통화하다

She is **talking on the phone** now. 그녀는 지금 통화 중이다.

DAY 22 CHECK-UP

정답 p.242

[1-14] 영어는 우리말로, 우리말은 영어로 쓰세요.

1 trip ____________

2 pretty ____________

3 hill ____________

4 fresh ____________

5 as ____________

6 turn ____________

7 touch ____________

8 정원, 뜰 ____________

9 부드러운 ____________

10 숙제, 과제 ____________

11 편지; 글자, 문자 ____________

12 (붙)잡다; (병에) 걸리다 ____________

13 문, 출입문; 탑승구 ____________

14 아침 식사 ____________

[15-18] 우리말에 맞게 빈칸에 알맞은 말을 넣으세요.

15 He stood in the ____________ of the room. (그는 그 방 중앙에 서 있었다.)

16 She grew up in a(n) ____________ family. (그녀는 가난한 가정에서 자랐다.)

17 Can I ____________ ____________ this skirt? (제가 이 치마를 입어봐도 될까요?)

18 The lake is on the east ____________ of the city. (그 호수는 그 도시의 동쪽에 있다.)

DAY 23

PREVIEW

A 아는 단어/숙어에 체크(V)해보세요.

0441 **gift** □
0442 **laugh** □
0443 **clothes** □
0444 **strange** □
0445 **glad** □
0446 **ahead** □
0447 **corner** □
0448 **artist** □
0449 **restroom** □
0450 **straw** □
0451 **thank** □
0452 **windy** □
0453 **answer** □
0454 **write** □
0455 **money** □
0456 **painting** □
0457 **team** □
0458 **future** □
0459 **turn on[off]** □
0460 **show up** □

B 사진을 보고 알맞은 단어/숙어를 써보세요.

1 
____

2 
____

3 
____

4 
____

DAY 23

학습일 | 1차: 월 일 | 2차: 월 일

0441 **gift**
[gift]

명 1 선물 유 present 2 재능, 재주 유 talent

This is a small **gift** for you. 이것은 너를 위한 작은 선물이다.
He has a **gift** for music. 그는 음악에 재능이 있다.

0442 **laugh**
[læf]

동 (소리를 내며) 웃다 명 웃음

They **laughed** loudly. 그들은 큰 소리로 웃었다.
with a **laugh** 웃으며
참고 smile 웃다, 미소 짓다; 웃음, 미소

0443 **clothes**
[klouðz]

명 [복수] 옷, 의복

She bought some new **clothes**. 그녀는 새 옷을 좀 샀다.
put on **clothes** 옷을 입다

0444 **strange**
[streindʒ]

형 1 이상한 2 낯선

I heard a **strange** noise. 나는 이상한 소리를 들었다.
a **strange** city 낯선 도시
+ stranger 명 낯선 사람

0445 **glad**
[glæd]

형 기쁜, 반가운

I'm **glad** to see you again. 나는 너를 다시 만나서 기쁘다.

0446 **ahead**
[əhéd]

부 앞(쪽)으로, 앞에

She was looking straight **ahead**. 그녀는 앞을 똑바로 바라보고 있었다.
go **ahead** 앞서가다

0447 **corner**
[kɔ́ːrnər]

명 1 (길)모퉁이 2 구석, 모서리

Turn right at the **corner**. 모퉁이에서 우회전해라.
the **corner** of a room 방구석

0448 **artist**
[ɑ́ːrtist]

명 예술가, 화가

Picasso is a Spanish **artist**. 피카소는 스페인 예술가이다.
+ art 명 예술; 미술

0449 **restroom**
[réstrùm]

명 (공공장소의) 화장실

Where is the restroom? 화장실은 어디입니까?

참고 bathroom 욕실, 화장실

0450 **straw**
[strɔː]

명 1 짚, 밀짚 2 빨대

This hat is made of straw. 이 모자는 밀짚으로 만들어졌다.

I drank juice with a straw. 나는 빨대로 주스를 마셨다.

0451 **thank**
[θæŋk]

동 감사하다, 고마워하다 명 (-s) 감사

Thank you for your time. 시간 내주셔서 감사합니다.

a word of thanks 감사의 말

0452 **windy**
[wíndi]

형 바람이 많이 부는

Winter is a windy season. 겨울은 바람이 많이 부는 계절이다.

+ wind 명 바람

0453 **answer**
[ǽnsər]

동 대답하다 명 대답, 답

She answered my question. 그녀는 내 질문에 대답했다.

give an answer 대답하다

0454 **write**
[rait]

동 (wrote-written) 1 (글자를) 쓰다 2 (책 등을) 쓰다, 집필하다

Please write with a pencil. 연필로 써 주세요.

He wrote a book about love. 그는 사랑에 관한 책을 썼다.

0455 **money**
[mʌ́ni]

명 돈

There is no easy way to make money. 돈을 버는 쉬운 방법은 없다.

pocket money 용돈

0456 **painting**
[péintiŋ]

명 (물감으로 그린) 그림

The girl in this painting is my sister. 이 그림 속 소녀가 나의 여동생이다.

+ paint 동 (물감으로) 그리다 painter 명 화가

참고 drawing (연필 등으로 그린) 그림

0457 **team**
[tiːm]

명 (경기 등의) 팀

He is on the baseball team. 그는 그 야구팀에 속해 있다.

0458 **future** [fjúːtʃər]

명 **미래, 장래** 형 **미래의, 장래의**

He'll be a star in the near **future**. 그는 가까운 장래에 스타가 될 것이다.

at a **future** date 훗날에

참고 past 과거의 present 현재의

0459 **turn on[off]**

~을 켜다[끄다]

Turn on the TV. TV를 켜라.

Can you **turn off** the light? 불 좀 꺼주시겠어요?

0460 **show up**

나타나다

He **showed up** late for dinner. 그는 저녁 식사에 늦게 나타났다.

DAY 23 CHECK-UP

정답 p.242

[1-14] 영어는 우리말로, 우리말은 영어로 쓰세요.

1 money ____________

2 answer ____________

3 artist ____________

4 straw ____________

5 painting ____________

6 write ____________

7 ahead ____________

8 (공공장소의) 화장실 ____________

9 (소리를 내며) 웃다; 웃음 ____________

10 선물; 재능, 재주 ____________

11 이상한; 낯선 ____________

12 옷, 의복 ____________

13 바람이 많이 부는 ____________

14 미래, 장래; 미래의, 장래의 ____________

[15-18] 우리말에 맞게 빈칸에 알맞은 말을 넣으세요.

15 Turn right at the ____________. (모퉁이에서 우회전해라.)

16 I'm ____________ to see you again. (나는 너를 다시 만나서 기쁘다.)

17 Can you ____________ ____________ the light? (불 좀 꺼주시겠어요?)

18 He ____________ ____________ late for dinner. (그는 저녁 식사에 늦게 나타났다.)

DAY 24

PREVIEW

A 아는 단어/숙어에 체크(V)해보세요.

0461 **top** ☐
0462 **active** ☐
0463 **bank** ☐
0464 **feed** ☐
0465 **style** ☐
0466 **throat** ☐
0467 **drawing** ☐
0468 **so** ☐
0469 **seat** ☐
0470 **lie** ☐
0471 **fish** ☐
0472 **dress** ☐
0473 **away** ☐
0474 **job** ☐
0475 **right** ☐
0476 **museum** ☐
0477 **lucky** ☐
0478 **excellent** ☐
0479 **laugh at** ☐
0480 **thanks to** ☐

B 사진을 보고 알맞은 단어/숙어를 써보세요.

1 
____

2 
____

3 
____

4 
____

DAY 24

0461 **top**
[tɑːp]

명 꼭대기, 정상 형 맨 위의, 최고인 반 bottom (명/형)

We were on the top of the mountain. 우리는 그 산 정상에 있었다.

She lives on the top floor. 그녀는 맨 위층에 산다.

0462 **active**
[ǽktiv]

형 1 활동적인 2 적극적인

He is over 70, but he is very active.
그는 70살이 넘었지만, 매우 활동적이다.

She is active in the English class. 그녀는 영어 수업에 적극적이다.

+ activity 명 (즐기기 위한) 활동

0463 **bank**
[bæŋk]

명 은행

I put all my money in the bank. 나는 나의 모든 돈을 은행에 맡겼다.

0464 **feed**
[fiːd]

동 (fed-fed) 먹이[모이]를 주다

He feeds his dog every day. 그는 개에게 매일 먹이를 준다.

0465 **style**
[stail]

명 1 (예술 등의) 양식, 형식 2 (행동) 방식 3 (옷 등의) 스타일

He made a new style of music. 그는 새로운 양식의 음악을 만들었다.

the style of living 생활 방식

the latest style of sunglasses 최신 스타일의 선글라스

0466 **throat**
[θrout]

명 목구멍, 목

The doctor looked into his throat. 그 의사는 그의 목구멍을 들여다봤다.

0467 **drawing**
[drɔ́ːiŋ]

명 (연필 등으로 그린) 그림

This is a drawing of my garden. 이것은 나의 정원 그림이다.

+ draw 동 (연필 등으로) 그리다

참고 painting (물감으로 그린) 그림

0468 **so**
[souː]

부 1 매우, 아주 2 그렇게 접 그래서

The cat is so cute. 그 고양이는 매우 귀엽다.

I told you so! 내가 그렇게 말하지 않았니!

I was hungry, so I ate a sandwich. 나는 배고파서 샌드위치를 먹었다.

0469 **seat**
[siːt]

명 **좌석, 자리**

I want a window **seat**. 나는 창가 자리를 원한다.

have[take] a **seat** 자리에 앉다

0470 **lie**
[lai]

동 (lay-lain) 1 **눕다** 2 **놓여 있다** 3 (lied-lied) **거짓말하다**

The boy is **lying** in bed. 그 소년은 침대에 누워 있다.

A letter **lay** on the table. 편지가 탁자 위에 놓여 있었다.

Don't **lie** to me. 내게 거짓말하지 마라.

참고 lay 놓다, 두다; (알을) 낳다

0471 **fish**
[fiʃ]

명 **물고기** 동 **낚시하다**

She caught a big **fish**. 그녀는 큰 물고기를 잡았다.

go **fishing** 낚시하러 가다

0472 **dress**
[dres]

명 1 **드레스, 원피스** 2 **옷, 복장**

She put on a long **dress**. 그녀는 긴 드레스를 입었다.

dress code 드레스 코드, 복장 규정

0473 **away**
[əwéi]

부 **떨어져, 멀리**

The bank is a mile **away** from here. 그 은행은 여기서 1마일 떨어져 있다.

go **away** (떠나) 가버리다

0474 **job**
[dʒɑb]

명 1 **일, 직업, 직장** 2 **역할, 책임**

He got a new **job**. 그는 새 직장을 구했다.

It's my **job** to water flowers. 꽃에 물을 주는 것은 나의 역할이다.

0475 **right**
[rait]

형 1 **맞는, 정확한** 반 wrong 2 **올바른** 반 wrong 3 **오른쪽의** 반 left

That's not the **right** answer. 그것은 정답이 아니다.

It is not **right** to lie. 거짓말을 하는 것은 올바르지 않다.

the **right** hand 오른손

0476 **museum**
[mjuzíəm]

명 **박물관, 미술관**

He is looking at paintings in a **museum**.
그는 박물관에서 그림들을 보고 있다.

an art **museum** 미술관

0477 **lucky** [lʌ́ki]

형 행운의, 운이 좋은 반 unlucky

You are **lucky** to meet her! 그녀를 만나다니 너는 운이 좋구나!

+ luckily 부 운 좋게도

0478 **excellent** [éksələnt]

형 뛰어난, 아주 훌륭한

He is an **excellent** painter. 그는 훌륭한 화가이다.

0479 **laugh at**

~을 비웃다

He **laughed at** my clothes. 그는 내 옷을 비웃었다.

0480 **thanks to**

~의 덕분에, ~ 때문에

Thanks to your help, I could finish the project.
너의 도움 덕분에 나는 프로젝트를 끝낼 수 있었다.

DAY 24 CHECK-UP

정답 p.242

[1-14] 영어는 우리말로, 우리말은 영어로 쓰세요.

1 lucky	________	8 목구멍, 목	________
2 top	________	9 박물관, 미술관	________
3 feed	________	10 (연필 등으로 그린) 그림	________
4 right	________	11 좌석, 자리	________
5 dress	________	12 활동적인; 적극적인	________
6 fish	________	13 떨어져, 멀리	________
7 lie	________	14 뛰어난, 아주 훌륭한	________

[15-18] 우리말에 맞게 빈칸에 알맞은 말을 넣으세요.

15 He ________ ________ my clothes. (그는 내 옷을 비웃었다.)

16 It's my ________ to water flowers. (꽃에 물을 주는 것은 나의 역할이다.)

17 I put all my money in the ________. (나는 나의 모든 돈을 은행에 맡겼다.)

18 ________ ________ your help, I could finish the project.
(너의 도움 덕분에 나는 프로젝트를 끝낼 수 있었다.)

DAY 25

PREVIEW

A 아는 단어/숙어에 체크(V)해보세요.

- 0481 **tie** ☐
- 0482 **smell** ☐
- 0483 **leave** ☐
- 0484 **change** ☐
- 0485 **fan** ☐
- 0486 **poster** ☐
- 0487 **wrong** ☐
- 0488 **across** ☐
- 0489 **volunteer** ☐
- 0490 **type** ☐
- 0491 **great** ☐
- 0492 **together** ☐
- 0493 **hold** ☐
- 0494 **exit** ☐
- 0495 **favorite** ☐
- 0496 **speed** ☐
- 0497 **thing** ☐
- 0498 **stage** ☐
- 0499 **get to** ☐
- 0500 **right away** ☐

B 사진을 보고 알맞은 단어/숙어를 써보세요.

1

____

2
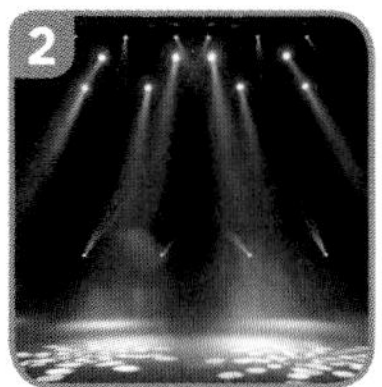
____

3

____

4

____

DAY 25

학습일 | 1차: 월 일 | 2차: 월 일

0481 **tie**
[tai]

동 **묶다, 매다** 명 **넥타이**

I tied my shoes before I ran. 나는 달리기 전에 신발끈을 묶었다.
wear a tie 넥타이를 매다

0482 **smell**
[smel]

동 **냄새가 나다, 냄새를 맡다** 명 **냄새**

This coffee smells good. 이 커피는 좋은 냄새가 난다.
I smelled the rose. 나는 그 장미의 냄새를 맡았다.
a bad smell 악취

0483 **leave**
[liːv]

동 (left-left) 1 **떠나다** 2 **남겨두다, 놓고 가다**

He left for the airport at two. 그는 2시에 공항으로 떠났다.
I left my cap on the bus. 나는 버스에 모자를 두고 내렸다.

0484 **change**
[tʃeindʒ]

동 **변하다, 변화시키다**

The world is changing fast. 세계는 빠르게 변하고 있다.
I want to change my hairstyle. 나는 머리 모양에 변화를 주고 싶다.

0485 **fan**
[fæn]

명 1 **(스포츠 · 가수 등의) 팬** 2 **선풍기, 부채**

She is a big fan of the actor. 그녀는 그 배우의 열렬한 팬이다.
Turn on the fan. 선풍기를 틀어라.

0486 **poster**
[póustər]

명 **포스터, 벽보**

Look at the poster on the board. 게시판에 붙은 포스터를 봐라.
a movie poster 영화 포스터

0487 **wrong**
[rɔːŋ]

형 1 **틀린, 잘못된** 반 right 2 **나쁜** 반 right

That's the wrong answer. 그건 틀린 답이다.
It's wrong to fight with your friends. 친구와 싸우는 것은 나쁘다.

0488 **across**
[əkrɔ́ːs]

전 1 **~을 가로질러** 2 **~ 맞은편에, ~ 건너편에**

We walked across the street. 우리는 길을 가로질러 걸었다.
The library is across the street. 도서관은 길 건너편에 있다.

0489 **volunteer**

[vὰləntíər]

명 **자원봉사자** 동 **자원하다**

She was an Olympic volunteer. 그녀는 올림픽 자원봉사자였다.

Will you volunteer for the job? 너는 그 일에 자원할 거니?

0490 **type**

[taip]

명 **종류, 유형** 유 kind

What type of room do you want? 어떤 종류의 방을 원하세요?

0491 **great**

[greit]

형 1 **훌륭한, 멋진** 2 **큰, 거대한**

I had a great time yesterday. 나는 어제 멋진 시간을 보냈다.

The man lives in a great city. 그 남자는 대도시에 살고 있다.

0492 **together**

[təgéðər]

부 **같이, 함께**

We went to school together. 우리는 같이 학교에 다녔다.

all together 다 함께

0493 **hold**

[hould]

동 (held-held) 1 **들다, 잡다** 2 **열다, 개최하다**

She is holding a box in her hand. 그녀는 손에 상자를 들고 있다.

FIFA will hold the World Cup next year.
피파는 내년에 월드컵을 개최할 것이다.

0494 **exit**

[égzit]

명 **출구**

There are two exits on this floor. 이 층에는 두 개의 출구가 있다.

0495 **favorite**

[féivərit]

형 **가장 좋아하는**

Winter is my favorite season. 겨울은 내가 가장 좋아하는 계절이다.

0496 **speed**

[spiːd]

명 **속도, 속력** 동 (sped-sped) **빨리 가다, 질주하다**

He was driving at a speed of 80 km/h.
그는 시속 80km의 속도로 운전하고 있었다.

The car sped away. 그 차는 빨리 가버렸다.

0497 **thing**

[θíŋ]

명 1 **것, 물건** 2 **일**

I don't like sweet things. 나는 단 것을 좋아하지 않는다.

I have many things to do today. 나는 오늘 할 일이 많다.

0498 stage

[steidʒ]

명 1 단계, 시기 2 무대

Let's go on to the next **stage**. 다음 단계로 넘어가자.

The actor stood on the **stage**. 그 배우는 무대 위에 서 있었다.

0499 get to

~에 도착하다, ~에 이르다

How can I **get to** the bank? 은행에 어떻게 가나요?

0500 right away

곧바로, 즉시

I will call you **right away**. 내가 너에게 곧바로 전화할 것이다.

DAY 25 CHECK-UP

정답 p.242

[1-14] 영어는 우리말로, 우리말은 영어로 쓰세요.

1 type ____________

2 speed ____________

3 tie ____________

4 stage ____________

5 smell ____________

6 great ____________

7 hold ____________

8 가장 좋아하는 ____________

9 출구 ____________

10 것, 물건; 일 ____________

11 같이, 함께 ____________

12 자원봉사자; 자원하다 ____________

13 틀린, 잘못된; 나쁜 ____________

14 떠나다; 남겨두다, 놓고 가다 ____________

[15-18] 우리말에 맞게 빈칸에 알맞은 말을 넣으세요.

15 Turn on the ____________. (선풍기를 틀어라.)

16 The library is ____________ the street. (도서관은 길 건너편에 있다.)

17 I want to ____________ my hairstyle. (나는 머리 모양에 변화를 주고 싶다.)

18 How can I ____________ ____________ the bank? (은행에 어떻게 가나요?)

REVIEW TEST

DAY 21-25

정답 p.242

A **우리말에 맞게 빈칸에 알맞은 말을 넣으세요.**

1 pocket ____________ (용돈)

2 go ____________ (낚시하러 가다)

3 give a(n) ____________ (대답하다)

4 a(n) ____________ city (낯선 도시)

5 ____________ a cold (감기에 걸리다)

6 have[take] a(n) ____________ (자리에 앉다)

7 ____________ ____________ the TV. (TV를 켜라.)

8 They ____________ loudly. (그들은 큰 소리로 웃었다.)

9 I cut my ____________ finger. (나는 가운뎃손가락을 베었다.)

10 It gets ____________ cold at night. (밤에는 상당히 추워진다.)

11 Let's go on to the next ____________. (다음 단계로 넘어가자.)

12 He ____________ his dog every day. (그는 개에게 매일 먹이를 준다.)

B **밑줄 친 말에 유의하여 다음 문장을 해석하세요.**

1 I was hungry, so I ate a sandwich.

____

2 The car sped away.

____

3 As I was late, I ran.

____

4 I will call you right away.

____

5 She is talking on the phone now.

____

C 밑줄 친 단어와 반대인 뜻을 가진 단어를 고르세요.

1 The hospital is very near.

① side ② far ③ middle ④ fresh

2 She lives on the top floor.

① great ② strange ③ glad ④ bottom

3 The old lady is very rich.

① lucky ② favorite ③ poor ④ windy

4 It is not right to lie.

① wrong ② excellent ③ active ④ soft

5 It is quick to go by bus.

① sorry ② slow ③ pretty ④ straight

D 보기 에서 빈칸에 공통으로 들어갈 단어를 골라 쓰세요.

보기 **leave letter hold active gift sorry**

1 I'm ___________ about yesterday.
I'm ___________ to hear that he's sick.

2 I sent a(n) ___________ to her.
The English alphabet has 26 ___________s.

3 This is a small ___________ for you.
He has a(n) ___________ for music.

4 He is over 70, but he is very ___________.
She is ___________ in the English class.

5 She is ___________ing a box in her hand.
FIFA will ___________ the World Cup next year.

DAY 26

A 아는 단어/숙어에 체크(V)해보세요.

0501 **action** □
0502 **sun** □
0503 **wish** □
0504 **number** □
0505 **careful** □
0506 **fire** □
0507 **grandparent** □
0508 **between** □
0509 **clear** □
0510 **break** □
0511 **station** □
0512 **south** □
0513 **free** □
0514 **smile** □
0515 **piece** □
0516 **umbrella** □
0517 **paper** □
0518 **ticket** □
0519 **hold on** □
0520 **take turns** □

B 사진을 보고 알맞은 단어/숙어를 써보세요.

1
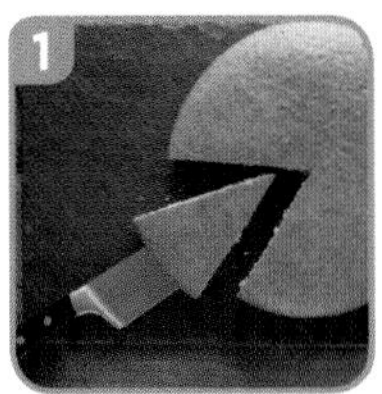
____

2

____

3

____

4

____

0501 **action**
[ǽkʃən]

명 1 행동, 조치 2 행위, 동작

We will take action to catch the thief.
우리는 그 도둑을 잡기 위해 조치를 취할 것이다.

a kind action 친절한 행위

+ act 동 행동하다 명 행동, 행위

0502 **sun**
[sʌn]

명 1 (the ~) 해, 태양 2 (the ~) 햇빛, 햇볕

The sun comes up in the east. 해는 동쪽에서 뜬다.

They sat in the sun. 그들은 햇볕에 앉아 있었다.

0503 **wish**
[wiʃ]

동 바라다, 원하다 명 소원

I wish to buy a new guitar. 나는 새 기타를 사고 싶다.

make a wish 소원을 빌다

0504 **number**
[nʌ́mbər]

명 1 수, 숫자 2 번호

Seven is my lucky number. 7은 나의 행운의 숫자이다.

a phone number 전화번호

0505 **careful**
[kɛ́ərfəl]

형 주의 깊은, 조심성 있는

The coffee is hot, so be careful. 그 커피는 뜨거우니 조심해라.

+ carefully 부 조심스럽게, 신중하게

0506 **fire**
[fáiər]

명 1 불, 불꽃 2 화재

We made a fire near the tent. 우리는 텐트 근처에 불을 피웠다.

a fire exit 화재용 비상구

0507 **grandparent**
[grǽndpɛ̀ərənt]

명 (-s) 조부모

He lives with his grandparents. 그는 조부모님과 함께 산다.

0508 **between**
[bitwíːn]

전 1 [위치] ~ 사이에 2 [시간] ~ 사이에

There's a café between the two stores.
그 두 가게 사이에 카페가 하나 있다.

between two and three o'clock 2시와 3시 사이에

0509 **clear**
[kliər]

형 1 분명한 2 맑은, 투명한 반 cloudy

The question is not clear. 그 질문은 분명하지 않다.

a clear sky 맑은 하늘

0510 **break**
[breik]

동 (broke-broken) 1 부서지다, 깨뜨리다 2 어기다 명 (짧은) 휴식

Did you break the glass? 네가 유리잔을 깼니?

You broke your word again. 너는 네 말을 또 어겼다.

take a break 휴식을 취하다

0511 **station**
[stéiʃən]

명 1 역, 정류장 2 (특정 일을 하는) -소, -서

Where is the subway station? 지하철역이 어디에 있나요?

a police station 경찰서

0512 **south**
[sauθ]

명 남쪽 형 남쪽의

She drove from the south to the north.
그녀는 남쪽에서 북쪽으로 차를 몰았다.

the south gate 남문

참고 north 북쪽; 북쪽의

0513 **free**
[friː]

형 1 자유로운 2 무료의 3 한가한

You're free to come to my party. 너는 내 파티에 자유롭게 와도 된다.

The store gives free gifts. 그 가게는 사은품을 준다.

I'm free in the morning. 나는 오전에 한가하다.

0514 **smile**
[smail]

동 웃다, 미소 짓다 명 웃음, 미소

She smiled at her baby. 그녀는 자신의 아기에게 미소 지었다.

with a smile 미소를 띠고

참고 laugh (소리를 내며) 웃다; 웃음

0515 **piece**
[piːs]

명 조각, 한 개, 한 장

I ate three pieces of bread. 나는 빵 세 조각을 먹었다.

in pieces 산산조각으로

0516 **umbrella**
[ʌmbrélə]

명 우산

I didn't bring my umbrella. 나는 우산을 가져오지 않았다.

open an umbrella 우산을 펴다

0517 **paper** [péipər]

명 종이

He wrote my name on the **paper**. 그는 종이에 내 이름을 적었다.

a piece of **paper** 종이 한 장

0518 **ticket** [tíkit]

명 표, 입장권

I have two **tickets** for the game. 나는 그 경기 표가 두 장 있다.

a train **ticket** 기차표

0519 **hold on**

기다리다

Please **hold on** for a minute. 잠시만 기다려 주세요.

0520 **take turns**

교대로 하다

They **take turns** asking questions. 그들은 교대로 질문한다.

DAY 26 CHECK-UP

정답 p.242

[1-14] 영어는 우리말로, 우리말은 영어로 쓰세요.

1 station	______	8 바라다, 원하다; 소원	______
2 sun	______	9 남쪽; 남쪽의	______
3 free	______	10 분명한; 맑은, 투명한	______
4 smile	______	11 표, 입장권	______
5 number	______	12 주의 깊은, 조심성 있는	______
6 break	______	13 우산	______
7 action	______	14 조부모	______

[15-18] 우리말에 맞게 빈칸에 알맞은 말을 넣으세요.

15 I ate three ______ of bread. (나는 빵 세 조각을 먹었다.)

16 Please ______ ______ for a minute. (잠시만 기다려 주세요.)

17 They ______ ______ asking questions. (그들은 교대로 질문한다.)

18 There's a café ______ the two stores. (그 두 가게 사이에 카페가 하나 있다.)

DAY 27

PREVIEW

A 아는 단어/숙어에 체크(V)해보세요.

0521 **add** ☐
0522 **example** ☐
0523 **care** ☐
0524 **sink** ☐
0525 **manager** ☐
0526 **ocean** ☐
0527 **help** ☐
0528 **sunny** ☐
0529 **choose** ☐
0530 **dentist** ☐
0531 **swim** ☐
0532 **throw** ☐
0533 **front** ☐
0534 **living room** ☐
0535 **message** ☐
0536 **need** ☐
0537 **west** ☐
0538 **rule** ☐
0539 **ask for** ☐
0540 **take off** ☐

B 사진을 보고 알맞은 단어/숙어를 써보세요.

1 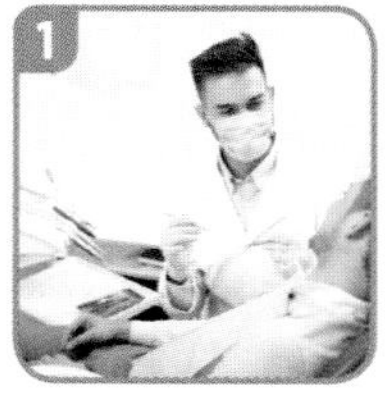
______

2 
______

3 
______

4 

______

0521 **add** [æd]

동 1 추가[첨가]하다 2 더하다, 합하다

He added some salt to the food. 그는 음식에 소금을 좀 넣었다.

Add five and six. 5와 6을 더해라.

0522 **example** [igzǽmpl]

명 예(시), 사례, 보기

Can you give me an example of a sea animal?
바다 동물의 예를 들어 주실래요?

for example 예를 들어

0523 **care** [kɛər]

명 1 주의, 조심 2 보살핌 동 상관하다, 신경 쓰다

She moved the painting with care. 그녀는 그 그림을 조심히 옮겼다.

We gave special care to the cat. 우리는 그 고양이를 특별히 보살폈다.

He only cares about money. 그는 오직 돈만 신경 쓴다.

0524 **sink** [siŋk]

동 (sank-sunk) 가라앉다 반 float 명 (부엌의) 싱크대, 개수대

A rock sinks into the water. 돌은 물속으로 가라앉는다.

Please put the cup in the sink. 그 컵을 싱크대에 놓아 주세요.

0525 **manager** [mǽnidʒər]

명 경영자, 관리인

She is a manager at that store. 그녀는 저 가게의 경영자이다.

+ manage 동 경영하다, 관리하다

0526 **ocean** [óuʃən]

명 1 바다 유 sea 2 대양

Whales live in the ocean. 고래는 바다에서 산다.

the Indian Ocean 인도양

0527 **help** [help]

동 돕다, 도와주다 명 도움

Can I help you? 제가 도와드릴까요?

She will give you some help. 그녀가 너에게 도움을 좀 줄 것이다.

+ helpful 형 도움이 되는, 유익한

0528 **sunny** [sʌ́ni]

형 화창한, 맑은

It will be warm and sunny tomorrow. 내일은 따뜻하고 화창할 것이다.

0529 **choose**
[tʃuːz]

동 (chose-chosen) 선택하다, 고르다 유 pick

Choose between coffee and soda. 커피랑 탄산음료 중에 골라라.

+ choice 명 선택권; 선택(하는 행동)

0530 **dentist**
[déntist]

명 1 치과 의사 2 (the ~) 치과

The dentist pulled my tooth out. 그 치과 의사가 내 이를 뽑았다.

go to the dentist 치과에 가다

0531 **swim**
[swim]

동 (swam-swum) 수영하다, 헤엄치다

They are swimming in the pool. 그들은 수영장에서 수영하고 있다.

+ swimmer 명 수영 선수

0532 **throw**
[θrou]

동 (threw-thrown) 던지다

He threw a rock at the window. 그는 창문에 돌을 던졌다.

0533 **front**
[frʌnt]

명 (the ~) 앞(부분), 앞면 형 앞부분의 반 back(명/형)

The front of the book is yellow. 그 책의 앞면은 노란색이다.

front teeth 앞니

0534 **living room**
[líviŋ ruːm]

명 거실

He is watching TV in the living room. 그는 거실에서 TV를 보고 있다.

0535 **message**
[mésidʒ]

명 메시지, 전언

Can I leave a message? 제가 메시지를 남겨도 될까요?

send a text message 문자메시지를 보내다

0536 **need**
[niːd]

동 1 필요하다 2 (~ to-v) ~할 필요가 있다, ~해야 하다 명 필요(성)

I need a new pair of glasses. 나는 새 안경이 필요하다.

You need to call him right away. 너는 그에게 당장 전화해야 한다.

She felt the need to study. 그녀는 공부할 필요성을 느꼈다.

0537 **west**
[west]

명 서쪽 형 서쪽의

A wind is coming from the west. 바람이 서쪽에서 불어오고 있다.

the west door of the school 학교 서문

참고 east 동쪽; 동쪽의

0538 **rule**

[ruːl]

명 **규칙, 규정**

I don't know the **rules** of baseball. 나는 야구의 규칙을 모른다.

break a **rule** 규정을 어기다

0539 **ask for**

~을 요구[요청]하다

He **asked for** help. 그가 도움을 요청했다.

0540 **take off**

1 **~을 벗다** 반 put on 2 **(비행기가) 이륙하다**

She **took off** her coat. 그녀는 코트를 벗었다.

The plane will **take off** at eight. 그 비행기는 8시에 이륙할 것이다.

DAY 27 CHECK-UP

정답 p.243

[1-14] 영어는 우리말로, 우리말은 영어로 쓰세요.

1 sink ____________

2 front ____________

3 rule ____________

4 need ____________

5 add ____________

6 ocean ____________

7 throw ____________

8 예(시), 사례, 보기 ____________

9 선택하다, 고르다 ____________

10 거실 ____________

11 화창한, 맑은 ____________

12 수영하다, 헤엄치다 ____________

13 치과 의사; 치과 ____________

14 돕다, 도와주다; 도움 ____________

[15-18] 우리말에 맞게 빈칸에 알맞은 말을 넣으세요.

15 He ____________ ____________ help. (그가 도움을 요청했다.)

16 She is a(n) ____________ at that store. (그녀는 저 가게의 경영자이다.)

17 She moved the painting with ____________. (그녀는 그 그림을 조심히 옮겼다.)

18 The plane will ____________ ____________ at eight. (그 비행기는 8시에 이륙할 것이다.)

DAY 28

A 아는 단어/숙어에 체크(V)해보세요.

- 0541 **tell** ☐
- 0542 **bone** ☐
- 0543 **stone** ☐
- 0544 **keep** ☐
- 0545 **fix** ☐
- 0546 **diary** ☐
- 0547 **mathematics** ☐
- 0548 **below** ☐
- 0549 **concert** ☐
- 0550 **fact** ☐
- 0551 **moment** ☐
- 0552 **soon** ☐
- 0553 **park** ☐
- 0554 **triangle** ☐
- 0555 **once** ☐
- 0556 **tired** ☐
- 0557 **hurt** ☐
- 0558 **line** ☐
- 0559 **get on[off]** ☐
- 0560 **for free** ☐

B 사진을 보고 알맞은 단어/숙어를 써보세요.

1 
______

2 
______

3 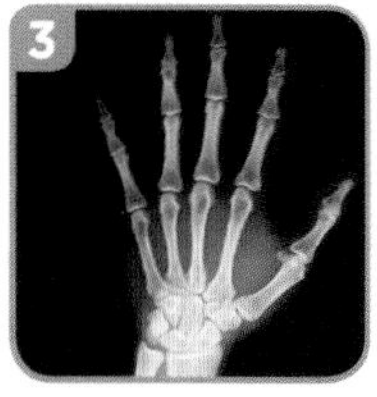
______

4 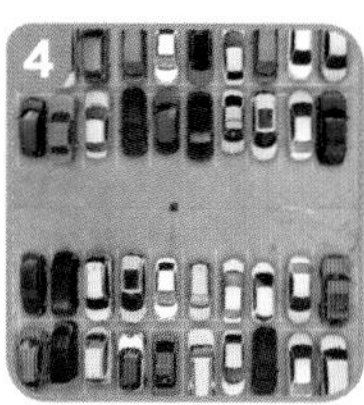
______

DAY 28

학습일 | 1차: 월 일 | 2차: 월 일

0541 tell [tel]

동 (told-told) 말하다, 이야기하다

Can you **tell** me about her? 너 그녀에 대해서 말해주겠니?

tell a story 이야기를 들려주다

0542 bone [boun]

명 뼈

He broke a **bone** in his arm. 그는 팔이 골절되었다.

0543 stone [stoun]

명 돌 유rock

The wall is made of **stone**. 그 벽은 돌로 만들어졌다.

0544 keep [ki:p]

동 (kept-kept) 1 (상태를) 유지하다 2 계속하다 3 가지고 있다

She **kept** her body warm. 그녀는 몸을 따뜻하게 유지했다.

I **kept** running all day long. 나는 하루 종일 계속 뛰어 다녔다.

You can **keep** the memo. 너는 그 메모를 가지고 있어도 된다.

0545 fix [fiks]

동 1 수리하다, 고치다 2 고정시키다

She **fixed** my computer. 그녀가 내 컴퓨터를 수리했다.

Please **fix** the chair to the desk. 책상에 의자를 고정시켜 주세요.

0546 diary [dáiəri]

명 일기(장)

I wrote about my dream in my **diary**. 나는 일기장에 내 꿈에 대해 썼다.

keep a **diary** (꾸준히) 일기를 쓰다

0547 mathematics [mæ̀θəmǽtiks]

명 수학 동math

He isn't good at **mathematics**. 그는 수학을 잘하지 못한다.

0548 below [bilóu]

전 1 [위치] ~ 아래에 2 [수량] ~ 미만으로 부 아래에, 아래로
반above(전/부)

The living room is **below** her bedroom.
거실은 그녀의 침실 아래에 있다.

below zero 영하로, 영하의

Let's read the example **below**. 아래 예시를 읽어 보자.

0549 **concert**

[kάnsəːrt]

명 **연주회, 콘서트**

I'm going to the concert tonight. 나는 오늘 밤 콘서트에 갈 것이다.

0550 **fact**

[fækt]

명 **사실**

Everybody knows those facts. 모두가 그 사실들을 알고 있다.

0551 **moment**

[móumənt]

명 1 **(특정한) 순간, 시점** 2 **잠깐, 잠시**

I was angry at that moment. 나는 그 순간에 화가 났다.

You need to wait a moment. 너는 잠시 기다려야 한다.

0552 **soon**

[suːn]

부 **곧, 머지않아**

We'll arrive at the museum soon. 우리는 박물관에 곧 도착할 것이다.

soon after 잠시 후 곧, 곧이어

0553 **park**

[pɑːrk]

명 **공원** 동 **주차하다**

They took a walk in the park. 그들은 공원에서 산책을 했다.

You can't park the car here. 이곳에 차를 주차하면 안 된다.

0554 **triangle**

[tráiæŋgl]

명 **삼각형**

I drew a triangle on the paper. 나는 종이에 삼각형을 그렸다.

참고 circle 원, 동그라미 square 정사각형

0555 **once**

[wʌns]

부 **한 번, 1회**

We go camping once a month. 우리는 한 달에 한 번 캠핑을 간다.

once again 한 번 더

참고 twice 두 번, 2회

0556 **tired**

[taiərd]

형 1 **피곤한, 지친** 2 **싫증이 난** ((of))

She felt tired after the long trip.
그녀는 긴 여행 후에 피곤함을 느꼈다.

be sick and tired of ~에 싫증이 나다, 질리다

0557 **hurt**

[həːrt]

동 (hurt-hurt) 1 **다치게 하다** 2 **아프다**

He hurt his leg. 그는 다리를 다쳤다.

My throat hurts a lot. 나는 목이 너무 아프다.

0558 **line**

[lain]

명 1 선 2 (순서를 기다리는) 줄 동 늘어서다

Draw a straight line. 직선 하나를 그려라.

They are standing in line. 그들은 줄을 서 있다.

People lined the streets. 사람들이 도로에 늘어섰다.

0559 **get on[off]**

~에 타다[내리다]

She is getting on the bus. 그녀가 버스에 타고 있다.

I'll get off at the next station. 나는 다음 역에서 내릴 것이다.

0560 **for free**

무료로

You can take the subway for free today.
너는 오늘 지하철을 무료로 탈 수 있다.

DAY 28 CHECK-UP

정답 p.243

[1-14] 영어는 우리말로, 우리말은 영어로 쓰세요.

1 fix ____________

2 line ____________

3 stone ____________

4 once ____________

5 moment ____________

6 below ____________

7 keep ____________

8 피곤한, 지친; 싫증이 난 ____________

9 뼈 ____________

10 곧, 머지않아 ____________

11 공원; 주차하다 ____________

12 수학 ____________

13 다치게 하다; 아프다 ____________

14 말하다, 이야기하다 ____________

[15-18] 우리말에 맞게 빈칸에 알맞은 말을 넣으세요.

15 Everybody knows those ____________. (모두가 그 사실들을 알고 있다.)

16 I wrote about my dream in my ____________. (나는 일기장에 내 꿈에 대해 썼다.)

17 I'll ____________ ____________ at the next station. (나는 다음 역에서 내릴 것이다.)

18 You can take the subway ____________ ____________ today.
(너는 오늘 지하철을 무료로 탈 수 있다.)

DAY 29 

PREVIEW

A 아는 단어/숙어에 체크(V)해보세요.

0561 **also** ☐
0562 **activity** ☐
0563 **stop** ☐
0564 **hope** ☐
0565 **science** ☐
0566 **cost** ☐
0567 **bookstore** ☐
0568 **delicious** ☐
0569 **wood** ☐
0570 **musician** ☐
0571 **land** ☐
0572 **mall** ☐
0573 **point** ☐
0574 **role** ☐
0575 **step** ☐
0576 **taste** ☐
0577 **text** ☐
0578 **moon** ☐
0579 **run away** ☐
0580 **line up** ☐

B 사진을 보고 알맞은 단어/숙어를 써보세요.

1 
____

2 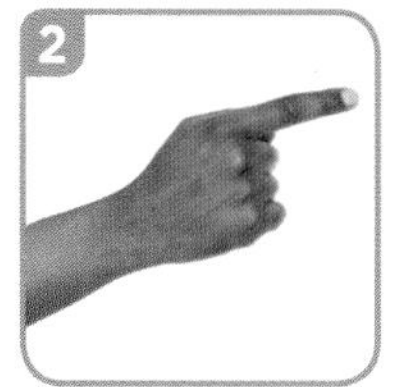
____

3 
____

4 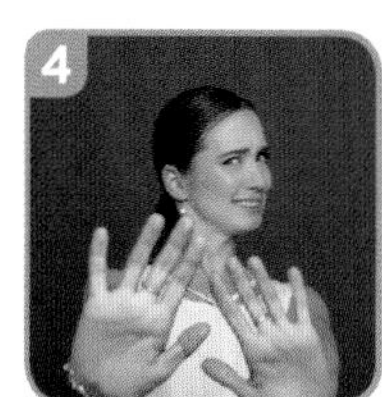
____

학습일 | 1차: 월 일 | 2차: 월 일

0561 **also**
[ɔ́:lsou]

부 **또한, ~도**

He is young and **also** handsome. 그는 젊고 또한 잘생겼다.

0562 **activity**
[æktívəti]

명 **(즐기기 위한) 활동**

What **activities** did you do at school?
너는 학교에서 어떤 활동을 했니?

a classroom **activity** 교실 활동

+ active 형 활동적인

0563 **stop**
[stɑp]

동 **멈추다, 중단하다** 명 **1 멈춤, 중단 2 정류장**

The rain **stopped.** 비가 그쳤다.

The car came to a **stop.** 차가 멈춰 섰다.

a bus **stop** 버스 정류장

0564 **hope**
[houp]

동 **바라다, 희망하다** 명 **바람, 희망**

I **hope** to see you soon. 나는 너를 곧 보기를 바란다.

We all have **hope.** 우리 모두는 희망을 가지고 있다.

0565 **science**
[sáiəns]

명 **과학**

I have a **science** class today. 나는 오늘 과학 수업이 있다.

+ scientist 명 과학자

0566 **cost**
[kɔ:st]

명 **비용, 값** 유 price 동 **(cost-cost) (비용 · 값이) 들다**

The **cost** of living is rising. 물가가 오르고 있다.

This backpack **costs** $50. 이 배낭은 50달러이다.

0567 **bookstore**
[búkstɔ̀:r]

명 **서점, 책방**

She bought the book at the **bookstore.**
그녀는 그 책을 서점에서 구입했다.

0568 **delicious**
[dilíʃəs]

형 **맛있는** 유 tasty

This cake is **delicious.** 이 케이크는 맛있다.

0569 **wood** [wud]

명 1 나무, 목재 2 (-s) 숲

This chair is made of **wood**. 이 의자는 나무로 만들어졌다.

I love to walk in the **woods**. 나는 숲속을 걷는 것을 좋아한다.

+ wooden 형 나무로 된, 목재의

0570 **musician** [mjuːzíʃən]

명 (작곡가 · 연주가 등의) 음악가

The **musician** played the piano at the concert.
그 음악가는 콘서트에서 피아노를 연주했다.

+ music 명 음악

0571 **land** [lænd]

명 토지, 땅 동 착륙하다

We grow vegetables on this **land**. 우리는 이 땅에서 채소를 재배한다.

The airplane will **land** soon. 그 비행기는 곧 착륙할 것이다.

0572 **mall** [mɔːl]

명 쇼핑몰, 쇼핑센터

He likes to go shopping at the **mall**.
그는 쇼핑몰에 쇼핑하러 가는 것을 좋아한다.

a shopping **mall** 쇼핑몰

0573 **point** [pɔint]

명 1 (the ~) 요점, 핵심 2 점수 동 가리키다

I don't know the **point** of your story. 나는 네 이야기의 요점을 모르겠다.

He got four **points** in one game. 그는 한 경기에서 4점을 얻었다.

She **pointed** at the man. 그녀는 그 남자를 가리켰다.

0574 **role** [roul]

명 역할, 임무

I played an active **role** on my team. 나는 팀에서 적극적인 역할을 했다.

0575 **step** [step]

명 1 (발)걸음 2 단계

The baby took a **step**. 그 아기가 한 걸음을 내디뎠다.

What is the next **step**? 다음 단계는 무엇이니?

0576 **taste** [teist]

명 맛 동 맛이 나다

a salty **taste** 짠 맛

The pizza **tastes** good. 그 피자는 맛이 좋다.

+ tasty 형 맛있는

0577 text
[tekst]
명 (책 등의) 글, 본문
There is too much **text** in this book. 이 책에는 글이 너무 많다.

0578 moon
[mu:n]
명 달
The **moon** was very bright last night. 어젯밤에는 달이 매우 밝았다.

0579 run away
도망가다
A mouse **ran away** from a cat. 쥐가 고양이로부터 도망쳤다.

0580 line up
줄을 서다
They **lined up** to board the ship.
그들은 그 배에 탑승하기 위해 줄을 섰다.

DAY 29 CHECK-UP

정답 p.243

[1-14] 영어는 우리말로, 우리말은 영어로 쓰세요.

1 also ____________
2 mall ____________
3 land ____________
4 musician ____________
5 point ____________
6 text ____________
7 cost ____________
8 과학 ____________
9 맛; 맛이 나다 ____________
10 (즐기기 위한) 활동 ____________
11 맛있는 ____________
12 (발)걸음; 단계 ____________
13 역할, 임무 ____________
14 나무, 목재; 숲 ____________

[15-18] 우리말에 맞게 빈칸에 알맞은 말을 넣으세요.

15 The car came to a(n) ____________. (차가 멈춰 섰다.)
16 I ____________ to see you soon. (나는 너를 곧 보기를 바란다.)
17 A mouse ____________ ____________ from a cat. (쥐가 고양이로부터 도망쳤다.)
18 They ____________ ____________ to board the ship.
(그들은 그 배에 탑승하기 위해 줄을 섰다.)

DAY 30

PREVIEW

A 아는 단어/숙어에 체크(V)해보세요.

- 0581 **plan** ☐
- 0582 **best** ☐
- 0583 **carefully** ☐
- 0584 **forget** ☐
- 0585 **review** ☐
- 0586 **agree** ☐
- 0587 **teen** ☐
- 0588 **above** ☐
- 0589 **scientist** ☐
- 0590 **surprise** ☐
- 0591 **other** ☐
- 0592 **magic** ☐
- 0593 **toe** ☐
- 0594 **skill** ☐
- 0595 **wife** ☐
- 0596 **mix** ☐
- 0597 **just** ☐
- 0598 **tasty** ☐
- 0599 **give up** ☐
- 0600 **take care of** ☐

B 사진을 보고 알맞은 단어/숙어를 써보세요.

1 
______

2 
______

3 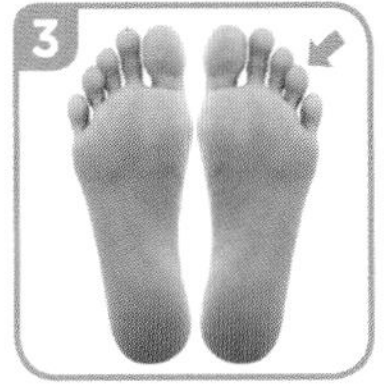
______

4 
______

DAY 30

학습일 | 1차: 월 일 | 2차: 월 일

0581 **plan**
[plæn]

명 **계획** 동 **계획하다**

Do you have any **plans** for tomorrow? 너는 내일 무슨 계획이 있니?

make **plans** 계획을 세우다

They are **planning** a trip. 그들은 여행을 계획하고 있다.

0582 **best**
[best]

형 **가장 좋은, 최고의** 반 worst 부 **가장 (잘)**

This is the **best** room in our hotel.
이것이 우리 호텔에서 가장 좋은 방입니다.

He likes Korean food **best**. 그는 한식을 가장 좋아한다.

0583 **carefully**
[kέərfəli]

부 **조심스럽게, 신중하게**

She cut the apple **carefully**. 그녀는 조심스럽게 사과를 잘랐다.

+ careful 형 주의 깊은, 조심성 있는

0584 **forget**
[fərgét]

동 **(forgot-forgotten) 잊다, 잊어버리다** 반 remember

I **forgot** her phone number. 나는 그녀의 전화번호를 잊어버렸다.

0585 **review**
[rivjúː]

명 **1 평론, 비평 2 복습** 동 **복습하다**

She is reading a book **review**. 그녀는 서평을 읽고 있다.

We had a **review** of lesson 3. 우리는 3과를 복습했다.

I'm **reviewing** for the test. 나는 시험에 대비해 복습하고 있다.

0586 **agree**
[əgríː]

동 **동의하다** 반 disagree

Do you **agree** with me? 너는 내게 동의하니?

0587 **teen**
[tiːn]

명 **십 대** 동 teenager 형 **십 대의** 동 teenage

Many **teens** enjoy online games. 많은 십 대들이 온라인 게임을 즐긴다.

teen boys[girls] 십 대 소년들[소녀들]

0588 **above**
[əbʌ́v]

전 **~보다 위에** 부 **위에, 위로** 반 below(전/부)

An airplane is flying **above** the sea. 비행기가 바다 위를 날고 있다.

Look at the picture **above**. 위의 그림을 보아라.

0589 **scientist**
[sáiəntist]

명 과학자

Some **scientists** study the stars. 어떤 과학자들은 별을 연구한다.

+ science 명 과학

0590 **surprise**
[sərpráiz]

명 놀라운 일 동 놀라게 하다

It was a **surprise** to us. 그것은 우리에게 놀라운 일이었다.

That story **surprised** me. 그 이야기는 나를 놀라게 했다.

+ surprising 형 놀라운 surprised 형 놀란, 놀라는

0591 **other**
[ʌ́ðər]

형 1 다른, 그 밖의 2 (둘 중) 다른 하나의 대 다른 것[사람]

I have **other** work to do. 나는 다른 해야 할 일이 있다.

the **other** hand 다른 쪽 손

Be kind to **others**. 다른 사람들에게 친절해라.

참고 another 또 하나의; 또 하나의 것[사람]

0592 **magic**
[mǽdʒik]

명 마법, 마술 형 마법[마술]의

She used **magic** to change him into a frog.
그녀는 마법을 써서 그를 개구리로 바꾸었다.

magic words 마법의 주문

+ magician 명 마술사, 마법사

0593 **toe**
[tou]

명 발가락

New shoes make my **toes** hurt. 새 신발은 내 발가락들을 아프게 한다.

the big[little] **toe** 엄지[새끼]발가락

0594 **skill**
[skil]

명 1 기량, 솜씨 2 기술

She has a great **skill** in writing. 그녀는 글쓰기 솜씨가 뛰어나다.

learn a **skill** 기술을 배우다

0595 **wife**
[waif]

명 (복수형 wives) 아내

She is my **wife**. 그녀는 내 아내이다.

참고 husband 남편

0596 **mix**
[miks]

동 섞이다, 섞다

The colors **mixed** well. 그 색깔들은 잘 섞였다.

I **mixed** egg and milk. 나는 달걀과 우유를 섞었다.

0597 **just**
[dʒʌst]

부 1 **바로, 딱** 2 **방금, 막** 3 **단지, 다만**

This shirt is **just** my size. 이 셔츠는 딱 내 사이즈이다.

I **just** ate my dinner. 나는 막 저녁을 먹었다.

He is **just** a child. 그는 단지 아이일 뿐이다.

0598 **tasty**
[téisti]

형 **맛있는** 유 delicious

The food at the restaurant was **tasty**. 그 식당의 음식은 맛있었다.

+ taste 명 맛 동 맛이 나다

0599 **give up**

포기하다

Don't **give up** your dreams. 네 꿈을 포기하지 마라.

0600 **take care of**

~을 돌보다

She **takes care of** three children. 그녀는 3명의 아이들을 돌본다.

DAY 30 CHECK-UP

정답 p.243

[1-14] 영어는 우리말로, 우리말은 영어로 쓰세요.

1 review ____________
2 mix ____________
3 teen ____________
4 wife ____________
5 above ____________
6 plan ____________
7 tasty ____________
8 잊다, 잊어버리다 ____________
9 마법, 마술; 마법[마술]의 ____________
10 조심스럽게, 신중하게 ____________
11 과학자 ____________
12 기량, 솜씨; 기술 ____________
13 놀라운 일; 놀라게 하다 ____________
14 발가락 ____________

[15-18] 우리말에 맞게 빈칸에 알맞은 말을 넣으세요.

15 Do you ____________ with me? (너는 내게 동의하니?)

16 I have ____________ work to do. (나는 다른 해야 할 일이 있다.)

17 Don't ____________ ____________ your dreams. (네 꿈을 포기하지 마라.)

18 She ____________ ____________ ____________ three children.
(그녀는 3명의 아이들을 돌본다.)

REVIEW TEST

DAY 26-30

정답 p.243

A 우리말에 맞게 빈칸에 알맞은 말을 넣으세요.

1 a bus __________ (버스 정류장)

2 a(n) __________ sky (맑은 하늘)

3 __________ zero (영하로, 영하의)

4 make a(n) __________ (소원을 빌다)

5 keep a(n) __________ ((꾸준히) 일기를 쓰다)

6 Did you __________ the glass? (네가 유리잔을 깼니?)

7 I'm __________ in the morning. (나는 오전에 한가하다.)

8 She has great __________ in writing. (그녀는 글쓰기 솜씨가 뛰어나다.)

9 She __________ __________ her coat. (그녀는 코트를 벗었다.)

10 We'll arrive at the museum __________. (우리는 박물관에 곧 도착할 것이다.)

11 Many __________ enjoy online games. (많은 십 대들이 온라인 게임을 즐긴다.)

12 Can you give me a(n) __________ of a sea animal? (바다 동물의 예를 들어 주실래요?)

B 밑줄 친 말에 유의하여 다음 문장을 해석하세요.

1 We will take action to catch the thief.

____

2 He only cares about money.

____

3 You need to wait a moment.

____

4 The airplane will land soon.

____

5 She is getting on the bus.

____

C 밑줄 친 단어와 가장 비슷한 뜻을 가진 단어를 고르세요.

1 Whales live in the ocean.

① sea ② sun ③ land ④ mall

2 Choose between coffee and soda.

① add ② forget ③ pick ④ tell

3 The cost of living is rising.

① hope ② care ③ fact ④ price

4 This cake is delicious.

① free ② tasty ③ clear ④ careful

5 The wall is made of stone.

① triangle ② paper ③ rock ④ bone

D 보기 에서 빈칸에 들어갈 단어를 골라 쓰세요.

보기 **once just toe tired care park role station**

1 This shirt is ___________ my size.

2 Where is the subway ___________?

3 They took a walk in the ___________.

4 We go camping ___________ a month.

5 She felt ___________ after the long trip.

6 New shoes make my ___________s hurt.

7 I played an active ___________ on my team.

CROSSWORD PUZZLE

DAY 21-30

정답 p.243

Across

2 상자, 용기; 경우
4 조심스럽게, 신중하게
7 가장 좋아하는
9 출구
10 잊다, 잊어버리다
12 규칙, 규정

Down

1 미래, 장래; 미래의, 장래의
3 놀라운 일; 놀라게 하다
5 떠나다; 남겨두다, 놓고 가다
6 활동적인; 적극적인
8 가난한; 불쌍한
11 던지다

YOUR FUTURE JOBS PUBLIC SERVICES

Fire Fighter
소방관

put out fires
불을 끄다

Social Worker
사회복지사

take care of the elderly
노인들을 돌보다

Judge
판사

make decisions in court
법정에서 판결을 내리다

Police Officer
경찰관

arrest criminals
범죄자를 체포하다

Librarian
사서

manage and organize books
책을 관리하고 정리하다

Teacher
교사

teach and guide students
학생들을 가르치고 지도하다

Street Cleaner
환경미화원

clean the street
거리를 청소하다

Mail Carrier
우편 집배원

deliver mail
우편을 배달하다

Soldier
군인

protect the country
국가를 지키다

DAY 31

PREVIEW

A 아는 단어/숙어에 체크(V)해보세요.

- 0601 **wide** ☐
- 0602 **area** ☐
- 0603 **band** ☐
- 0604 **nail** ☐
- 0605 **expensive** ☐
- 0606 **correct** ☐
- 0607 **photograph** ☐
- 0608 **along** ☐
- 0609 **build** ☐
- 0610 **proud** ☐
- 0611 **shake** ☐
- 0612 **ring** ☐
- 0613 **shape** ☐
- 0614 **hunt** ☐
- 0615 **drop** ☐
- 0616 **sunglasses** ☐
- 0617 **film** ☐
- 0618 **office** ☐
- 0619 **each other** ☐
- 0620 **do one's best** ☐

B 사진을 보고 알맞은 단어/숙어를 써보세요.

1 
______

2 
______

3 
______

4 
______

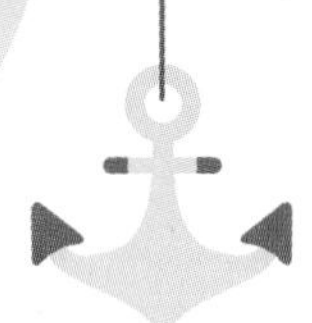

0601 **wide** [waid]
형 **(폭이) 넓은** 반 narrow
This road is very wide. 이 도로는 매우 넓다.
+ width 명 폭, 너비

0602 **area** [ɛ́əriə]
명 **1 지역 2 (특정 용도의) 구역**
They live in that area. 그들은 저 지역에 산다.
a free parking area 무료 주차 구역

0603 **band** [bænd]
명 **1 (음악을 연주하는) 밴드 2 끈, 띠**
My favorite band has a concert. 내가 좋아하는 밴드가 콘서트를 한다.
She tied her hair with a band. 그녀는 끈으로 머리를 묶었다.

0604 **nail** [neil]
명 **1 손톱, 발톱 2 못** 동 **못으로 박다**
He cuts his nails often. 그는 손톱을 자주 깎는다.
pull out a nail 못을 뽑다
Will you nail a picture to the wall? 벽에 그림을 못으로 박아줄래?

0605 **expensive** [ikspénsiv]
형 **비싼** 반 cheap
His watch is very expensive. 그의 시계는 매우 비싸다.

0606 **correct** [kərékt]
형 **정확한, 옳은** 유 right 동 **수정하다, 고치다**
That is the correct answer. 그것이 정답이다.
Correct the wrong sentences. 잘못된 문장을 수정해라.

0607 **photograph** [fóutəgræ̀f]
명 **사진** 동 photo 유 picture
I have a photograph of the dog. 나는 그 강아지 사진을 가지고 있다.
take a photograph 사진을 찍다
+ photographer 명 사진가, 사진작가

0608 **along** [əlɔ́ːŋ]
전 **~을 따라서** 부 **앞으로**
We walked along the street. 우리는 거리를 따라 걸었다.
They moved along in a line. 그들은 줄지어 앞으로 움직였다.

0609 **build**
[bild]

동 (built-built) 짓다, 세우다

My parents **built** our house. 부모님께서 우리 집을 지으셨다.

+ building 명 건물, 빌딩

0610 **proud**
[praud]

형 자랑스러워하는, 자랑스러운

He felt very **proud** to be a Korean. 그는 한국인인 것이 자랑스러웠다.

a **proud** moment 자랑스러운 순간

0611 **shake**
[ʃeik]

동 (shook-shaken) 1 흔들리다, 흔들다 2 (몸이) 떨리다, 떨다

Please **shake** the bottle well. 병을 잘 흔들어 주세요.

His hands were **shaking**. 그의 손은 떨리고 있었다.

0612 **ring**
[riŋ]

명 반지 동 (rang-rung) (소리가) 울리다

She is wearing a diamond **ring**. 그녀는 다이아몬드 반지를 끼고 있다.

The doorbell is **ringing**. 초인종이 울리고 있다.

0613 **shape**
[ʃeip]

명 형태, 모양

The dish is in the **shape** of a cloud. 그 접시는 구름 모양이다.

a square **shape** 사각형 모양

0614 **hunt**
[hʌnt]

동 사냥하다 명 사냥

Some animals **hunt** at night. 어떤 동물들은 밤에 사냥한다.

go on a **hunt** 사냥하러 가다

+ hunter 명 사냥꾼

0615 **drop**
[drɑp]

동 떨어지다, 떨어뜨리다 명 방울

The apples **dropped** from the tree. 사과들이 나무에서 떨어졌다.

He **dropped** a pen on the floor. 그는 펜을 바닥에 떨어뜨렸다.

a **drop** of rain 빗방울

0616 **sunglasses**
[sʌ́nglæ̀siz]

명 선글라스, 색안경

I wear **sunglasses** when I go out. 나는 외출할 때 선글라스를 쓴다.

0617 **film**
[film]

명 영화 유 movie

She watched a **film** yesterday. 그녀는 어제 영화를 보았다.

0618 **office**

[ɔ́:fis]

명 **사무실**

He is working in the **office** now. 그는 지금 사무실에서 일하고 있다.

an **office** worker 회사원, 사무 직원

0619 **each other**

서로

They looked at **each other**. 그들은 서로 쳐다봤다.

0620 **do one's best**

최선을 다하다

Do your best on the test. 시험에 최선을 다해라.

DAY 31 CHECK-UP

정답 p.244

[1-14] 영어는 우리말로, 우리말은 영어로 쓰세요.

1 along ____________

2 nail ____________

3 proud ____________

4 drop ____________

5 film ____________

6 ring ____________

7 shake ____________

8 사무실 ____________

9 짓다, 세우다 ____________

10 사진 ____________

11 형태, 모양 ____________

12 비싼 ____________

13 (폭이) 넓은 ____________

14 지역; (특정 용도의) 구역 ____________

[15-18] 우리말에 맞게 빈칸에 알맞은 말을 넣으세요.

15 That is the ____________ answer. (그것이 정답이다.)

16 Some animals ____________ at night. (어떤 동물들은 밤에 사냥한다.)

17 They looked at ____________ ____________. (그들은 서로 쳐다봤다.)

18 ____________ ____________ ____________ on the test. (시험에 최선을 다해라.)

DAY 32

PREVIEW

A 아는 단어/숙어에 체크(V)해보세요.

0621	few	☐	0631	teenager	☐
0622	danger	☐	0632	musical	☐
0623	camp	☐	0633	bake	☐
0624	building	☐	0634	pot	☐
0625	afraid	☐	0635	plant	☐
0626	basket	☐	0636	seafood	☐
0627	note	☐	0637	island	☐
0628	until	☐	0638	grass	☐
0629	singer	☐	0639	stop by	☐
0630	someone	☐	0640	be proud of	☐

B 사진을 보고 알맞은 단어/숙어를 써보세요.

1 
______

2 
______

3 
______

4 
______

DAY 32

학습일 | 1차: 월 일 | 2차: 월 일

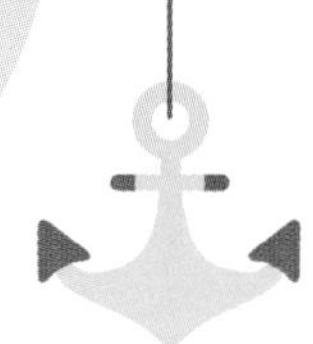

0621 **few**
[fjuː]

형 **(수량이) 거의 없는**

Few people came to the party. 그 파티에 온 사람이 거의 없었다.

0622 **danger**
[déindʒər]

명 **위험(성)**

Some animals in Africa are in danger.
아프리카의 몇몇 동물들이 위험에 처해 있다.

+ dangerous 형 위험한

0623 **camp**
[kæmp]

명 **야영지, 캠프** 동 **야영[캠핑]하다**

The kids were at camp all day. 그 아이들은 하루 종일 야영지에 있었다.

I'll go camping with my friends. 나는 친구들과 캠핑을 갈 것이다.

0624 **building**
[bíldiŋ]

명 **건물**

There are many restaurants in this building.
이 건물 안에는 많은 식당들이 있다.

+ build 동 짓다, 세우다

0625 **afraid**
[əfréid]

형 1 **두려워하는** 유 scared 2 **걱정하는**

He is afraid of the fire. 그는 불을 두려워한다.

I'm afraid that people will laugh at me.
나는 사람들이 나를 비웃을까 봐 걱정된다.

0626 **basket**
[bǽskit]

명 **바구니**

She put the eggs in the basket. 그녀는 계란들을 바구니에 담았다.

0627 **note**
[nout]

명 1 **쪽지, 메모** 2 **(-s) (수업 등의) 필기, 노트**

My mother left a note for me. 엄마는 나에게 쪽지를 남기셨다.

I always take notes in class. 나는 항상 수업시간에 필기를 한다.

0628 **until**
[əntíl]

전 **~까지** 접 **~할 때까지**

The store is open until 9 p.m. 그 가게는 오후 9시까지 문을 연다.

Wait until I come back. 내가 돌아올 때까지 기다려라.

0629 **singer**
[siŋər]

명 **가수**

Who is your favorite **singer**? 네가 가장 좋아하는 가수는 누구니?

+ sing 동 노래하다, (노래를) 부르다

0630 **someone**
[sʌ́mwʌn]

대 **어떤 사람, 누구** 동 somebody

There is **someone** in the house. 그 집 안에 누군가 있다.

0631 **teenager**
[tí:nèidʒər]

명 **십 대** 동 teen

Many **teenagers** like dance music.
많은 십 대들이 댄스 음악을 좋아한다.

0632 **musical**
[mjú:zikəl]

형 **음악의, 음악적인** 명 **뮤지컬**

She has a great **musical** skill. 그녀는 대단한 음악적 기량을 가지고 있다.

The man is a **musical** actor. 그 남자는 뮤지컬 배우이다.

+ music 명 음악

0633 **bake**
[beik]

동 **(빵 · 과자를) 굽다**

She **baked** cookies for you. 그녀가 널 위해 쿠키를 구웠다.

+ baker 명 제빵사

0634 **pot**
[pɑt]

명 **냄비, 솥**

My dad is cooking soup in the **pot**.
아빠는 냄비에 수프를 요리하고 계시다.

0635 **plant**
[plænt]

명 **식물** 동 **(나무 등을) 심다**

I water the **plant** every morning. 나는 매일 아침 그 식물에 물을 준다.

He **planted** a tree in the garden. 그는 정원에 나무를 심었다.

0636 **seafood**
[sí:fù:d]

명 **해산물**

We ate fresh **seafood**. 우리는 신선한 해산물을 먹었다.

a **seafood** restaurant 해산물 식당

0637 **island**
[áilənd]

명 **섬**

They live on a small **island**. 그들은 작은 섬에 산다.

0638 **grass**

[græs]

명 1 풀 2 (the ~) 잔디(밭)

Rabbits are eating **grass**. 토끼들이 풀을 먹고 있다.

The children are playing on the **grass**.
아이들이 잔디 위에서 놀고 있다.

0639 **stop by**

잠시 들르다

He will **stop by** the hospital. 그는 병원에 들를 것이다.

0640 **be proud of**

~을 자랑스러워하다

We **are proud of** our daughter. 우리는 딸을 자랑스러워한다.

DAY 32 CHECK-UP

정답 p.244

[1-14] 영어는 우리말로, 우리말은 영어로 쓰세요.

1 someone ____________

2 few ____________

3 grass ____________

4 basket ____________

5 until ____________

6 musical ____________

7 pot ____________

8 건물 ____________

9 식물; (나무 등을) 심다 ____________

10 섬 ____________

11 십 대 ____________

12 위험(성) ____________

13 두려워하는; 걱정하는 ____________

14 (빵 · 과자를) 굽다 ____________

[15-18] 우리말에 맞게 빈칸에 알맞은 말을 넣으세요.

15 We ate fresh ____________. (우리는 신선한 해산물을 먹었다.)

16 My mother left a(n) ____________ for me. (엄마는 나에게 쪽지를 남기셨다.)

17 He will ____________ ____________ the hospital. (그는 병원에 들를 것이다.)

18 We ____________ ____________ ____________ our daughter. (우리는 딸을 자랑스러워한다.)

DAY 33

PREVIEW

A 아는 단어/숙어에 체크(V)해보세요.

0641 **blow** ☐
0642 **cheer** ☐
0643 **false** ☐
0644 **gas** ☐
0645 **lose** ☐
0646 **history** ☐
0647 **textbook** ☐
0648 **through** ☐
0649 **visit** ☐
0650 **count** ☐
0651 **forest** ☐
0652 **hall** ☐
0653 **safe** ☐
0654 **pass** ☐
0655 **shadow** ☐
0656 **miss** ☐
0657 **same** ☐
0658 **tail** ☐
0659 **a little[few]** ☐
0660 **fall in love (with)** ☐

B 사진을 보고 알맞은 단어/숙어를 써보세요.

1
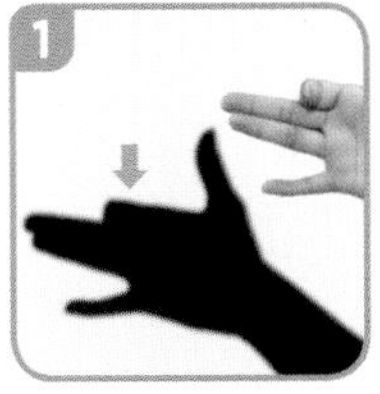
______

2

______

3

______

4
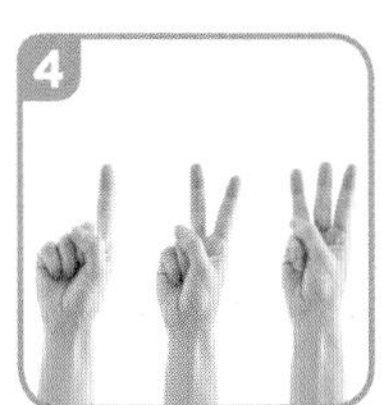
______

DAY 33

학습일 | 1차: 월 일 | 2차: 월 일

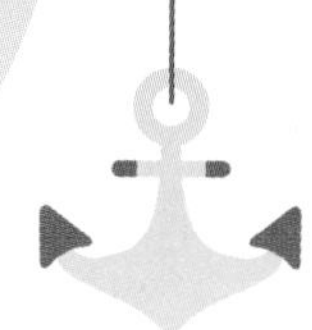

0641 **blow**

[blou]

동 (blew-blown) 1 (바람이) 불다 2 (입으로) 불다

A cold wind is blowing from the west. 서쪽에서 찬 바람이 불고 있다.

He blew up the balloons for the children.
그는 그 아이들을 위해 풍선을 불었다.

0642 **cheer**

[tʃiər]

명 환호(성) 동 1 환호[응원]하다 2 격려[위로]하다

We heard the loud cheers. 우리는 큰 환호성을 들었다.

Many fans cheered for the team. 많은 팬들이 그 팀을 응원했다.

The teacher cheered us. 그 선생님은 우리를 격려해 주셨다.

0643 **false**

[fɔːls]

형 1 틀린, 거짓의 반 true 2 가짜의, 인조의 유 fake

Is that story true or false? 그 이야기는 진실이니 거짓이니?

false teeth 의치, 틀니

0644 **gas**

[gæs]

명 1 기체 2 (난방 · 조리용) 가스 3 휘발유

There are a lot of gases in the air. 공기 중에는 많은 기체들이 있다.

They heat their house with gas.
그들은 가스로 그들의 집을 따뜻하게 한다.

a gas station 주유소

0645 **lose**

[luːz]

동 (lost-lost) 1 잃어버리다 2 (시합 등에서) 지다 반 win

He lost his car key. 그는 자동차 열쇠를 잃어버렸다.

Our team lost the game. 우리 팀은 그 경기를 졌다.

0646 **history**

[hístəri]

명 역사

The country has a long history. 그 나라는 역사가 길다.

0647 **textbook**

[tékstbùk]

명 교과서

Open your textbook to page 20. 교과서 20페이지를 펴라.

0648 **through**

[θruː]

전 (입구 · 통로 등을) 통(과)하여, 지나서

She walked through the door. 그녀는 그 문을 통하여 걸어갔다.

0649 **visit**
[vízit]

동 **방문하다** 명 **방문**

He'll visit his friend in LA. 그는 LA에 있는 친구를 방문할 것이다.

This is his first visit to Korea. 이번이 그의 첫 한국 방문이다.

+ visitor 명 방문객, 손님

0650 **count**
[kaunt]

동 1 **(총 수를) 세다, 계산하다** 2 **(수를 차례로) 세다**

I counted the number of people. 나는 사람들의 수를 세었다.

The child can count from 1 to 100. 그 아이는 1부터 100까지 셀 수 있다.

0651 **forest**
[fɔ́:rist]

명 **숲, 삼림**

We walked in the forest. 우리는 숲속을 거닐었다.

a forest fire 산불

0652 **hall**
[hɔ:l]

명 1 **복도** 2 **홀, 강당**

Don't run in the hall. 복도에서 뛰지 마라.

a concert hall 콘서트홀

0653 **safe**
[seif]

형 **안전한** 반 dangerous

Is it safe to swim here? 여기서 수영하는 것은 안전하니?

+ safety 명 안전

0654 **pass**
[pæs]

동 1 **지나가다, 통과하다** 2 **합격하다** 반 fail

He passed by me. 그가 내 옆을 지나갔다.

She passes the store every day. 그녀는 그 가게를 매일 지나간다.

I passed the test. 나는 그 시험에 합격했다.

0655 **shadow**
[ʃǽdou]

명 **그림자**

You can see the shadow of the building here.
너는 여기서 그 건물의 그림자를 볼 수 있다.

0656 **miss**
[mis]

동 1 **놓치다, 빗나가다** 2 **(늦어서) 놓치다** 3 **그리워하다**

She missed the ball again. 그녀는 또 다시 공을 놓쳤다.

We missed the last train. 우리는 마지막 기차를 놓쳤다.

I will miss you. 나는 네가 그리울 것이다.

0657 same [seim]

형 같은, 동일한 반 different

We go to the **same** school. 우리는 같은 학교에 다닌다.

0658 tail [teil]

명 꼬리

My dog has a long **tail**. 내 개는 꼬리가 길다.

0659 a little[few]

조금인, 약간의

I put **a little** milk in the coffee. 나는 커피에 약간의 우유를 넣었다.

They will be there for **a few** days. 그들은 그곳에 며칠간 있을 것이다.

0660 fall in love (with)

(~에게) 반하다, (~와) 사랑에 빠지다

He **fell in love with** her. 그는 그녀와 사랑에 빠졌다.

DAY 33 CHECK-UP

정답 p.244

[1-14] 영어는 우리말로, 우리말은 영어로 쓰세요.

1 lose ____________
2 pass ____________
3 count ____________
4 cheer ____________
5 miss ____________
6 false ____________
7 through ____________
8 그림자 ____________
9 방문하다; 방문 ____________
10 교과서 ____________
11 꼬리 ____________
12 숲, 삼림 ____________
13 역사 ____________
14 같은, 동일한 ____________

[15-18] 우리말에 맞게 빈칸에 알맞은 말을 넣으세요.

15 Is it ____________ to swim here? (여기서 수영하는 것은 안전하니?)

16 A cold wind is ____________ from the west. (서쪽에서 찬 바람이 불고 있다.)

17 I put ____________ ____________ milk in the coffee. (나는 커피에 약간의 우유를 넣었다.)

18 He ____________ ____________ ____________ ____________ her. (그는 그녀와 사랑에 빠졌다.)

DAY 34

A 아는 단어/숙어에 체크(V)해보세요.

- 0661 **oil** ☐
- 0662 **difficult** ☐
- 0663 **travel** ☐
- 0664 **part** ☐
- 0665 **mirror** ☐
- 0666 **boring** ☐
- 0667 **examination** ☐
- 0668 **check** ☐
- 0669 **receive** ☐
- 0670 **different** ☐
- 0671 **enough** ☐
- 0672 **worry** ☐
- 0673 **still** ☐
- 0674 **gym** ☐
- 0675 **spend** ☐
- 0676 **rest** ☐
- 0677 **climb** ☐
- 0678 **lazy** ☐
- 0679 **cheer up** ☐
- 0680 **write down** ☐

B 사진을 보고 알맞은 단어/숙어를 써보세요.

____

____

____

____

DAY 34

학습일 | 1차: 월 일 | 2차: 월 일

0661 **oil**
[ɔil]

명 1 (요리용) 기름 2 (연료용) 기름, 석유

Add some oil to the pan. 팬에 기름을 좀 둘러라.

The price of oil is too high. 석유 가격이 너무 비싸다.

0662 **difficult**
[dífikʌ̀lt]

형 어려운 반 easy

The question was very difficult. 그 질문은 매우 어려웠다.

0663 **travel**
[trǽvəl]

동 여행하다 명 여행 유 tour

He will travel to Europe next week.
그는 다음 주에 유럽으로 여행을 갈 것이다.

space travel 우주 여행

0664 **part**
[pɑːrt]

명 1 부분 2 일부, 약간

This is the best part of the musical.
이것이 그 뮤지컬에서 가장 좋은 부분이다.

part of the time 그 시간의 일부

0665 **mirror**
[mírər]

명 거울

I looked into the mirror. 나는 거울을 들여다보았다.

0666 **boring**
[bɔ́ːriŋ]

형 지루한, 따분한 반 interesting

This movie is very boring. 이 영화는 매우 지루하다.

+ bored 형 지루해하는

0667 **examination**
[igzæ̀mənéiʃən]

명 시험 동 exam 유 test

I took a math examination today. 나는 오늘 수학 시험을 봤다.

0668 **check**
[tʃek]

동 확인하다, 점검하다 명 확인, 점검

Please check your email. 당신의 이메일을 확인해주세요.

a health check 건강 검진

0669 **receive**
[risíːv]

동 **받다**

I **received** a letter from him. 나는 그에게 편지 한 통을 받았다.

0670 **different**
[dífərənt]

형 **1 다른, 차이가 있는** 반 same **2 여러 가지의**

She is very **different** from me. 그녀는 나와 매우 다르다.

He has many **different** hobbies. 그는 여러 가지 취미를 가지고 있다.

0671 **enough**
[inʌ́f]

형 **충분한** 부 **충분히**

We don't have **enough** time. 우리는 시간이 충분하지 않다.

Did you study **enough** for the test? 너는 시험공부를 충분히 했니?

0672 **worry**
[wə́ːri]

동 **걱정하다** 명 **걱정, 고민거리**

Our parents always **worry** about us.
우리 부모님은 항상 우리를 걱정하신다.

a big **worry** 큰 고민거리

0673 **still**
[stil]

부 **아직도, 여전히**

He is **still** angry at me. 그는 아직도 나에게 화가 나 있다.

0674 **gym**
[dʒim]

명 **체육관**

They played basketball in the **gym**. 그들은 체육관에서 농구를 했다.

0675 **spend**
[spend]

동 **(spent-spent) 1 (돈을) 쓰다, 소비하다 2 (시간을) 보내다**

He **spends** too much money on clothes.
그는 옷에 돈을 너무 많이 쓴다.

I **spent** the weekend with my family.
나는 주말을 가족과 함께 보냈다.

0676 **rest**
[rest]

명 **휴식** 동 **쉬다, 휴식하다**

You should get some **rest**. 너는 좀 쉬어야 한다.

She **rested** at home yesterday. 그녀는 어제 집에서 쉬었다.

0677 **climb**
[klaim]

동 **오르다, 등반하다**

A monkey is **climbing** a tree. 원숭이 한 마리가 나무에 오르고 있다.

We **climbed** up the mountain. 우리는 그 산을 등반했다.

0678 **lazy** [léizi]

형 **게으른, 나태한**

Don't be **lazy**! 게으름 피우지 마라!

0679 **cheer up**

격려하다

My friends **cheered** me **up**. 내 친구들이 나를 격려해주었다.

0680 **write down**

~을 적다

I will **write down** your name. 나는 너의 이름을 적어둘 것이다.

DAY 34 CHECK-UP

정답 p.244

[1-14] 영어는 우리말로, 우리말은 영어로 쓰세요.

1 part	______	8 오르다, 등반하다	______
2 still	______	9 시험	______
3 boring	______	10 체육관	______
4 rest	______	11 여행하다; 여행	______
5 receive	______	12 게으른, 나태한	______
6 spend	______	13 어려운	______
7 check	______	14 충분한; 충분히	______

[15-18] 우리말에 맞게 빈칸에 알맞은 말을 넣으세요.

15 She is very ______ from me. (그녀는 나와 매우 다르다.)

16 My friends ______ me ______. (내 친구들이 나를 격려해주었다.)

17 I will ______ ______ your name. (나는 너의 이름을 적어둘 것이다.)

18 Our parents always ______ about us. (우리 부모님은 항상 우리를 걱정하신다.)

DAY 35

PREVIEW

A 아는 단어/숙어에 체크(V)해보세요.

- 0681 **chef** ☐
- 0682 **boil** ☐
- 0683 **exciting** ☐
- 0684 **already** ☐
- 0685 **speech** ☐
- 0686 **guess** ☐
- 0687 **weight** ☐
- 0688 **anything** ☐
- 0689 **sometimes** ☐
- 0690 **river** ☐
- 0691 **farm** ☐
- 0692 **remember** ☐
- 0693 **interest** ☐
- 0694 **most** ☐
- 0695 **place** ☐
- 0696 **company** ☐
- 0697 **space** ☐
- 0698 **health** ☐
- 0699 **hand in** ☐
- 0700 **take out** ☐

B 사진을 보고 알맞은 단어/숙어를 써보세요.

1 
______

2 
______

3 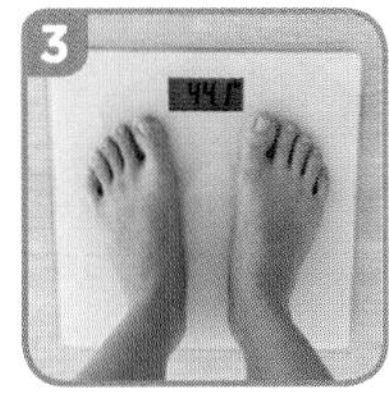
______

4 
______

DAY 35

학습일 | 1차: 월 일 | 2차: 월 일

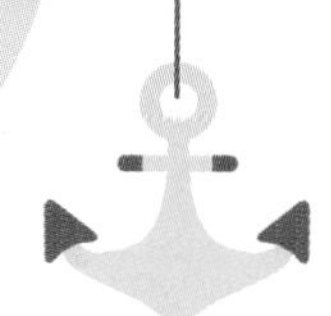

0681 **chef**
[ʃef]

명 **요리사, 주방장** 유 cook

She is the **chef** of the restaurant. 그녀는 그 음식점의 주방장이다.

0682 **boil**
[bɔil]

동 **끓다, 끓이다**

Water **boils** at 100°C. 물은 섭씨 100도에서 끓는다.

She **boiled** water in a pot. 그녀는 냄비에 물을 끓였다.

0683 **exciting**
[iksáitiŋ]

형 **흥미진진한, 재미있는**

The basketball game was very **exciting**.
그 농구 경기는 매우 흥미진진했다.

+ excited 형 신이 난, 흥분한

0684 **already**
[ɔːlrédi]

부 **이미, 벌써**

All of the students have **already** left the classroom.
모든 학생들이 이미 교실을 떠났다.

0685 **speech**
[spiːtʃ]

명 **연설**

His **speech** was boring. 그의 연설은 지루했다.

give[make] a **speech** 연설하다

0686 **guess**
[ges]

동 **추측하다, 짐작하다** 명 **추측, 짐작**

I **guess** that he is busy. 내 짐작에 그는 바쁜 것 같다.

make a **guess** 추측하다

0687 **weight**
[weit]

명 **무게, 체중**

His **weight** is 65 kg. 그의 몸무게는 65kg이다.

lose[put on] **weight** 체중이 줄다[늘다]

0688 **anything**
[éniθiŋ]

대 **1 [긍정문] 무엇이든 2 [의문문 · 부정문] 무언가, 아무것도**

You can ask me **anything**. 너는 내게 무엇이든 물어봐도 된다.

Do you know **anything** about him? 너는 그에 대해 뭔가 알고 있니?

I didn't say **anything** to her. 나는 그녀에게 아무것도 말하지 않았다.

참고 something 무엇, 어떤 것

0689 **sometimes**

[sʌ́mtàimz]

부 **때때로, 가끔**

She sometimes goes to school by bicycle.
그녀는 가끔 자전거를 타고 학교에 간다.

0690 **river**

[rívər]

명 **강**

There are a lot of fish in the river. 그 강에는 물고기가 많다.

0691 **farm**

[fɑːrm]

명 **농장**

They run a fruit farm. 그들은 과수원을 경영한다.

+ farmer 명 농부

0692 **remember**

[rimémbər]

동 **기억하다** 반 forget

Do you remember his phone number?
너는 그의 전화번호를 기억하니?

0693 **interest**

[íntərəst]

명 **흥미, 관심**

I have an interest in movies. 나는 영화에 관심이 있다.

+ interesting 형 재미있는, 흥미로운 interested 형 흥미 있는, 관심 있는

0694 **most**

[moust]

형 1 **최대[최고]의** 2 **대부분의** 대 **대부분**

This is the most beautiful city in Korea.
이곳은 한국에서 가장 아름다운 도시이다.

We like most food. 우리는 대부분의 음식을 좋아한다.

Most of my clothes are black. 내 옷의 대부분은 검은색이다.

0695 **place**

[pleis]

명 1 **장소, 곳** 2 **집**

This is a good place for shopping. 이곳은 쇼핑하기 좋은 장소이다.

I went to her place for dinner. 나는 그녀의 집에 저녁을 먹으러 갔다.

0696 **company**

[kʌ́mpəni]

명 1 **회사** 2 **동료, 일행**

He works for an oil company. 그는 정유 회사에서 일한다.

Do you have a company? 일행이 있으신가요?

0697 **space**

[speis]

명 1 **공간** 2 **우주**

The desk takes up too much space.
그 책상은 공간을 너무 많이 차지한다.

People will travel in space. 사람들은 우주에서 여행을 할 것이다.

0698 **health**

[helθ]

명 건강 (상태)

Running is good for your **health**. 달리기는 너의 건강에 좋다.

be in good[poor] **health** 건강 상태가 좋다[나쁘다]

+ healthy 형 건강한; 건강에 좋은

0699 **hand in**

~을 제출하다

You need to **hand in** your homework. 너는 숙제를 제출해야 한다.

0700 **take out**

~을 꺼내다

She **took out** a snack from her bag.
그녀는 가방에서 간식을 꺼냈다.

DAY 35 CHECK-UP

정답 p.244

[1-14] 영어는 우리말로, 우리말은 영어로 쓰세요.

1 speech	________	8 기억하다	________
2 weight	________	9 건강 (상태)	________
3 guess	________	10 이미, 벌써	________
4 boil	________	11 무엇이든; 무언가, 아무것도	________
5 river	________	12 흥미, 관심	________
6 most	________	13 공간; 우주	________
7 place	________	14 때때로, 가끔	________

[15-18] 우리말에 맞게 빈칸에 알맞은 말을 넣으세요.

15 He works for an oil ________. (그는 정유 회사에서 일한다.)

16 The basketball game was very ________. (그 농구 경기는 매우 흥미진진했다.)

17 You need to ________ ________ your homework. (너는 숙제를 제출해야 한다.)

18 She ________ ________ a snack from her bag. (그녀는 가방에서 간식을 꺼냈다.)

REVIEW TEST

DAY 31-35

정답 p.244

A **우리말에 맞게 빈칸에 알맞은 말을 넣으세요.**

1 give a(n) ____________ (연설하다)

2 a(n) ____________ station (주유소)

3 make a(n) ____________ (추측하다)

4 a square ____________ (사각형 모양)

5 a free parking ____________ (무료 주차 구역)

6 Water ____________ at 100°C. (물은 섭씨 100도에서 끓는다.)

7 There is ____________ in the house. (그 집안에 누군가 있다.)

8 We walked ____________ the street. (우리는 거리를 따라 걸었다.)

9 He is ____________ angry at me. (그는 아직도 나에게 화가 나 있다.)

10 This is his first ____________ to Korea. (이번이 그의 첫 한국 방문이다.)

11 He felt very ____________ to be a Korean. (그는 한국인인 것이 자랑스러웠다.)

12 I ____________ the weekend with my family. (나는 주말을 가족과 함께 보냈다.)

B **밑줄 친 말에 유의하여 다음 문장을 해석하세요.**

1 The store is open <u>until</u> 9 p.m.

____

2 I went to her <u>place</u> for dinner.

____

3 We don't have <u>enough</u> time.

____

4 We <u>missed</u> the last train.

____

5 They will be there for <u>a few</u> days.

____

C 밑줄 친 단어와 반대인 뜻을 가진 단어를 고르세요.

1 I passed the test.

① failed ② built ③ counted ④ checked

2 We go to the same school.

① exciting ② boring ③ few ④ different

3 Do you remember his phone number?

① receive ② forget ③ lose ④ blow

4 His watch is very expensive.

① cheap ② lazy ③ wide ④ false

5 The question was very difficult.

① safe ② easy ③ correct ④ proud

D 보기 에서 빈칸에 공통으로 들어갈 단어를 골라 쓰세요.

보기 **afraid plant oil ring most anything**

1 She is wearing a diamond ___________.

The doorbell is ___________ing.

2 I water the ___________ every morning.

He ___________ed a tree in the garden.

3 He is ___________ of the fire.

I'm ___________ that people will laugh at me.

4 You can ask me ___________.

Do you know ___________ about him?

5 This is the ___________ beautiful city in Korea.

___________ of my clothes are black.

DAY 36

PREVIEW

A 아는 단어/숙어에 체크(V)해보세요.

0701 **bored** ☐
0702 **goal** ☐
0703 **healthy** ☐
0704 **farmer** ☐
0705 **pay** ☐
0706 **stomach** ☐
0707 **something** ☐
0708 **while** ☐
0709 **beat** ☐
0710 **hang** ☐
0711 **lovely** ☐
0712 **honest** ☐
0713 **understand** ☐
0714 **interesting** ☐
0715 **rope** ☐
0716 **pour** ☐
0717 **club** ☐
0718 **writer** ☐
0719 **on time** ☐
0720 **be worried about** ☐

B 사진을 보고 알맞은 단어/숙어를 써보세요.

1

____

2

____

3

____

4

____

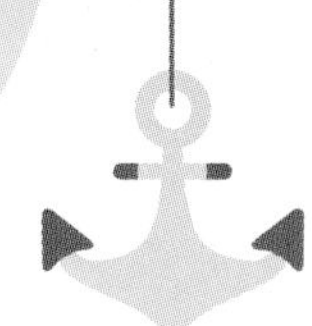

0701 **bored**

[bɔːrd]

형 **지루해하는**

I was bored, so I turned on the TV. 나는 지루해서 TV를 켰다.

+ boring 형 지루한, 따분한

0702 **goal**

[goul]

명 **1 골, 득점 2 목표**

He made two goals in his first game. 그는 첫 경기에서 두 골을 넣었다.

set a goal 목표를 세우다

0703 **healthy**

[hélθi]

형 **1 건강한** 반 sick **2 건강에 좋은**

Yoga keeps me healthy. 요가는 나를 계속 건강하게 한다.

Blueberries are a healthy food. 블루베리는 건강에 좋은 음식이다.

+ health 명 건강 (상태)

0704 **farmer**

[fáːrmər]

명 **농부**

The farmer planted trees. 그 농부는 나무들을 심었다.

+ farm 명 농장

0705 **pay**

[pei]

동 **(paid-paid) (돈을) 지불하다, 내다**

I will pay for lunch. 내가 점심 값을 낼 것이다.

0706 **stomach**

[stʌ́mək]

명 **위, 배**

My stomach hurts a lot. 나는 배가 많이 아프다.

0707 **something**

[sʌ́mθiŋ]

대 **무엇, 어떤 것**

I want to ask you something. 나는 너에게 뭐 좀 물어보고 싶다.

something to drink 마실 것

참고 anything 무엇이든; 무언가, 아무것도

0708 **while**

[wail]

접 **1 ~하는 동안 2 ~에 반하여**

They came while we were sleeping.
우리가 자고 있는 동안 그들이 왔다.

While she likes baseball, I like basketball.
그녀는 야구를 좋아하는 반면, 나는 농구를 좋아한다.

0709 **beat**
[biːt]

동 (beat-beaten) 1 때리다, 두드리다 2 이기다

He was beating a drum. 그는 북을 치고 있었다.

I beat her at badminton. 나는 배드민턴에서 그녀를 이겼다.

0710 **hang**
[hæŋ]

동 (hung-hung) 걸(리)다, 매달(리)다

A family photo is hanging over the table.
가족사진이 테이블 위에 걸려 있다.

I hung the mirror on the wall. 나는 벽에 거울을 걸었다.

0711 **lovely**
[lʌ́vli]

형 사랑스러운, 예쁜

A lovely girl smiled at me. 한 사랑스러운 소녀가 나를 향해 미소 지었다.

0712 **honest**
[ɑ́nist]

형 1 정직한 2 솔직한

She is a very honest person. 그녀는 매우 정직한 사람이다.

to be honest 솔직히 말해서

0713 **understand**
[ʌ̀ndərstǽnd]

동 (understood-understood) 이해하다, 알아듣다

I don't understand your question. 나는 네 질문을 이해하지 못하겠다.

0714 **interesting**
[íntərəstiŋ]

형 재미있는, 흥미로운 반 boring

He watched an interesting movie last night.
그는 어젯밤에 재미있는 영화를 보았다.

+ interest 명 흥미, 관심 interested 형 흥미 있는, 관심 있는

0715 **rope**
[roup]

명 밧줄, 로프

He pulled the rope hard. 그는 밧줄을 세게 당겼다.

jump rope 줄넘기, 줄넘기 줄

0716 **pour**
[pɔːr]

동 1 따르다, 붓다 2 (비가) 쏟아지다, 퍼붓다

She poured milk into the cup. 그녀는 컵에 우유를 따랐다.

The rain is pouring down today. 오늘은 비가 쏟아지고 있다.

0717 **club**
[klʌb]

명 클럽, 동아리

The drama club meets every Saturday.
그 연극 동아리는 토요일마다 만난다.

0718 **writer** [ráitər]

명 **작가, 필자**

Who is the **writer** of this book? 이 책의 작가는 누구인가요?

+ write 동 (글자를) 쓰다; (책 등을) 쓰다, 집필하다

0719 **on time**

시간을 어기지 않고, 제시간에

The bus arrived **on time**. 그 버스는 제시간에 도착했다.

0720 **be worried about**

~에 대해 걱정하다

He **is worried about** his weight.
그는 자신의 체중에 대해 걱정하고 있다.

DAY 36 CHECK-UP

정답 p.245

[1-14] 영어는 우리말로, 우리말은 영어로 쓰세요.

1 pour ____________
2 beat ____________
3 honest ____________
4 bored ____________
5 pay ____________
6 while ____________
7 hang ____________
8 이해하다, 알아듣다 ____________
9 건강한; 건강에 좋은 ____________
10 작가, 필자 ____________
11 위, 배 ____________
12 재미있는, 흥미로운 ____________
13 사랑스러운, 예쁜 ____________
14 무엇, 어떤 것 ____________

[15-18] 우리말에 맞게 빈칸에 알맞은 말을 넣으세요.

15 The ____________ planted trees. (그 농부는 나무들을 심었다.)

16 He pulled the ____________ hard. (그는 밧줄을 세게 당겼다.)

17 The bus arrived ____________ ____________. (그 버스는 제시간에 도착했다.)

18 He ____________ ____________ ____________ his weight.
(그는 자신의 체중에 대해 걱정하고 있다.)

DAY 37

PREVIEW

A 아는 단어/숙어에 체크(V)해보세요.

0721	list	☐
0722	project	☐
0723	carry	☐
0724	empty	☐
0725	famous	☐
0726	raise	☐
0727	drink	☐
0728	behind	☐
0729	stay	☐
0730	another	☐
0731	surprising	☐
0732	outside	☐
0733	stick	☐
0734	vacation	☐
0735	interested	☐
0736	dead	☐
0737	beef	☐
0738	excuse	☐
0739	work out	☐
0740	hang out	☐

B 사진을 보고 알맞은 단어/숙어를 써보세요.

1 
______

2 
______

3 
______

4 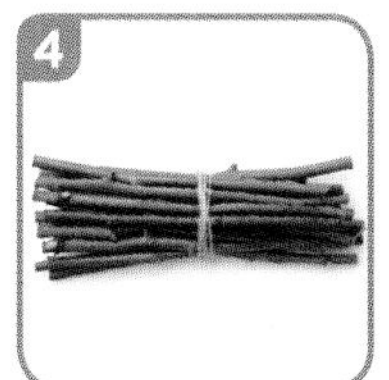
______

DAY 37

학습일 | 1차: 월 일 | 2차: 월 일

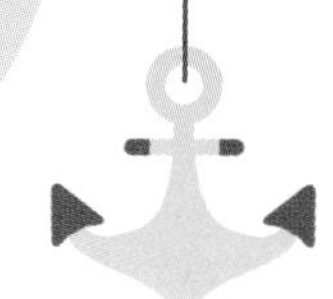

0721 **list**
[list]

명 **명단, 목록**

Your name isn't on the **list**. 네 이름은 명단에 없다.

a shopping **list** 쇼핑 목록

0722 **project**
[prádʒekt]

명 **1 (대규모의) 계획, 프로젝트 2 (학교에서의) 연구 과제**

They worked on a **project** to build an airport.
그들은 공항을 짓는 프로젝트를 수행했다.

We're doing a science **project**. 우리는 과학 과제를 하고 있다.

0723 **carry**
[kǽri]

동 **1 나르다, 운반하다 2 가지고 다니다**

Please **carry** these boxes. 이 상자들을 운반해 주세요.

I always **carry** my camera. 나는 항상 카메라를 가지고 다닌다.

0724 **empty**
[émpti]

형 **비어 있는, 빈**

The mailbox was **empty**. 그 우편함은 비어 있었다.

0725 **famous**
[féiməs]

형 **유명한**

He is a **famous** film star. 그는 유명한 영화 배우이다.

The restaurant is **famous** for its seafood.
그 레스토랑은 해산물 요리로 유명하다.

0726 **raise**
[reiz]

동 **1 (들어)올리다, 들다 2 키우다, 기르다**

Raise your right hand. 네 오른손을 들어라.

The farmers **raise** chickens. 그 농부들은 닭들을 키운다.

0727 **drink**
[driŋk]

동 (drank-drunk) **마시다** 명 **마실 것**

I don't **drink** coffee. 나는 커피를 마시지 않는다.

Do you want a **drink**? 너는 마실 것을 원하니?

0728 **behind**
[biháind]

전 **1 [위치] ~ 뒤에 2 [발달 · 진도] ~에 뒤(처)져**

I sat **behind** my brother. 나는 남동생 뒤에 앉았다.

We're five points **behind** them. 우리는 그들에 5점 뒤처져 있다.

0729 **stay**
[stei]

동 **머무르다** 명 **머무름, 방문**

She **stayed** at home all day. 그녀는 하루 종일 집에 머물렀다.

I enjoyed my **stay** in Rome. 나는 로마에서 머무는 것이 즐거웠다.

0730 **another**
[ənʌ́ðər]

형 **또 하나의** 대 **또 하나의 것[사람]**

Give me **another** cup of water. 물 한 잔 더 주세요.

This sandwich is delicious. May I have **another**?
이 샌드위치는 맛있네요. 하나 더 먹어도 될까요?

참고 other 다른, 그 밖의; (둘 중) 다른 하나의; 다른 것[사람]

0731 **surprising**
[sərpráiziŋ]

형 **놀라운**

She told me a **surprising** story. 그녀는 내게 놀라운 이야기를 해주었다.

+ surprise 명 놀라운 일 동 놀라게 하다 surprised 형 놀란, 놀라는

0732 **outside**
[àutsáid]

부 **밖에, 밖으로** 전 **~ 밖에** 명 **외부, 겉면** 반 inside(부/전/명)

They're waiting for you **outside**. 그들이 너를 밖에서 기다리고 있다.

I left my umbrella **outside** the café. 나는 우산을 카페 밖에 두었다.

the **outside** of a house 집의 바깥쪽

0733 **stick**
[stik]

명 **1 나뭇가지 2 채, 스틱** 동 **(stuck-stuck) 붙다, 붙이다**

He threw the **stick** in the fire. 그는 그 나뭇가지를 불에 던졌다.

a hockey **stick** 하키 채

I **stuck** a poster on the board. 나는 포스터를 게시판에 붙였다.

0734 **vacation**
[veikéiʃən]

명 **방학, 휴가**

Summer **vacation** starts in July. 여름 방학은 7월에 시작한다.

on **vacation** 휴가 중인

0735 **interested**
[íntərəstid]

형 **흥미 있는, 관심 있는**

He got **interested** in history. 그는 그 이야기에 관심을 가지게 되었다.

+ interest 명 흥미, 관심 interesting 형 재미있는, 흥미로운

0736 **dead**
[ded]

형 **죽은** 반 alive

The little bird looked **dead**. 그 작은 새는 죽은 것 같았다.

+ death 명 죽음

0737 **beef**
[biːf]

명 **쇠[소]고기**

I ate **beef** for dinner. 나는 저녁으로 쇠고기를 먹었다.

0738 **excuse**
[ikskjúːz]

동 **용서하다, 봐주다** 명 [ikskjúːs] **변명**

Excuse me for calling late. 늦게 전화해서 죄송합니다.

make an **excuse** 변명하다

0739 **work out**

운동하다 유 exercise

She **works out** every day. 그녀는 매일 운동한다.

0740 **hang out**

시간을 보내다, 어울려 놀다

I **hang out** with my friends after school.
나는 방과 후에 친구들과 어울려 논다.

DAY 37 CHECK-UP

정답 p.245

[1-14] 영어는 우리말로, 우리말은 영어로 쓰세요.

1 stick ____________
2 carry ____________
3 interested ____________
4 dead ____________
5 surprising ____________
6 raise ____________
7 another ____________
8 머무르다; 머무름, 방문 ____________
9 유명한 ____________
10 비어 있는, 빈 ____________
11 마시다; 마실 것 ____________
12 방학, 휴가 ____________
13 용서하다, 봐주다; 변명 ____________
14 명단, 목록 ____________

[15-18] 우리말에 맞게 빈칸에 알맞은 말을 넣으세요.

15 She ____________ ____________ every day. (그녀는 매일 운동한다.)
16 We're five points ____________ them. (우리는 그들에 5점 뒤처져 있다.)
17 They're waiting for you ____________. (그들이 너를 밖에서 기다리고 있다.)
18 I ____________ ____________ with my friends after school.
(나는 방과 후에 친구들과 어울려 논다.)

DAY 38

PREVIEW

A 아는 단어/숙어에 체크(V)해보세요.

0741	**believe**	☐	
0742	**calm**	☐	
0743	**dangerous**	☐	
0744	**festival**	☐	
0745	**shy**	☐	
0746	**lonely**	☐	
0747	**spicy**	☐	
0748	**wonder**	☐	
0749	**solve**	☐	
0750	**fail**	☐	
0751	**neighbor**	☐	
0752	**ground**	☐	
0753	**circle**	☐	
0754	**important**	☐	
0755	**pond**	☐	
0756	**roll**	☐	
0757	**dear**	☐	
0758	**practice**	☐	
0759	**get out of**	☐	
0760	**give it a try**	☐	

B 사진을 보고 알맞은 단어/숙어를 써보세요.

1 
______

2 
______

3 
______

4 
______

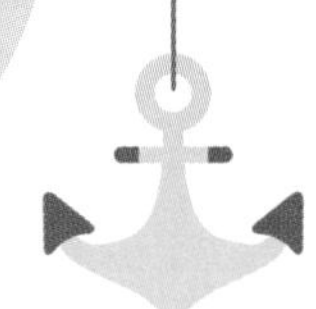

0741 **believe** [bilíːv]

동 믿다

Do you **believe** her story? 너는 그녀의 이야기를 믿니?

+ belief 명 믿음

0742 **calm** [kɑːm]

형 침착한, 차분한 동 진정하다, 진정시키다

She spoke in a **calm** voice. 그녀는 침착한 목소리로 말했다.

Please **calm** down first. 우선 진정하세요.

0743 **dangerous** [déindʒərəs]

형 위험한 반 safe

Driving fast is **dangerous**. 빨리 운전하는 것은 위험하다.

+ danger 명 위험

0744 **festival** [féstəvəl]

명 축제

I want to go to the film **festival**. 나는 그 영화제에 가고 싶다.

0745 **shy** [ʃai]

형 부끄럼을 타는, 수줍어하는

I was a **shy** girl. 나는 부끄럼을 타는 소녀였다.

a **shy** smile 수줍은 미소

0746 **lonely** [lóunli]

형 외로운, 쓸쓸한 유 alone

He lived alone, so he felt **lonely**. 그는 혼자 살아서 외롭다고 느꼈다.

+ loneliness 명 외로움, 고독

0747 **spicy** [spáisi]

형 매콤한, 자극적인 유 hot

I like eating **spicy** food. 나는 매운 음식 먹는 것을 좋아한다.

0748 **wonder** [wʌ́ndər]

동 궁금하다 명 경탄, 놀라움

"Who is that man?" she **wondered**.
"저 남자는 누구지?"라며 그녀는 궁금해했다.

He looked at the moon in **wonder**. 그는 경탄하며 달을 보았다.

+ wonderful 형 멋진, 훌륭한

0749 **solve**

[sɑlv]

동 **(문제를) 풀다, 해결하다**

Can you **solve** this puzzle? 너는 이 퍼즐을 풀 수 있니?

+ solution 명 (문제 등의) 해법, 해결책; (퀴즈 등의) 해답, 정답

0750 **fail**

[feil]

동 **1 실패하다** 2 **(시험에) 떨어지다** 반 pass

We **failed** to cross the river. 우리는 그 강을 건너는 것을 실패했다.

She **failed** the exam. 그녀는 그 시험에 떨어졌다.

+ failure 명 실패

0751 **neighbor**

[néibər]

명 **이웃**

Some **neighbors** visited my house. 몇몇 이웃들이 우리 집을 방문했다.

0752 **ground**

[graund]

명 **(the ~) 지면, 땅**

Leaves fell to the **ground**. 나뭇잎들이 땅으로 떨어졌다.

above the **ground** 지상에

0753 **circle**

[sə́:rkl]

명 **원**

He drew a **circle** in the sand. 그는 모래 위에 원 하나를 그렸다.

The children are standing in a **circle**. 아이들이 원을 지어 서 있다.

참고 triangle 삼각형 square 정사각형

0754 **important**

[impɔ́:rtənt]

형 **중요한**

This test is very **important** to me. 이번 시험은 내게 매우 중요하다.

0755 **pond**

[pɑnd]

명 **연못**

A duck is swimming in the **pond**.
오리 한 마리가 연못에서 헤엄치고 있다.

0756 **roll**

[roul]

동 **구르다, 굴리다**

The stone **rolled** down the hill. 그 돌이 언덕을 굴러 내려왔다.

They **rolled** the snow into a ball. 그들은 눈을 굴려 둥글게 만들었다.

0757 **dear**

[diər]

형 **1 (편지 첫머리에) ~에게[께]** 2 **소중한**

Dear Mary Mary에게

He is my **dear** friend. 그는 내 소중한 친구이다.

0758 **practice** [prǽktis]

동 연습하다 명 연습

I **practice** singing every day. 나는 매일 노래를 연습한다.

There's a soccer **practice** at two. 2시에 축구 연습이 있다.

0759 **get out of**

~에서 나가다

We should **get out of** this building now.
우리는 지금 이 건물에서 나가야 한다.

0760 **give it a try**

시도하다

It looks hard, but I'll **give it a try**.
그것은 어려워 보이지만, 나는 시도해 볼 것이다.

DAY 38 CHECK-UP

정답 p.245

[1-14] 영어는 우리말로, 우리말은 영어로 쓰세요.

1 circle ____________
2 shy ____________
3 wonder ____________
4 spicy ____________
5 fail ____________
6 roll ____________
7 dear ____________
8 중요한 ____________
9 위험한 ____________
10 연못 ____________
11 믿다 ____________
12 이웃 ____________
13 외로운, 쓸쓸한 ____________
14 연습하다; 연습 ____________

[15-18] 우리말에 맞게 빈칸에 알맞은 말을 넣으세요.

15 Can you __________ this puzzle? (너는 이 퍼즐을 풀 수 있니?)

16 I want to go to the film __________. (나는 그 영화제에 가고 싶다.)

17 We should __________ __________ __________ this building now.
(우리는 지금 이 건물에서 나가야 한다.)

18 It looks hard, but I'll __________ __________ __________ __________.
(그것은 어려워 보이지만, 나는 시도해 볼 것이다.)

DAY 39

PREVIEW

A 아는 단어/숙어에 체크(V)해보세요.

- 0761 **bill** ☐
- 0762 **collect** ☐
- 0763 **surprised** ☐
- 0764 **join** ☐
- 0765 **blank** ☐
- 0766 **problem** ☐
- 0767 **crash** ☐
- 0768 **however** ☐
- 0769 **secret** ☐
- 0770 **record** ☐
- 0771 **hometown** ☐
- 0772 **race** ☐
- 0773 **bowl** ☐
- 0774 **daily** ☐
- 0775 **newspaper** ☐
- 0776 **tip** ☐
- 0777 **wonderful** ☐
- 0778 **own** ☐
- 0779 **be interested in** ☐
- 0780 **believe in** ☐

B 사진을 보고 알맞은 단어/숙어를 써보세요.

1

______

2

______

3

______

4

______

DAY 39

학습일 | 1차: 월 일 | 2차: 월 일

0761 **bill** [bil]

명 1 고지서, 청구서 2 지폐

She paid the gas **bill**. 그녀는 가스 고지서 요금을 납부했다.

a five-dollar **bill** 5달러짜리 지폐

0762 **collect** [kəlékt]

동 모으다, 수집하다

I **collected** many comic books. 나는 많은 만화책들을 모았다.

+ collection 명 수집

0763 **surprised** [sərpráizd]

형 놀란, 놀라는

He was **surprised** at her plan. 그는 그녀의 계획에 놀랐다.

+ surprise 명 놀라운 일 동 놀라게 하다 surprising 형 놀라운

0764 **join** [dʒɔin]

동 1 가입하다 2 함께하다, 합류하다

She **joined** a tennis club. 그녀는 테니스 동아리에 가입했다.

Will you **join** us for dinner? 너 우리랑 저녁 함께할래?

0765 **blank** [blæŋk]

형 공백의, 빈 명 빈칸

There are two **blank** pages in the book.
그 책에는 빈 페이지가 두 장 있다.

I wrote my name in the **blank**. 나는 빈칸에 내 이름을 썼다.

0766 **problem** [prábləm]

명 문제, 어려움

I have a **problem** with my computer. 내 컴퓨터에 문제가 있다.

solve a **problem** 문제를 해결하다

0767 **crash** [kræʃ]

동 충돌[추락]하다 명 (자동차의) 충돌, (비행기의) 추락

The truck **crashed** into the bus. 그 트럭은 버스와 충돌했다.

a car **crash** 자동차 충돌 사고

0768 **however** [hauévər]

부 그러나, 그렇지만

This cake is tasty. **However**, it is expensive.
이 케이크는 맛있다. 그러나, 이것은 비싸다.

0769 **secret**

[síːkrit]

명 비밀

I won't tell anyone your secret.
나는 아무에게도 네 비밀을 말하지 않을 것이다.

0770 **record**

[rékərd]

명 (글 등으로 남긴) 기록 동 [rikɔ́ːrd] (정보 등을) 기록하다

There is no record of your visit. 너의 방문 기록이 없다.

He recorded the numbers in his notebook.
그는 공책에 그 숫자들을 기록했다.

0771 **hometown**

[hóumtaun]

명 고향

She moved back to her hometown. 그녀는 고향으로 다시 이사 갔다.

0772 **race**

[reis]

명 경주, 경기

The car race starts in ten minutes. 자동차 경주가 10분 후에 시작한다.

0773 **bowl**

[boul]

명 1 (속이 깊은) 그릇, 사발 2 한 그릇(의 양)

Mix eggs and milk in a bowl. 그릇에 달걀과 우유를 섞어라.

a bowl of rice 밥 한 공기

0774 **daily**

[déili]

부 매일, 날마다 형 매일의, 일상의

The restaurant is open daily. 그 식당은 매일 문을 연다.

daily life 일상 생활

0775 **newspaper**

[njúːzpèipər]

명 신문

He is reading a newspaper. 그는 신문을 읽고 있다.

daily newspaper 일간 신문, 일간지

0776 **tip**

[tip]

명 1 (뾰족한) 끝 2 팁, 봉사료 3 조언

The tip of your nose became red. 네 코끝이 빨개졌다.

We gave the driver a tip. 우리는 그 운전 기사에게 팁을 주었다.

useful tips on cooking 요리에 대한 유용한 조언

0777 **wonderful**

[wʌ́ndərfəl]

형 멋진, 훌륭한

We had a wonderful time yesterday. 우리는 어제 멋진 시간을 보냈다.

+ wonder 명 경탄, 놀라움

0778 **own** [oun]

형 자기 자신의 동 소유하다

She has her **own** room. 그녀는 그녀만의 방이 있다.

He **owns** two houses. 그는 집을 두 채 소유하고 있다.

+ owner 명 주인, 소유자

0779 **be interested in**

~에 관심이[흥미가] 있다

I **am interested in** music. 나는 음악에 관심이 있다.

0780 **believe in**

(~의 존재를) 믿다

They **believe in** magic. 그들은 마법을 믿는다.

DAY 39 CHECK-UP

정답 p.245

[1-14] 영어는 우리말로, 우리말은 영어로 쓰세요.

1 race ____________

2 record ____________

3 crash ____________

4 bill ____________

5 join ____________

6 blank ____________

7 tip ____________

8 매일, 날마다; 매일의, 일상의 ____________

9 신문 ____________

10 놀란, 놀라는 ____________

11 문제, 어려움 ____________

12 비밀 ____________

13 그러나, 그렇지만 ____________

14 모으다, 수집하다 ____________

[15-18] 우리말에 맞게 빈칸에 알맞은 말을 넣으세요.

15 They ____________ ____________ magic. (그들은 마법을 믿는다.)

16 She moved back to her ____________. (그녀는 고향으로 다시 이사 갔다.)

17 We had a(n) ____________ time yesterday. (우리는 어제 멋진 시간을 보냈다.)

18 I ____________ ____________ ____________ music. (나는 음악에 관심이 있다.)

DAY 40

PREVIEW

A 아는 단어/숙어에 체크(V)해보세요.

0781	lift	☐
0782	bottom	☐
0783	hole	☐
0784	dialogue	☐
0785	real	☐
0786	news	☐
0787	jungle	☐
0788	form	☐
0789	sunlight	☐
0790	contest	☐
0791	brave	☐
0792	hurry	☐
0793	magazine	☐
0794	welcome	☐
0795	sleepy	☐
0796	protect	☐
0797	matter	☐
0798	past	☐
0799	take place	☐
0800	not ~ anymore	☐

B 사진을 보고 알맞은 단어/숙어를 써보세요.

1 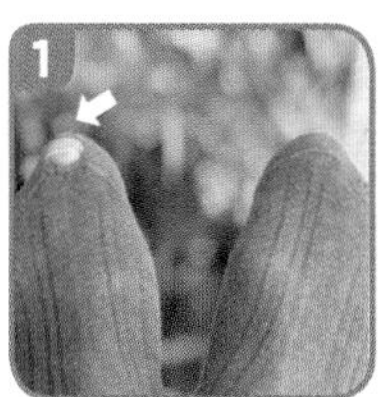
______

2 
______

3 
______

4 
______

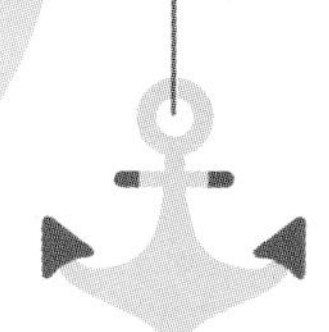

0781 **lift**
[lift]

동 (들어) 올리다

She lifted the big rock. 그녀는 그 큰 바위를 들어 올렸다.

0782 **bottom**
[bάtəm]

명 맨 아래, 바닥 형 맨 아래의 반 top(명/형)

See the bottom of the poster. 그 포스터의 맨 아랫부분을 봐라.

He has some cream on his bottom lip.
그는 아랫입술에 크림이 좀 묻었다.

0783 **hole**
[houl]

명 1 구멍 2 (지면 등의) 구덩이

There is a hole in my sock. 내 양말에 구멍이 났다.

a deep hole in the ground 땅에 난 깊은 구멍

0784 **dialogue**
[dáiəlɔ̀:g]

명 (소설 · 영화 등의) 대화, 회화 동 dialog

Listen to the dialogue carefully. 대화를 잘 들어라.

0785 **real**
[rí:əl]

형 1 (가짜가 아닌) 진짜의 2 (허구가 아닌) 실제의 유 true

That is not a real flower. 그것은 진짜 꽃이 아니다.

a real story 실화

+ really 부 진짜로, 실제로

0786 **news**
[nju:z]

명 1 소식 2 (신문 · 방송 등의) 뉴스

I heard the bad news about him. 나는 그에 관한 나쁜 소식을 들었다.

breaking news 긴급 뉴스

0787 **jungle**
[dʒʌ́ŋgl]

명 밀림, 정글

A lot of animals live in the jungle. 많은 동물들이 정글에 산다.

0788 **form**
[fɔ:rm]

명 1 종류, 유형 2 (문서) 서식 동 형성하다, 이루다

Music is a form of art. 음악은 예술의 한 종류이다.

fill in a form 서식에 기입하다, 서식을 채우다

The dancers formed a circle. 무용수들이 원을 이루었다.

0789 **sunlight** [sʌ́nlàit]

명 햇빛, 햇살

Plants need sunlight to grow. 식물은 자라는 데 햇빛이 필요하다.

strong sunlight 강한 햇살

0790 **contest** [kɑ́ntest]

명 대회, 콘테스트

We entered a singing contest. 우리는 노래 경연 대회에 참가했다.

0791 **brave** [breiv]

형 용감한, 용기 있는

He was a brave police officer. 그는 용감한 경찰관이었다.

a brave act 용기 있는 행동

0792 **hurry** [hə́:ri]

동 서두르다 명 서두름

Hurry up or you'll miss the bus.
서두르지 않으면 너는 버스를 놓칠 것이다.

They left the hall in a hurry. 그들은 서둘러 강당을 떠났다.

0793 **magazine** [mæ̀gəzí:n]

명 잡지

He is reading a fashion magazine. 그는 패션 잡지를 읽고 있다.

0794 **welcome** [wélkəm]

동 환영하다, (기쁘게) 맞이하다 유 greet

We welcomed her at the door. 우리는 문에서 그녀를 환영했다.

0795 **sleepy** [slí:pi]

형 졸리는

She felt sleepy after lunch. 그녀는 점심을 먹고 난 후 졸렸다.

+ sleep 동 자다 명 잠, 수면

0796 **protect** [prətékt]

동 보호하다, 지키다

This jacket will protect you from the cold.
이 재킷이 너를 추위로부터 보호해줄 것이다.

protect the earth 지구를 지키다

0797 **matter** [mǽtər]

명 문제, 일 동 문제가 되다, 중요하다

Making friends is an important matter.
친구를 사귀는 것은 중요한 일이다.

Money doesn't matter to me. 돈은 내게 중요하지 않다.

0798 **past**

[pæst]

형 1 과거의, 지나간 2 (바로) 지난 명 과거

The students learned about the artist's **past** works.
학생들은 그 화가의 과거 작품들에 대해 배웠다.

I was busy for the **past** two weeks. 나는 지난 2주 동안 바빴다.

in the **past** 과거에

참고 present 현재의 future 미래의

0799 **take place**

(사건이) 일어나다, (행사가) 열리다 유 happen

The contest will **take place** on Friday.
그 대회는 금요일에 열릴 것이다.

0800 **not ~ anymore**

더 이상 ~않다

I do **not** want to talk to you **anymore**.
나는 더 이상 너와 말하고 싶지 않다.

DAY 40 CHECK-UP

정답 p.245

[1-14] 영어는 우리말로, 우리말은 영어로 쓰세요.

1 matter ____________
2 bottom ____________
3 real ____________
4 hole ____________
5 sleepy ____________
6 contest ____________
7 form ____________
8 용감한, 용기 있는 ____________
9 (들어) 올리다 ____________
10 서두르다; 서두름 ____________
11 환영하다, (기쁘게) 맞이하다 ____________
12 잡지 ____________
13 보호하다, 지키다 ____________
14 (소설 · 영화 등의) 대화, 회화 ____________

[15-18] 우리말에 맞게 빈칸에 알맞은 말을 넣으세요.

15 Plants need ____________ to grow. (식물은 자라는 데 햇빛이 필요하다.)
16 I was busy for the ____________ two weeks. (나는 지난 2주 동안 바빴다.)
17 The contest will ____________ ____________ on Friday. (그 대회는 금요일에 열릴 것이다.)
18 I do ____________ want to talk to you ____________. (나는 더 이상 너와 말하고 싶지 않다.)

REVIEW TEST

DAY 36-40

정답 p.245

A 우리말에 맞게 빈칸에 알맞은 말을 넣으세요.

1 a(n) ____________ story (실화)

2 make a(n) ____________ (변명하다)

3 a(n) ____________ act (용기 있는 행동)

4 ____________ the earth (지구를 지키다)

5 solve a(n) ____________ (문제를 해결하다)

6 He is a(n) ____________ film star. (그는 유명한 영화 배우이다.)

7 There is no ____________ of your visit. (너의 방문 기록이 없다.)

8 The farmers ____________ chickens. (그 농부들은 닭들을 키운다.)

9 She is a very ____________ person. (그녀는 매우 정직한 사람이다.)

10 They left the hall in a(n) ____________. (그들은 서둘러 강당을 떠났다.)

11 This test is very ____________ to me. (이번 시험은 내게 매우 중요하다.)

12 I always ____________ my camera. (나는 항상 카메라를 가지고 다닌다.)

B 밑줄 친 말에 유의하여 다음 문장을 해석하세요.

1 I <u>beat</u> her at badminton.

____

2 Give me <u>another</u> cup of water.

____

3 They came <u>while</u> we were sleeping.

____

4 This cake is tasty. <u>However</u>, it is expensive.

____

5 The restaurant is open <u>daily</u>.

____

C 밑줄 친 단어와 반대인 뜻을 가진 단어를 고르세요.

1 He watched an <u>interesting</u> movie last night.

① shy ② boring ③ surprising ④ empty

2 Driving fast is <u>dangerous</u>.

① safe ② calm ③ wonderful ④ past

3 Yoga keeps me <u>healthy</u>.

① lonely ② sleepy ③ dear ④ sick

4 The little bird looked <u>dead</u>.

① real ② alive ③ blank ④ lovely

5 See the <u>bottom</u> of the poster.

① hole ② goal ③ top ④ outside

D 보기 에서 빈칸에 공통으로 들어갈 단어를 골라 쓰세요.

보기 **practice** **behind** **matter** **secret** **drink** **own**

1 She has her ____________ room.

He ____________s two houses.

2 I don't ____________ coffee.

Do you want a(n) ____________?

3 I ____________ singing every day.

There's a soccer ____________ at two.

4 I sat ____________ my brother.

We're five points ____________ them.

5 Making friends is an important ____________.

Money doesn't ____________ to me.

CROSSWORD PUZZLE

DAY 31-40

정답 p.246

Across

2 실패하다; (시험에) 떨어지다
4 믿다
5 이해하다, 알아듣다
10 사무실
11 무게, 체중
12 지루해하는

Down

1 모으다, 수집하다
3 흥미, 관심
6 이웃
7 이미, 벌써
8 위험
9 비어 있는, 빈

Aquarist 아쿠아리스트

- care for marine animals 해양 동물을 돌보다
- do performances at an aquarium 수족관에서 공연을 하다

Zookeeper 사육사

- feed and clean animals 동물을 먹이고 씻기다
- keep records of animals' behavior 동물의 행동을 기록하다

Animal Trainer 조련사

- train animals to do tricks 동물에게 묘기를 훈련시키다
- teach animals to respond to commands 명령에 반응하도록 동물을 가르치다

Veterinarian 수의사

- treat sick animals 아픈 동물을 치료하다
- develop new treatments for animals 동물을 위한 새로운 치료법을 개발하다

Animal Groomer 동물 미용사

- give baths and style fur 씻기고 털을 가다듬다
- clip animals' claws 동물의 손(발)톱을 다듬다

DAY 41

PREVIEW

A 아는 단어/숙어에 체크(V)해보세요.

0801	**fry**	☐	0811	**tea**	☐
0802	**advice**	☐	0812	**trouble**	☐
0803	**course**	☐	0813	**okay**	☐
0804	**habit**	☐	0814	**honey**	☐
0805	**sign**	☐	0815	**sport**	☐
0806	**perfect**	☐	0816	**friendly**	☐
0807	**heat**	☐	0817	**serve**	☐
0808	**without**	☐	0818	**uniform**	☐
0809	**colorful**	☐	0819	**all the time**	☐
0810	**never**	☐	0820	**for a while**	☐

B 사진을 보고 알맞은 단어/숙어를 써보세요.

1 
______

2 
______

3 
______

4 
______

0801 **fry** [frai]
동 (기름에) 튀기다, 볶다
I **fried** the chicken in oil. 나는 닭을 기름에 튀겼다.

0802 **advice** [ədváis]
명 충고, 조언
Let me give you some **advice**. 내가 너에게 충고를 좀 해줄게.
ask for **advice** 조언을 구하다
+ advise 동 충고하다, 조언하다

0803 **course** [kɔːrs]
명 1 강좌, 강의 유 class 2 항로, 방향
I'm taking a Chinese **course**. 나는 중국어 강좌를 듣고 있다.
The ship changed its **course**. 그 배는 항로를 변경했다.

0804 **habit** [hǽbit]
명 습관, 버릇
She has good eating **habits**. 그녀는 좋은 식습관을 가지고 있다.

0805 **sign** [sain]
명 표지판 동 서명하다
Can you see that road **sign**? 너는 저 도로 표지판이 보이니?
Please **sign** at the bottom. 아래에 서명해 주세요.

0806 **perfect** [pə́ːrfikt]
형 1 (결함 없이) 완벽한 2 (목적에) 꼭 알맞은, 완벽한
Their teamwork was **perfect**. 그들의 팀워크는 완벽했다.
It's **perfect** weather for camping. 캠핑하기에 꼭 알맞은 날씨이다.

0807 **heat** [hiːt]
명 1 열 2 더위 동 가열하다, 데우다
The **heat** of the sun was very strong. 태양의 열기가 매우 강했다.
I hate the **heat** in summer. 나는 여름의 더위를 싫어한다.
Heat the pizza in an oven. 피자를 오븐에 데워라.

0808 **without** [wiðáut]
전 ~ 없이
We can't live **without** water. 우리는 물 없이 살 수 없다.

0809 **colorful**
[kʌ́lərfəl]

형 **알록달록한, 다채로운**

The girl put on a colorful dress.
그 소녀는 색이 알록달록한 드레스를 입었다.

+ color 명 색, 색깔

0810 **never**
[névər]

부 **결코[절대] ~하지 않다**

He never gets up early. 그는 결코 일찍 일어나지 않는다.

0811 **tea**
[tiː]

명 1 **홍차** 2 **차**

He often puts milk in his tea. 그는 종종 홍차에 우유를 넣는다.

green tea 녹차

0812 **trouble**
[trʌ́bl]

명 **어려움, 문제**

I'm having some trouble with my homework.
나는 숙제로 어려움을 좀 겪고 있다.

0813 **okay**
[óukèi]

감 **응, 좋아** 형 **괜찮은** 동 OK (감/형)

"Let's go to the movies." "Okay." "영화 보러 가자." "좋아."

Was the concert okay? 그 콘서트는 괜찮았니?

0814 **honey**
[hʌ́ni]

명 **(벌)꿀**

Bees are busy making honey. 벌들이 꿀을 만드느라 바쁘다.

0815 **sport**
[spɔːrt]

명 **스포츠, 운동**

My favorite sport is baseball. 내가 가장 좋아하는 스포츠는 야구이다.

0816 **friendly**
[fréndli]

형 **친절한, 다정한**

Our neighbors are very friendly. 우리 이웃들은 매우 친절하다.

0817 **serve**
[səːrv]

동 1 **(음식을) 제공하다, 차려 주다** 2 **(손님을) 응대하다**

This hotel serves breakfast until ten.
이 호텔은 10시까지 아침 식사를 제공한다.

Lena is serving shoppers in her store.
Lena는 가게에서 쇼핑객들을 응대하고 있다.

0818 **uniform** [jú:nəfɔ̀:rm]

명 **제복, 유니폼**

They are wearing school **uniforms**. 그들은 교복을 입고 있다.

0819 **all the time**

항상, 늘 유 always

She wears the ring **all the time**. 그녀는 항상 그 반지를 낀다.

0820 **for a while**

잠시 동안

Would you wait **for a while**? 잠시만 기다려 주시겠어요?

DAY 41 CHECK-UP

정답 p.246

[1-14] 영어는 우리말로, 우리말은 영어로 쓰세요.

1 tea ____________

2 course ____________

3 sport ____________

4 heat ____________

5 colorful ____________

6 perfect ____________

7 friendly ____________

8 (기름에) 튀기다, 볶다 ____________

9 어려움, 문제 ____________

10 표지판; 서명하다 ____________

11 결코[절대] ~하지 않다 ____________

12 충고, 조언 ____________

13 습관, 버릇 ____________

14 응, 좋아; 괜찮은 ____________

[15-18] 우리말에 맞게 빈칸에 알맞은 말을 넣으세요.

15 We can't live ____________ water. (우리는 물 없이 살 수 없다.)

16 This hotel ____________ breakfast until ten. (이 호텔은 10시까지 아침 식사를 제공한다.)

17 Would you wait ____________ ____________ ____________? (잠시만 기다려 주시겠어요?)

18 She wears the ring ____________ ____________ ____________.
(그녀는 항상 그 반지를 낀다.)

DAY 42

A 아는 단어/숙어에 체크(V)해보세요.

0821	field	☐	0831	mistake	☐

0821 **field** ☐

0822 **blind** ☐

0823 **center** ☐

0824 **headache** ☐

0825 **score** ☐

0826 **pilot** ☐

0827 **everything** ☐

0828 **during** ☐

0829 **luck** ☐

0830 **nickname** ☐

0831 **mistake** ☐

0832 **greet** ☐

0833 **sharp** ☐

0834 **usual** ☐

0835 **cough** ☐

0836 **fashion** ☐

0837 **plate** ☐

0838 **meal** ☐

0839 **of course** ☐

0840 **on one's own** ☐

B 사진을 보고 알맞은 단어/숙어를 써보세요.

1 

____

2 

____

3 

____

4 

____

0821 **field**
[fiːld]
명 1 (-s) 들판, 밭 2 분야, 영역
A farmer is working in the fields. 한 농부가 들판에서 일하고 있다.
She is famous in the field of space science.
그녀는 우주 과학 분야에서 유명하다.

0822 **blind**
[blaind]
형 눈 먼, 맹인의
She is blind in her left eye. 그녀는 왼쪽 눈이 멀었다.
go blind 눈이 멀게 되다

0823 **center**
[séntər]
명 1 중심, 중앙 유 middle 2 종합시설, 센터
The library is in the center of the town. 그 도서관은 마을 중앙에 있다.
a sports center 스포츠 센터

0824 **headache**
[hédèik]
명 두통
I have a bad headache. 나는 머리가 몹시 아프다.
참고 toothache 치통 stomachache 복통

0825 **score**
[skɔːr]
명 득점, 점수 동 득점하다
The score was three to two. 점수는 3대 2였다.
He scored the last goal of the game.
그는 그 경기의 마지막 골을 득점했다.

0826 **pilot**
[páilət]
명 조종사, 파일럿
I want to be an airplane pilot in the future.
나는 미래에 항공기 조종사가 되고 싶다.

0827 **everything**
[évriθìŋ]
대 모든 것, 모두
I will tell you everything. 나는 네게 모든 것을 말해 줄 것이다.

0828 **during**
[djúəriŋ]
전 ~ 동안 (내내)
It rained during the night. 밤 동안 비가 왔다.
during the summer 여름 내내

0829 **luck**
[lʌk]

명 1 **행운** 2 **운**

Wish me **luck**! 나에게 행운을 빌어줘!

good[bad] **luck** 행운[불운]

+ lucky 형 행운의, 운이 좋은 luckily 부 운 좋게도

0830 **nickname**
[níknèim]

명 **별명**

His **nickname** is "Bear." 그의 별명은 "곰"이다.

0831 **mistake**
[mistéik]

명 **실수, 잘못**

It's okay to make a **mistake**. 실수해도 괜찮다.

by **mistake** 실수로, 잘못하여

0832 **greet**
[griːt]

동 **맞이하다, 환영하다** 유 welcome

My grandmother **greeted** me with a smile.
할머니는 미소로 나를 맞아주셨다.

0833 **sharp**
[ʃɑːrp]

형 **날카로운, 뾰족한**

Lions have **sharp** teeth. 사자는 날카로운 이빨을 가지고 있다.

0834 **usual**
[júːʒuəl]

형 **평소의, 보통의**

I'll be home at the **usual** time. 나는 평소 오던 시간에 집에 올 것이다.

as **usual** 늘 그렇듯이, 평상시처럼

+ usually 부 보통, 대개

0835 **cough**
[kɔːf]

동 **기침하다** 명 **기침**

He **coughed** all night. 그는 밤새도록 기침했다.

a dry **cough** 마른기침, 헛기침

0836 **fashion**
[fǽʃən]

명 1 **유행** 2 **패션, 의류업계**

Shorts were the **fashion** last year. 작년에는 짧은 바지가 유행이었다.

a **fashion** show 패션 쇼

0837 **plate**
[pleit]

명 **접시** 유 dish

Put the salad on a **plate**. 샐러드를 접시에 담아라.

0838 **meal**

[miːl]

명 식사, 끼니

We had a nice **meal** yesterday. 우리는 어제 근사한 식사를 했다.

Don't eat snacks between **meals**. 식간에 간식을 먹지 마라.

0839 **of course**

물론, 당연히

Of course I remember you. 물론 나는 너를 기억한다.

0840 **on one's own**

스스로, 혼자 힘으로

She solved the problem **on her own**.
그녀는 스스로 문제를 해결했다.

DAY 42 CHECK-UP

정답 p.246

[1-14] 영어는 우리말로, 우리말은 영어로 쓰세요.

1 blind ____________

2 sharp ____________

3 score ____________

4 pilot ____________

5 luck ____________

6 field ____________

7 greet ____________

8 기침하다; 기침 ____________

9 접시 ____________

10 두통 ____________

11 평소의, 보통의 ____________

12 별명 ____________

13 식사, 끼니 ____________

14 모든 것, 모두 ____________

[15-18] 우리말에 맞게 빈칸에 알맞은 말을 넣으세요.

15 It rained ____________ the night. (밤 동안 비가 왔다.)

16 It's okay to make a(n) ____________. (실수해도 괜찮다.)

17 ____________ ____________ I remember you. (물론 나는 너를 기억한다.)

18 She solved the problem ____________ ____________ ____________.
(그녀는 스스로 문제를 해결했다.)

DAY 43

PREVIEW

A 아는 단어/숙어에 체크(V)해보세요.

0841	**mind**	☐	0851	**tour**	☐
0842	**win**	☐	0852	**share**	☐
0843	**amazing**	☐	0853	**wrap**	☐
0844	**borrow**	☐	0854	**energy**	☐
0845	**comic**	☐	0855	**gather**	☐
0846	**garbage**	☐	0856	**happen**	☐
0847	**sale**	☐	0857	**usually**	☐
0848	**nothing**	☐	0858	**prize**	☐
0849	**director**	☐	0859	**cut down**	☐
0850	**cell phone**	☐	0860	**would like to-v**	☐

B 사진을 보고 알맞은 단어/숙어를 써보세요.

1 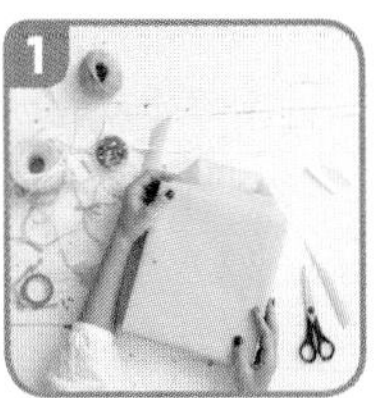
______

2 
______

3 
______

4 
______

DAY 43

학습일 | 1차: 월 일 | 2차: 월 일

0841 **mind**
[maind]

명 **마음, 정신** 동 **꺼리다, 싫어하다**

He changed his mind and stayed home.
그는 마음을 바꾸고 집에 머물렀다.

Do you mind turning on the TV? TV를 켜도 괜찮을까요?

0842 **win**
[win]

동 (won-won) 1 **이기다** 반 lose 2 **따다, 획득하다**

Our team won the game. 우리 팀이 그 경기를 이겼다.

Korea won five gold medals. 한국은 금메달을 5개 땄다.

0843 **amazing**
[əméiziŋ]

형 **놀라운, 굉장한**

We learned some amazing facts about ants.
우리는 개미에 대한 놀라운 사실들을 배웠다.

0844 **borrow**
[bárou]

동 **빌리다**

Can I borrow your bike? 네 자전거 좀 빌려도 되니?

참고 lend 빌려주다

0845 **comic**
[kámik]

형 **코미디의, 희극의** 명 (-s) **만화책**

He is a famous comic actor. 그는 유명한 코미디 배우이다.

read comics 만화책을 보다

참고 cartoon 만화 (영화) animation 만화 (영화), 애니메이션

0846 **garbage**
[gáːrbidʒ]

명 **쓰레기** 유 trash

Take out the garbage today. 오늘 쓰레기를 내다 버려라.

a garbage can 쓰레기통

0847 **sale**
[seil]

명 1 **판매** 2 **할인 판매, 세일**

This sofa is not for sale. 이 소파는 판매용이 아니다.

The store is having a sale today. 그 가게는 오늘 할인 판매를 하고 있다.

0848 **nothing**
[nʌ́θiŋ]

대 **아무것도 ~ 아니다[없다]**

There is nothing in my pocket. 내 주머니에는 아무것도 없다.

참고 nobody 아무도 ~ 않다

0849 **director**
[diréktər]

명 1 (회사의) 이사, 임원 2 (영화 등의) 감독

She is the director of our company. 그녀는 우리 회사의 임원이다.

a movie director 영화 감독

+ direct 동 지휘[총괄]하다

0850 **cell phone**
[sélfoun]

명 휴대전화

Turn off your cell phone at the theater. 극장에서는 휴대전화를 꺼라.

0851 **tour**
[tuər]

명 여행 유 trip 동 여행하다, 관광하다 유 travel

He went on a tour of Spain. 그는 스페인 여행을 떠났다.

I toured London last month. 나는 지난달에 런던을 여행했다.

0852 **share**
[ʃɛər]

동 1 함께 쓰다, 공유하다 2 나누다

I share the computer with my brother. 나는 형과 컴퓨터를 함께 쓴다.

We shared the money between us. 우리는 우리끼리 돈을 나누었다.

0853 **wrap**
[ræp]

동 1 싸다, 포장하다 2 두르다

Please wrap this gift in paper. 이 선물을 종이로 포장해주세요.

She wrapped a scarf around her neck.
그녀는 목에 목도리를 둘렀다.

0854 **energy**
[énərdʒi]

명 1 힘, 기운 2 (석유 · 가스 등의) 에너지

The girls are full of energy. 그 소녀들은 기운이 넘친다.

wind energy 풍력 에너지

0855 **gather**
[gǽðər]

동 1 (사람들이) 모이다, 모으다 2 (정보 등을) 수집하다

We gathered at the subway station. 우리는 지하철역에 모였다.

gather information 정보를 수집하다

0856 **happen**
[hǽpən]

동 (사건 등이) 일어나다, 발생하다 유 take place

The car crash happened yesterday. 어제 차량 충돌사고가 일어났다.

0857 **usually**
[júːʒuəli]

부 보통, 대개

I usually go to bed at ten. 나는 보통 열 시에 잠을 잔다.

+ usual 형 평소의, 보통의

0858 **prize** [praiz]

명 상, 상품 유 award

I won first prize in the contest. 나는 대회에서 1등 상을 탔다.

0859 **cut down**

1 베어 쓰러뜨리다 2 (양 등을) 줄이다

We cut down trees. 우리는 나무를 베어 쓰러뜨렸다.

He cut down on chocolate. 그는 초콜릿 먹는 것을 줄였다.

0860 **would like to-v**

~하고 싶다

I would like to eat some ice cream. 나는 아이스크림을 좀 먹고 싶다.

DAY 43 CHECK-UP

정답 p.246

[1-14] 영어는 우리말로, 우리말은 영어로 쓰세요.

1 share ____________

2 usually ____________

3 gather ____________

4 comic ____________

5 happen ____________

6 tour ____________

7 nothing ____________

8 상, 상품 ____________

9 이기다; 따다, 획득하다 ____________

10 놀라운, 굉장한 ____________

11 빌리다 ____________

12 마음, 정신; 꺼리다, 싫어하다 ____________

13 쓰레기 ____________

14 싸다, 포장하다; 두르다 ____________

[15-18] 우리말에 맞게 빈칸에 알맞은 말을 넣으세요.

15 This sofa is not for ____________. (이 소파는 판매용이 아니다.)

16 She is the ____________ of our company. (그녀는 우리 회사의 임원이다.)

17 He ____________ ____________ on chocolate. (그는 초콜릿 먹는 것을 줄였다.)

18 I ____________ ____________ ____________ eat some ice cream.

(나는 아이스크림을 좀 먹고 싶다.)

DAY 44 

A 아는 단어/숙어에 체크(V)해보세요.

0861	joy	☐	0871	sentence	☐
0862	award	☐	0872	trash	☐
0863	nurse	☐	0873	design	☐
0864	quiet	☐	0874	subject	☐
0865	cartoon	☐	0875	match	☐
0866	excited	☐	0876	village	☐
0867	melt	☐	0877	insect	☐
0868	grade	☐	0878	possible	☐
0869	helpful	☐	0879	count on	☐
0870	post	☐	0880	at the same time	☐

B 사진을 보고 알맞은 단어/숙어를 써보세요.

1 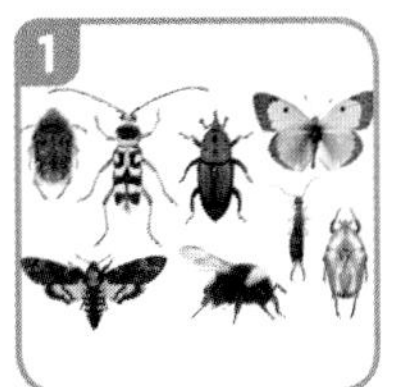
____

2 

____

3 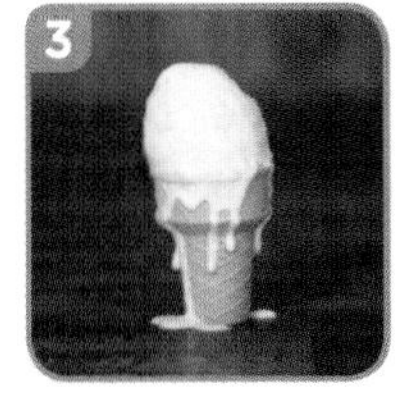
____

4 
____

0861 **joy**
[dʒɔi]

명 **즐거움, 기쁨**

All of them shouted with **joy**. 그들 모두는 기뻐서 소리를 질렀다.

0862 **award**
[əwɔ́ːrd]

명 **상** 유 prize 동 **(상 등을) 수여하다, 주다**

She won the **award** for best writer. 그녀는 최고의 작가상을 받았다.

The singer was **awarded** the Nobel Prize.
그 가수에게 노벨상이 수여되었다.

0863 **nurse**
[nəːrs]

명 **간호사**

The **nurses** at the hospital were very kind.
그 병원의 간호사들은 매우 친절했다.

0864 **quiet**
[kwáiət]

형 **조용한, 고요한** 반 noisy

It was very **quiet** in the house. 그 집 안은 매우 조용했다.

Be **quiet**! 조용히 해라!

+ quietly 부 조용히

0865 **cartoon**
[kɑːrtúːn]

명 **만화 (영화)**

I like the **cartoon** in this magazine. 나는 이 잡지 안의 만화를 좋아한다.

참고 comics 만화책 animation 만화 (영화), 애니메이션

0866 **excited**
[iksáitid]

형 **신이 난, 흥분한**

They are **excited** about the concert.
그들은 콘서트에 대해 신이 나 있다.

+ exciting 형 흥미진진한, 재미있는

0867 **melt**
[melt]

동 **녹다, 녹이다** 반 freeze

The snowman **melted** in the sun. 눈사람이 햇볕에 녹았다.

Melt the cheese in the oven. 오븐에서 치즈를 녹여라.

0868 **grade**
[greid]

명 **1 학년 2 성적**

I'm in the sixth **grade**. 나는 6학년이다.

She got good **grades**. 그녀는 좋은 성적을 받았다.

0869 **helpful**
[hélpfəl]

형 **도움이 되는, 유익한** 유 useful

His advice was very **helpful**. 그의 조언은 많은 도움이 되었다.

+ help 동 돕다, 도와주다 명 도움

0870 **post**
[poust]

명 **우편** 동 1 **(우편물을) 발송하다, 부치다** 2 **(웹사이트에) 게시하다**

She sent the book by **post**. 그녀는 그 책을 우편으로 보냈다.

Did you **post** the letter? 너는 그 편지를 부쳤니?

I **posted** a photo on the website. 나는 웹사이트에 사진 한 장을 게시했다.

참고 post office 우체국

0871 **sentence**
[séntəns]

명 **문장**

Let's read the first **sentence**. 첫 번째 문장을 읽어보자.

0872 **trash**
[træʃ]

명 **쓰레기** 유 garbage

Don't throw **trash** here. 여기에 쓰레기를 버리지 마라.

pick up **trash** 쓰레기를 줍다

0873 **design**
[dizáin]

명 **디자인** 동 **디자인하다, 설계하다**

I like the **design** of your car. 나는 네 차의 디자인이 마음에 든다.

They **designed** a new building. 그들은 새 건물을 설계했다.

+ designer 명 디자이너

0874 **subject**
[sʌ́bdʒikt]

명 1 **주제** 2 **과목**

The **subject** of this film is love. 이 영화의 주제는 사랑이다.

Science is my favorite **subject**. 과학은 내가 가장 좋아하는 과목이다.

0875 **match**
[mætʃ]

명 1 **경기, 시합** 2 **성냥** 동 **어울리다**

She is watching a soccer **match**. 그녀는 축구 경기를 보고 있다.

a box of **matches** 성냥 한 갑

His cap **matches** his jacket. 그의 모자는 재킷과 어울린다.

0876 **village**
[vílidʒ]

명 **(시골) 마을**

There is a small **village** near the river.
그 강 근처에 작은 마을이 하나 있다.

참고 town (소)도시, 마을

0877 **insect**
[ínsekt]

명 곤충

Butterflies are a kind of **insect**. 나비는 곤충의 일종이다.

0878 **possible**
[pásəbl]

형 가능한 반 impossible

It is **possible** to ride the bus now. 지금 버스를 타는 것이 가능하다.

0879 **count on**

~을 믿다, ~을 의지하다

You can **count on** me. 너는 나를 믿어도 된다.

0880 **at the same time**

동시에

She was angry and sad **at the same time**.
그녀는 화가 나는 동시에 슬펐다.

DAY 44 CHECK-UP

정답 p.246

[1-14] 영어는 우리말로, 우리말은 영어로 쓰세요.

1 excited ____________
2 cartoon ____________
3 helpful ____________
4 melt ____________
5 grade ____________
6 design ____________
7 match ____________
8 (시골) 마을 ____________
9 문장 ____________
10 가능한 ____________
11 곤충 ____________
12 조용한, 고요한 ____________
13 상; (상 등을) 수여하다, 주다 ____________
14 주제; 과목 ____________

[15-18] 우리말에 맞게 빈칸에 알맞은 말을 넣으세요.

15 Don't throw ________ here. (여기에 쓰레기를 버리지 마라.)

16 You can ________ ________ me. (너는 나를 믿어도 된다.)

17 I ________ a photo on the website. (나는 웹사이트에 사진 한 장을 게시했다.)

18 She was angry and sad ________ ________ ________ ________.
(그녀는 화가 나는 동시에 슬펐다.)

DAY 45 

PREVIEW

A 아는 단어/숙어에 체크(V)해보세요.

0881 **event** ☐
0882 **nature** ☐
0883 **level** ☐
0884 **create** ☐
0885 **shout** ☐
0886 **animation** ☐
0887 **cause** ☐
0888 **information** ☐
0889 **designer** ☐
0890 **pack** ☐
0891 **meeting** ☐
0892 **quiz** ☐
0893 **wise** ☐
0894 **fantastic** ☐
0895 **peace** ☐
0896 **opinion** ☐
0897 **relax** ☐
0898 **flat** ☐
0899 **throw away** ☐
0900 **live next door** ☐

B 사진을 보고 알맞은 단어/숙어를 써보세요.

1 
____

2 
____

3 
____

4 
____

0881 **event** [ivént]

명 **1 사건 2 행사**

It was an important event in history.
그것은 역사상 중요한 사건이었다.

The Olympics are one of the biggest events in the world.
올림픽은 세계에서 가장 큰 행사 중 하나이다.

0882 **nature** [néitʃər]

명 **1 자연 2 천성, 본성**

You can enjoy nature in this beautiful forest.
너는 이 아름다운 숲에서 자연을 즐길 수 있다.

He is honest by nature. 그는 본성이 정직하다.

\+ natural 형 자연의; 타고난, 선천적인

0883 **level** [lévəl]

명 **수준, 단계**

The level of this class is very high. 이 수업의 수준은 매우 높다.

0884 **create** [kriéit]

동 **창조하다, 만들다**

The company created a new robot. 그 회사는 새 로봇을 만들었다.

\+ creative 형 창의적인, 창조적인

0885 **shout** [ʃaut]

동 **소리치다, 외치다**

She shouted at me. 그녀가 나에게 소리를 질렀다.

0886 **animation** [æ̀nəméiʃən]

명 **만화 (영화), 애니메이션**

He watched animation on TV. 그는 TV로 만화를 봤다.

참고 comics 만화책 cartoon 만화 (영화)

0887 **cause** [kɔːz]

명 **원인** 반 result 동 **~의 원인이 되다, 일으키다**

It was the cause of the fire. 그것이 그 화재의 원인이었다.

What caused the problem? 무엇이 그 문제를 일으켰니?

0888 **information** [ìnfərméiʃən]

명 **정보, 자료**

I got the information from this book. 나는 이 책에서 그 정보를 얻었다.

0889 **designer**

[dizáinər]

명 **디자이너**

The **designer** is making a dress. 그 디자이너는 드레스를 만들고 있다.

+ design 명 디자인 동 디자인하다, 설계하다

0890 **pack**

[pæk]

동 **1 (짐을) 싸다 2 포장하다**

She **packed** a bag with some clothes. 그녀는 가방에 옷을 좀 쌌다.

I **packed** the gifts in the box. 나는 선물들을 상자에 포장했다.

0891 **meeting**

[míːtiŋ]

명 **회의**

They have a **meeting** at 5 p.m. 그들은 오후 5시에 회의가 있다.

0892 **quiz**

[kwiz]

명 **1 (간단한) 시험 2 퀴즈**

We have a **quiz** every Tuesday. 우리는 화요일마다 시험을 본다.

He is watching a **quiz** show. 그는 퀴즈 프로그램을 보고 있다.

0893 **wise**

[waiz]

형 **현명한, 지혜로운**

The old man is very **wise**. 그 노인은 매우 현명하다.

+ wisdom 명 현명함, 지혜

0894 **fantastic**

[fæntǽstik]

형 **환상적인, 멋진**

You can see a **fantastic** view of Seoul.
너는 여기서 서울의 멋진 광경을 볼 수 있다.

0895 **peace**

[piːs]

명 **평화**

We wish for world **peace**. 우리는 세계 평화를 기원한다.

+ peaceful 형 평화로운

0896 **opinion**

[əpínjən]

명 **의견, 생각** 유 view

Please give your **opinion** on the matter.
그 문제에 관한 당신의 의견을 내주시기 바랍니다.

In my **opinion**, you are wrong. 내 생각에는, 네가 틀렸다.

0897 **relax**

[rilǽks]

동 **1 쉬다 2 (몸의) 긴장을 풀다, 이완시키다**

You need to lie down and **relax**. 너는 누워서 쉬어야 한다.

Yoga can **relax** your body. 요가는 너의 몸을 이완시켜줄 수 있다.

0898 **flat**

[flæt]

형 평평한

This building has a **flat** roof. 이 건물은 지붕이 평평하다.

0899 **throw away**

~을 버리다

Throw away your trash in this plastic bag.
이 비닐봉지에 네 쓰레기를 버려라.

0900 **live next door**

옆집에 살다

She **lives next door** to us. 그녀는 우리 옆집에 산다.

DAY 45 CHECK-UP

정답 p.246

[1-14] 영어는 우리말로, 우리말은 영어로 쓰세요.

1 peace ____________

2 meeting ____________

3 create ____________

4 relax ____________

5 cause ____________

6 shout ____________

7 event ____________

8 (짐을) 싸다; 포장하다 ____________

9 환상적인, 멋진 ____________

10 정보, 자료 ____________

11 평평한 ____________

12 현명한, 지혜로운 ____________

13 의견, 생각 ____________

14 자연; 천성, 본성 ____________

[15-18] 우리말에 맞게 빈칸에 알맞은 말을 넣으세요.

15 The ____________ of this class is very high. (이 수업의 수준은 매우 높다.)

16 We have a(n) ____________ every Tuesday. (우리는 화요일마다 시험을 본다.)

17 She ____________ ____________ ____________ to us. (그녀는 우리 옆집에 산다.)

18 ____________ ____________ your trash in this plastic bag.
(이 비닐봉지에 네 쓰레기를 버려라.)

REVIEW TEST

DAY 41-45

정답 p.247

A **우리말에 맞게 빈칸에 알맞은 말을 넣으세요.**

1 by ____________ (실수로, 잘못하여)

2 pick up ____________ (쓰레기를 줍다)

3 ask for ____________ (조언을 구하다)

4 ____________ the summer (여름 내내)

5 ____________ information (정보를 수집하다)

6 The snowman ____________ in the sun. (눈사람이 햇볕에 녹았다.)

7 He ____________ gets up early. (그는 결코 일찍 일어나지 않는다.)

8 It was the ____________ of the fire. (그것이 그 화재의 원인이었다.)

9 We ____________ ____________ trees. (우리는 나무를 베어 쓰러뜨렸다.)

10 Our neighbors are very ____________. (우리 이웃들은 매우 친절하다.)

11 The car crash ____________ yesterday. (어제 차량 충돌사고가 일어났다.)

12 I'll be home at the ____________ time. (나는 평소 오던 시간에 집에 올 것이다.)

B **밑줄 친 말에 유의하여 다음 문장을 해석하세요.**

1 The store is having a sale today.

____

2 He is honest by nature.

____

3 Do you mind turning on the TV?

____

4 It is possible to ride the bus now.

____

5 In my opinion, you are wrong.

____

C 밑줄 친 단어와 가장 비슷한 뜻을 가진 단어를 고르세요.

1 I'm taking a Chinese course.

① sentence ② quiz ③ habit ④ class

2 The library is in the center of the town.

① field ② middle ③ village ④ sign

3 She won the award for best writer.

① joy ② prize ③ score ④ luck

4 Take out the garbage today.

① insect ② post ③ trash ④ subject

5 My grandmother greeted me with a smile.

① wrapped ② relaxed ③ shouted ④ welcomed

D 보기 에서 빈칸에 들어갈 단어를 골라 쓰세요.

보기 heat share excited fashion create match pack meal

1 She is watching a soccer ____________.

2 She ____________(e)d a bag with some clothes.

3 Don't eat snacks between ____________(e)s.

4 We ____________(e)d the money between us.

5 They are ____________ about the concert.

6 Shorts were the ____________ last year.

7 I hate the ____________ in summer.

DAY 46

A 아는 단어/숙어에 체크(V)해보세요.

- 0901 **hero** ☐
- 0902 **save** ☐
- 0903 **main** ☐
- 0904 **final** ☐
- 0905 **even** ☐
- 0906 **human** ☐
- 0907 **scared** ☐
- 0908 **court** ☐
- 0909 **interview** ☐
- 0910 **block** ☐
- 0911 **float** ☐
- 0912 **decide** ☐
- 0913 **order** ☐
- 0914 **creative** ☐
- 0915 **result** ☐
- 0916 **wave** ☐
- 0917 **fair** ☐
- 0918 **member** ☐
- 0919 **upside down** ☐
- 0920 **turn over** ☐

B 사진을 보고 알맞은 단어/숙어를 써보세요.

1 
______

2 
______

3 
______

4 
______

0901 **hero** [híərou]

명 영웅

People welcomed the sports heroes.
사람들은 그 스포츠 영웅들을 환영했다.

0902 **save** [seiv]

동 1 (위험으로부터) 구하다 2 (돈을) 저축하다

He saved the boy's life. 그가 그 소년의 생명을 구했다.

Save money for the future. 미래를 위해 돈을 저축해라.

0903 **main** [mein]

형 주된, 주요한

What is the main idea of this book? 이 책의 주제는 무엇이니?

the main cause of the problem 문제의 주된 원인

0904 **final** [fáinl]

형 마지막의, 최후의 명 결승(전)

This is your final chance. 이번이 너의 마지막 기회이다.

final exams 기말고사

the World Cup final 월드컵 결승전

+ finally 부 마침내, 결국

0905 **even** [íːvən]

부 ~조차, ~까지, ~도

I don't even know her name. 나는 그녀의 이름조차 알지 못한다.

0906 **human** [hjúːmən]

명 인간, 사람 동 human being 형 인간[사람]의

Some animals live longer than humans.
몇몇의 동물들은 인간보다 더 오래 산다.

the human body 인체

0907 **scared** [skεərd]

형 겁먹은, 두려워하는 유 afraid

A scared child started to cry. 겁먹은 아이는 울기 시작했다.

She is scared of snakes. 그녀는 뱀을 두려워한다.

0908 **court** [kɔːrt]

명 1 법정, 법원 2 (테니스 등의) 경기장, 코트

The judge entered the court. 그 판사는 법정에 들어섰다.

a tennis court 테니스 경기장

0909 **interview**

[íntərvjùː]

명 1 면접 2 인터뷰, 회견

I have a job interview tomorrow. 나는 내일 취업 면접이 있다.

They had an interview with the actor. 그들은 그 배우와 인터뷰를 했다.

0910 **block**

[blɑk]

명 1 블록, 토막 2 한 구획[블록] 동 (통로 등을) 막다

They cut the wood into blocks. 그들은 나무를 토막으로 잘랐다.

Go one more block. 한 블록 더 가라.

A car is blocking the way. 차 한 대가 길을 막고 있다.

0911 **float**

[flout]

동 1 (물 위에) 뜨다, 띄우다 반 sink 2 (공중에) 떠다니다

Ducks float on the river. 오리들이 강 위에 떠 있다.

A leaf floats in the wind. 나뭇잎이 바람에 떠다닌다.

0912 **decide**

[disáid]

동 결정[결심]하다

She decided to become a singer. 그녀는 가수가 되기로 결심했다.

+ decision 명 결정, 결심

0913 **order**

[ɔ́ːrdər]

명 순서 동 1 명령하다 2 (음식을) 주문하다

Put the boxes in order by size. 상자를 크기 순서대로 놓아라.

He ordered us to leave the building.
그는 우리에게 그 건물을 떠나라고 명령했다.

Are you ready to order? 주문하시겠어요?

0914 **creative**

[kriéitiv]

형 창의적인, 창조적인

Edison was a creative person. 에디슨은 창의적인 사람이었다.

+ create 동 창조하다, 만들다

0915 **result**

[rizʌ́lt]

명 결과 반 cause

I was happy with the results. 나는 그 결과들에 만족했다.

as a result 결과적으로

0916 **wave**

[weiv]

명 파도, 물결 동 흔들리다, 흔들다

The waves hit the rocks. 파도가 바위에 부딪쳤다.

The flags are waving in the wind. 깃발들이 바람에 흔들리고 있다.

0917 **fair** [fɛər]

형 **공정한, 공평한** 반 unfair

Teachers should be fair to their students.
교사는 학생들에게 공평해야 한다.

0918 **member** [mémbər]

명 **회원, 일원**

He is a member of our club. 그는 우리 동아리의 회원이다.

0919 **upside down**

거꾸로

Bats hang upside down. 박쥐들은 거꾸로 매달려 있다.

0920 **turn over**

~을 뒤집다

Turn over the pancake and cook the other side.
팬케이크를 뒤집어서 반대쪽을 구워라.

DAY 46 CHECK-UP

정답 p.247

[1-14] 영어는 우리말로, 우리말은 영어로 쓰세요.

1 human ____________
2 hero ____________
3 court ____________
4 float ____________
5 main ____________
6 wave ____________
7 final ____________
8 공정한, 공평한 ____________
9 결과 ____________
10 ~조차, ~까지, ~도 ____________
11 창의적인, 창조적인 ____________
12 겁먹은, 두려워하는 ____________
13 결정[결심]하다 ____________
14 회원, 일원 ____________

[15-18] 우리말에 맞게 빈칸에 알맞은 말을 넣으세요.

15 Are you ready to ____________? (주문하시겠어요?)

16 He ____________ the boy's life. (그가 그 소년의 생명을 구했다.)

17 Bats hang ____________ ____________. (박쥐들은 거꾸로 매달려 있다.)

18 ____________ ____________ the pancake and cook the other side.
(팬케이크를 뒤집어서 반대쪽을 구워라.)

DAY 47

PREVIEW

A 아는 단어/숙어에 체크(V)해보세요.

0921 item □
0922 character □
0923 popular □
0924 scene □
0925 topic □
0926 exercise □
0927 choice □
0928 promise □
0929 everywhere □
0930 follow □
0931 language □
0932 hiking □
0933 recipe □
0934 simple □
0935 traveler □
0936 yet □
0937 introduce □
0938 zone □
0939 make it □
0940 over and over □

B 사진을 보고 알맞은 단어/숙어를 써보세요.

1

______

2

______

3

______

4

______

DAY 47

학습일 | 1차: 월 일 | 2차: 월 일

0921 **item** [áitem]

명 1 물품, 품목 2 (목록의) 항목, 사항

Some items are on sale now. 몇 가지 물품이 지금 할인 중이다.

There are eight items on my shopping list.
내 쇼핑 목록에 8개의 항목들이 있다.

0922 **character** [kǽriktər]

명 1 성격, 성질 2 등장인물

He has a quiet character. 그는 성격이 조용하다.

the main character 주인공

0923 **popular** [pάpjələr]

형 인기 있는

The actor is very popular these days. 그 배우는 요즘 매우 인기 있다.

+ popularity 명 인기

0924 **scene** [siːn]

명 (연극 · 영화 등의) 장면

The last scene of the movie was very sad.
그 영화의 마지막 장면은 매우 슬펐다.

0925 **topic** [tάpik]

명 주제, 화제

What is the topic of today's meeting? 오늘 회의의 주제가 뭐니?

0926 **exercise** [éksərsàiz]

명 운동 동 운동하다 유 work out

Exercise is good for your health. 운동은 너의 건강에 좋다.

I usually exercise in the gym. 나는 보통 체육관에서 운동한다.

0927 **choice** [tʃɔis]

명 1 선택권 2 선택(하는 행동)

You have a choice between two T-shirts.
너는 두 티셔츠 중에서 선택할 수 있다.

make a choice 선택하다

+ choose 동 선택하다, 고르다

0928 **promise** [prάmis]

동 약속하다 명 약속

She promised to study hard. 그녀는 열심히 공부하겠다고 약속했다.

keep[break] a promise 약속을 지키다[어기다]

0929 **everywhere**
[évriwὲər]

부 **모든 곳에, 어디든지**

I looked everywhere for my bag.
나는 가방을 찾기 위해 모든 곳을 뒤졌다.

0930 **follow**
[fálou]

동 1 **따라가다[오다]** 2 **(규칙 · 조언 등을) 따르다**

Someone was following me. 누군가 나를 따라오고 있었다.

We need to follow the rules. 우리는 규칙을 따라야 한다.

0931 **language**
[lǽŋgwidʒ]

명 **언어, 말**

He can speak five languages. 그는 5개 국어를 말할 수 있다.

0932 **hiking**
[háikiŋ]

명 **하이킹, 도보 여행**

The active man likes to go hiking.
그 활동적인 남자는 하이킹 가는 것을 좋아한다.

0933 **recipe**
[résəpì]

명 **요리법, 레시피**

She found a special recipe for curry.
그녀는 특별한 카레 요리법을 찾았다.

a recipe book 요리책

0934 **simple**
[símpl]

형 1 **간단한, 단순한** 2 **소박한, 수수한**

The question is easy and simple. 그 질문은 쉽고 간단하다.

a simple meal 소박한 식사

0935 **traveler**
[trǽvələr]

명 **여행자**

Many travelers visit Korea every year.
매년 많은 여행자들이 한국을 방문한다.

+ travel 동 여행하다 명 여행

0936 **yet**
[jet]

부 1 **[부정문] 아직** 2 **[의문문] 벌써, 이미**

They aren't back yet. 그들은 아직 돌아오지 않았다.

Did the game begin yet? 그 경기는 벌써 시작했니?

0937 **introduce**
[ìntrədjú:s]

동 **소개하다**

I want to introduce my mom. 나는 우리 엄마를 소개하고 싶다.

0938 **zone**
[zoun]

명 **구역, 지대**

Don't drive fast in school **zones**.
어린이 보호 구역에서 빨리 차를 몰지 마라.

0939 **make it**

1 성공하다, 해내다 2 시간 맞춰 가다

I believe you will **make it**. 나는 네가 해낼 것이라 믿는다.

He couldn't **make it** to the concert.
그는 그 콘서트에 시간 맞춰 갈 수 없었다.

0940 **over and over**

반복해서

She read the book **over and over**. 그녀는 그 책을 반복해서 읽었다.

DAY 47 CHECK-UP

정답 p.247

[1-14] 영어는 우리말로, 우리말은 영어로 쓰세요.

1 simple ____________
2 choice ____________
3 popular ____________
4 follow ____________
5 zone ____________
6 item ____________
7 promise ____________
8 언어, 말 ____________
9 운동; 운동하다 ____________
10 성격, 성질; 등장인물 ____________
11 주제, 화제 ____________
12 (연극 · 영화 등의) 장면 ____________
13 소개하다 ____________
14 모든 곳에, 어디든지 ____________

[15-18] 우리말에 맞게 빈칸에 알맞은 말을 넣으세요.

15 I believe you will ____________ ____________. (나는 네가 해낼 것이라 믿는다.)
16 She found a special ____________ for curry. (그녀는 특별한 카레 요리법을 찾았다.)
17 Many ____________ visit Korea every year. (매년 많은 여행자들이 한국을 방문한다.)
18 She read the book ____________ ____________ ____________.
(그녀는 그 책을 반복해서 읽었다.)

DAY 48

PREVIEW

A 아는 단어/숙어에 체크(V)해보세요.

0941 **poem** □
0942 **view** □
0943 **champion** □
0944 **discover** □
0945 **focus** □
0946 **huge** □
0947 **marry** □
0948 **reach** □
0949 **tradition** □
0950 **script** □
0951 **president** □
0952 **nobody** □
0953 **hunter** □
0954 **please** □
0955 **machine** □
0956 **owner** □
0957 **factory** □
0958 **tower** □
0959 **turn down** □
0960 **such as** □

B 사진을 보고 알맞은 단어/숙어를 써보세요.

1 
______

2 
______

3 
______

4 
______

학습일 | 1차: 월 일 | 2차: 월 일

0941 **poem**
[póuəm]

명 **시(詩)**

He read a poem about peace. 그는 평화에 대한 시를 읽었다.

+ poet 명 시인

0942 **view**
[vjuː]

명 **1 경치, 전망 2 견해, 의견** 유 opinion

This room has a wonderful view. 이 방은 전망이 멋지다.

We have different views on this matter.
우리는 이 문제에 대해 다른 견해를 가지고 있다.

0943 **champion**
[tʃǽmpiən]

명 **챔피언, 우승자**

She is an Olympic champion. 그녀는 올림픽 챔피언이다.

0944 **discover**
[diskʌ́vər]

동 **발견하다** 유 find

The scientist discovered a new star.
그 과학자는 새로운 별을 발견했다.

+ discovery 명 발견

0945 **focus**
[fóukəs]

동 **(~ on) 집중하다** 명 **초점, 중점**

They only focus on their grades. 그들은 오직 성적에만 집중한다.

the main focus 주된 초점

0946 **huge**
[hjuːdʒ]

형 **(크기가) 거대한**

China is a huge country. 중국은 거대한 국가이다.

0947 **marry**
[mǽri]

동 **결혼하다**

He married her two years ago. 그는 2년 전에 그녀와 결혼했다.

+ marriage 명 결혼

0948 **reach**
[riːtʃ]

동 **1 도착[도달]하다 2 (손이) 닿다**

The train reached the station. 그 기차는 역에 도착했다.

I can't reach the bottle. 나는 그 병에 손이 닿지 않는다.

0949 **tradition**

[trədíʃən]

명 **전통, 관습**

Korea has a tradition of making kites.
한국에는 연을 만드는 전통이 있다.

follow[break] a tradition 전통을 따르다[깨다]

+ traditional 형 전통의, 전통적인

0950 **script**

[skript]

명 **대본, 각본**

The actor is reading a script. 그 배우는 대본을 읽고 있다.

0951 **president**

[prézidənt]

명 1 **대통령** 2 **회장, 사장**

He is the president of Italy. 그는 이탈리아의 대통령이다.

a bank president 은행장

0952 **nobody**

[nóubὰdi]

대 **아무도 ~않다** 유 no one

Nobody can understand me. 아무도 나를 이해하지 못한다.

참고 nothing 아무것도 ~아니다[없다]

0953 **hunter**

[hʌ́ntər]

명 **사냥꾼**

The rabbits ran away from the hunter.
토끼들이 그 사냥꾼으로부터 도망쳤다.

+ hunt 동 사냥하다 명 사냥

0954 **please**

[pliːz]

부 **부디, 제발** 동 **기쁘게[즐겁게] 하다**

Stand up, please. 일어나 주세요.

The magic show will please your eyes.
그 마술 쇼는 너의 눈을 즐겁게 할 것이다.

0955 **machine**

[məʃíːn]

명 **기계**

How can I use the machine? 그 기계는 어떻게 사용하니?

a washing machine 세탁기

0956 **owner**

[óunər]

명 **주인, 소유자**

Mr. Brown is the owner of this restaurant.
Brown 씨가 이 식당의 주인이다.

+ own 동 소유하다

0957 **factory**
[fǽktəri]

명 **공장**

He works in a car **factory**. 그는 자동차 공장에서 일한다.

0958 **tower**
[táuər]

명 **탑**

The Eiffel **Tower** is in France. 에펠탑은 프랑스에 있다.

0959 **turn down**

1 **(소리 등을) 낮추다, 줄이다** 반 turn up 2 **거절하다**

Please **turn down** the music. 음악 소리를 낮춰 주세요.

She **turned down** the job. 그녀는 그 일자리를 거절했다.

0960 **such as**

~와 같은

I like fruits **such as** apples and grapes.
나는 사과와 포도 같은 과일을 좋아한다.

DAY 48 CHECK-UP

정답 p.247

[1-14] 영어는 우리말로, 우리말은 영어로 쓰세요.

1 poem ____________
2 reach ____________
3 champion ____________
4 huge ____________
5 owner ____________
6 factory ____________
7 marry ____________
8 경치, 전망; 견해, 의견 ____________
9 기계 ____________
10 발견하다 ____________
11 대통령; 회장, 사장 ____________
12 집중하다; 초점, 중점 ____________
13 전통, 관습 ____________
14 아무도 ~않다 ____________

[15-18] 우리말에 맞게 빈칸에 알맞은 말을 넣으세요.

15 The actor is reading a(n) ____________. (그 배우는 대본을 읽고 있다.)

16 Please ____________ ____________ the music. (음악 소리를 낮춰 주세요.)

17 The magic show will ____________ your eyes. (그 마술 쇼는 너의 눈을 즐겁게 할 것이다.)

18 I like fruits ____________ ____________ apples and grapes.
(나는 사과와 포도 같은 과일을 좋아한다.)

DAY 49

PREVIEW

A 아는 단어/숙어에 체크(V)해보세요.

0961 **common** ☐
0962 **enemy** ☐
0963 **guide** ☐
0964 **lock** ☐
0965 **memory** ☐
0966 **program** ☐
0967 **maybe** ☐
0968 **power** ☐
0969 **royal** ☐
0970 **wild** ☐
0971 **slide** ☐
0972 **national** ☐
0973 **outdoor** ☐
0974 **plastic** ☐
0975 **report** ☐
0976 **culture** ☐
0977 **recycle** ☐
0978 **traditional** ☐
0979 **be on time** ☐
0980 **millions of** ☐

B 사진을 보고 알맞은 단어/숙어를 써보세요.

1
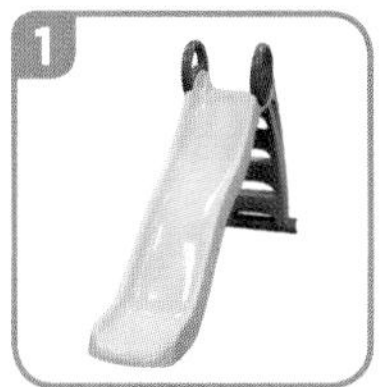
____

2
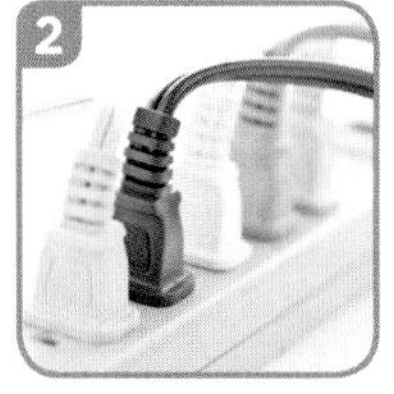
____

3

____

4

____

0961 **common** [kámən]
형 1 흔한 2 공통의, 공동의
My name is very common. 내 이름은 매우 흔하다.
We share a common language. 우리는 공통 언어를 사용한다.

0962 **enemy** [énəmi]
명 1 적 2 (전쟁 시의) 적국, 적군
She has a lot of enemies on the team. 그녀는 팀에 적이 많다.
beat the enemy 적군을 물리치다

0963 **guide** [gaid]
명 안내자, 가이드 동 안내하다
He is a tour guide. 그는 관광 안내자이다.
I'll guide you to the office. 내가 너를 사무실까지 안내할 것이다.

0964 **lock** [lɑk]
동 잠기다, 잠그다 명 자물쇠
Did you lock the door? 너 문 잠갔니?
She put the key in the lock. 그녀는 열쇠를 자물쇠에 꽂았다.

0965 **memory** [méməri]
명 1 기억(력) 2 추억, 기억
I have a good[bad] memory. 나는 기억력이 좋다[나쁘다].
We have happy memories of the trip.
우리는 그 여행에 대해 행복한 기억을 가지고 있다.

0966 **program** [próugræm]
명 (TV 등의) 프로그램
I watched a quiz program on TV. 나는 TV로 퀴즈 프로그램을 시청했다.

0967 **maybe** [méibiː]
부 어쩌면, 아마
Maybe this will help you. 아마 이것이 너에게 도움이 될 것이다.

0968 **power** [páuər]
명 1 힘, 능력 2 동력, 에너지
Music has the power to change our lives.
음악은 우리의 삶을 변화시키는 힘이 있다.
wind power 풍력
+ powerful 형 영향력 있는; 강력한, 효과적인

0969 **royal**
[rɔ́iəl]

형 **왕실의, 왕족의**

He is part of the royal family. 그는 왕족의 일원이다.

0970 **wild**
[waild]

형 **야생의**

A lot of wild animals live in the forest.
많은 야생 동물들이 그 숲에 산다.

0971 **slide**
[slaid]

동 **(slid-slid) 미끄러지다** 명 **미끄럼틀**

The car slid down the hill. 그 차는 언덕을 미끄러져 내려갔다.

The children are playing on the slide.
그 아이들은 미끄럼틀 위에서 놀고 있다.

0972 **national**
[nǽʃənl]

형 **국가의, 국가적인**

He became a national hero. 그는 국가적인 영웅이 되었다.

the national flag 국기

+ nation 명 국가, 나라

0973 **outdoor**
[áutdɔ̀ːr]

형 **야외의** 반 indoor

I like outdoor sports. 나는 야외 스포츠를 좋아한다.

0974 **plastic**
[plǽstik]

명 **플라스틱**

This cup is made of plastic. 이 컵은 플라스틱으로 만들어졌다.

0975 **report**
[ripɔ́ːrt]

명 **보고(서)** 동 **보고하다, 발표하다**

I wrote a report on health. 나는 건강에 관한 보고서를 썼다.

He reported the problem to his boss.
그는 그 문제를 상사에게 보고했다.

+ reporter 명 (보도) 기자, 리포터

0976 **culture**
[kʌ́ltʃər]

명 **문화**

Every country has its own culture.
모든 나라는 그 나라만의 문화를 가지고 있다.

0977 **recycle**
[riːsáikl]

동 **재활용하다, 재생하여 이용하다**

We should recycle paper to save trees.
우리는 나무들을 살리기 위해 종이를 재활용해야 한다.

0978 **traditional**

[trədíʃənl]

형 **전통의, 전통적인**

Yunnori is a Korean traditional game. 윷놀이는 한국의 전통 놀이이다.

+ tradition 명 전통, 관습

0979 **be on time**

시간을 잘 지키다

She is on time for meetings. 그녀는 회의 시간을 잘 지킨다.

0980 **millions of**

수백만의

Millions of people gathered in the square.
수백만의 사람들이 광장에 모였다.

참고 thousands of 수천의

DAY 49 CHECK-UP

정답 p.247

[1-14] 영어는 우리말로, 우리말은 영어로 쓰세요.

1 report ____________
2 guide ____________
3 maybe ____________
4 recycle ____________
5 power ____________
6 enemy ____________
7 slide ____________
8 흔한; 공통의, 공동의 ____________
9 야외의 ____________
10 기억(력); 추억, 기억 ____________
11 전통의, 전통적인 ____________
12 잠기다, 잠그다; 자물쇠 ____________
13 왕실의, 왕족의 ____________
14 문화 ____________

[15-18] 우리말에 맞게 빈칸에 알맞은 말을 넣으세요.

15 He became a(n) ____________ hero. (그는 국가적인 영웅이 되었다.)

16 A lot of ____________ animals live in the forest. (많은 야생 동물들이 그 숲에 산다.)

17 She ____________ ____________ ____________ for meetings. (그녀는 회의 시간을 잘 지킨다.)

18 ____________ ____________ people gathered in the square.
(수백만의 사람들이 광장에 모였다.)

DAY 50

PREVIEW

A 아는 단어/숙어에 체크(V)해보세요.

0981 **invite** □

0982 **mean** □

0983 **total** □

0984 **coupon** □

0985 **curious** □

0986 **finally** □

0987 **powerful** □

0988 **return** □

0989 **visitor** □

0990 **desert** □

0991 **refrigerator** □

0992 **shower** □

0993 **freeze** □

0994 **partner** □

0995 **tongue** □

0996 **spread** □

0997 **beauty** □

0998 **reporter** □

0999 **once upon a time** □

1000 **have ~ in common** □

B 사진을 보고 알맞은 단어/숙어를 써보세요.

1 

____

2 

____

3 

____

4 

____

학습일 | 1차: 월 일 | 2차: 월 일

0981 **invite** [inváit]

동 **초대하다**

They **invited** me to their house. 그들은 나를 집에 초대했다.

+ invitation 명 초대(장), 초청(장)

0982 **mean** [miːn]

동 **(meant-meant) 의미하다**

That sign **means** "stop." 저 표지판은 "멈춤"을 의미한다.

+ meaning 명 의미, 뜻

0983 **total** [tóutl]

형 **총, 전체의** 명 **합계, 총액**

The **total** number of people is 80. 전체 사람 수는 80명이다.

The **total** is $30. 총액은 30달러이다.

0984 **coupon** [kúːpɑn]

명 **쿠폰, 할인권**

You can get 20% off with this **coupon**.
너는 이 쿠폰으로 20%를 할인받을 수 있다.

0985 **curious** [kjúəriəs]

형 **궁금한, 호기심이 강한**

I am **curious** about my new classmates.
나는 새 학급 친구들이 궁금하다.

+ curiosity 명 호기심

0986 **finally** [fáinəli]

부 **마침내, 결국** 유 at last

We **finally** arrived in our hometown. 우리는 마침내 고향에 도착했다.

+ final 형 마지막의, 최후의

0987 **powerful** [páuərfəl]

형 **1 영향력 있는 2 강력한, 효과적인**

The country is becoming **powerful**. 그 나라는 영향력이 강해지고 있다.

The car has a **powerful** engine. 그 차는 강력한 엔진을 가지고 있다.

+ power 명 힘, 능력

0988 **return** [ritə́ːrn]

동 **1 돌아가다[오다] 2 돌려주다, 반납하다** 명 **돌아감, 귀환**

She **returned** to her home. 그녀는 집으로 돌아갔다.

Please **return** my pen. 제 펜을 돌려주세요.

a safe **return** 무사 귀환

0989 **visitor**
[vízitər]

명 **방문객, 손님**

Every visitor can have a free drink.
모든 방문객들은 무료 음료 한 잔을 마실 수 있다.

+ visit 동 방문하다 명 방문

0990 **desert**
[dézərt]

명 **사막**

The desert is usually hot and dry. 사막은 보통 덥고 건조하다.

0991 **refrigerator**
[rifrídʒərèitər]

명 **냉장고**

He put the juice in the refrigerator. 그는 주스를 냉장고에 넣었다.

0992 **shower**
[ʃáuər]

명 1 **샤워** 2 **소나기**

She took a warm shower. 그녀는 따뜻한 물로 샤워했다.

a heavy shower 강한 소나기

0993 **freeze**
[friːz]

동 (froze-frozen) **(얼음이) 얼다, 얼리다** 반 melt

The lake froze in the cold weather. 그 호수는 추운 날씨에 얼었다.

0994 **partner**
[pá:rtnər]

명 1 **동료, 동업자** 2 **(스포츠 · 댄스 등의) 파트너**

I started a company with my partner. 나는 동업자와 회사를 차렸다.

a dance partner 댄스 파트너

0995 **tongue**
[tʌŋ]

명 1 **혀** 2 **언어**

The giraffe has a long tongue. 기린은 긴 혀를 가지고 있다.

the mother tongue 모국어

0996 **spread**
[spred]

동 (spread-spread) 1 **펴다, 펼치다** 2 **(소문 · 정보 등이) 퍼지다**

He spread out the map on the desk. 그는 책상 위에 지도를 펼쳤다.

The news spread so quickly. 그 소식은 매우 빠르게 퍼져나갔다.

0997 **beauty**
[bjú:ti]

명 1 **아름다움, 미(美)** 2 **미인**

Aphrodite is the goddess of love and beauty.
아프로디테는 사랑과 미의 여신이다.

She was a great beauty. 그녀는 굉장한 미인이었다.

+ beautiful 형 아름다운 beautifully 부 아름답게

0998 **reporter**

[ripɔ́ːrtər]

명 (보도) 기자, 리포터

A **reporter** asked me about the event.
한 기자가 내게 그 사건에 대해 물었다.

+ report 동 보고하다, 발표하다

0999 **once upon a time**

옛날 옛적에

Once upon a time, there was a nice prince.
옛날 옛적에, 한 멋진 왕자가 있었다.

1000 **have ~ in common**

공통적으로 ~을 가지다

We **have** nothing **in common**. 우리는 공통점이 전혀 없다.

DAY 50 CHECK-UP

정답 p.247

[1-14] 영어는 우리말로, 우리말은 영어로 쓰세요.

1 coupon	________	8 냉장고	________
2 finally	________	9 총, 전체의; 합계, 총액	________
3 spread	________	10 (얼음이) 얼다, 얼리다	________
4 mean	________	11 혀; 언어	________
5 powerful	________	12 궁금한, 호기심이 강한	________
6 invite	________	13 방문객, 손님	________
7 shower	________	14 아름다움, 미(美); 미인	________

[15-18] 우리말에 맞게 빈칸에 알맞은 말을 넣으세요.

15 She ________ to her home. (그녀는 집으로 돌아갔다.)

16 I started a company with my ________. (나는 동업자와 회사를 차렸다.)

17 We ________ nothing ________ ________. (우리는 공통점이 전혀 없다.)

18 A(n) ________ asked me about the event. (한 기자가 내게 그 사건에 대해 물었다.)

REVIEW TEST

DAY 46-50

정답 p.248

A 우리말에 맞게 빈칸에 알맞은 말을 넣으세요.

1 the ___________ flag (국기)

2 ___________ exams (기말고사)

3 as a(n) ___________ (결과적으로)

4 the mother ___________ (모국어)

5 make a(n) ___________ (선택하다)

6 That sign ___________ "stop." (저 표지판은 "멈춤"을 의미한다.)

7 We need to ___________ the rules. (우리는 규칙을 따라야 한다.)

8 Edison was a(n) ___________ person. (에디슨은 창의적인 사람이었다.)

9 She ___________ to study hard. (그녀는 열심히 공부하겠다고 약속했다.)

10 She ___________ ___________ the job. (그녀는 그 일자리를 거절했다.)

11 I don't ___________ know her name. (나는 그녀의 이름조차 알지 못한다.)

12 Korea has a(n) ___________ of making kites. (한국에는 연을 만드는 전통이 있다.)

B 밑줄 친 말에 유의하여 다음 문장을 해석하세요.

1 They aren't back yet.

____

2 Nobody can understand me.

____

3 Put the boxes in order by size.

____

4 Once upon a time, there was a nice prince.

____

5 He couldn't make it to the concert.

____

C 밑줄 친 단어와 가장 비슷한 뜻을 가진 단어를 고르세요.

1 We have different views on this matter.
① reports ② opinions ③ results ④ choices

2 We finally arrived in our hometown.
① at last ② such as ③ upside down ④ over and over

3 I usually exercise in the gym.
① make it ② turn over ③ work out ④ be on time

4 A scared child started to cry.
① fair ② popular ③ royal ④ afraid

5 The scientist discovered a new star.
① found ② froze ③ blocked ④ guided

D 보기 에서 빈칸에 공통으로 들어갈 단어를 골라 쓰세요.

보기 save enemy spread common reach report

1 My name is very ___________.
We share a(n) ___________ language.

2 He ___________(e)d the boy's life.
___________ money for the future.

3 The train ___________(e)d the station.
I can't ___________ the bottle.

4 I wrote a(n) ___________ on health.
He ___________(e)d the problem to his boss.

5 He ___________ out the map on the desk.
The news ___________ so quickly.

CROSSWORD PUZZLE

DAY 41-50

정답 p.248

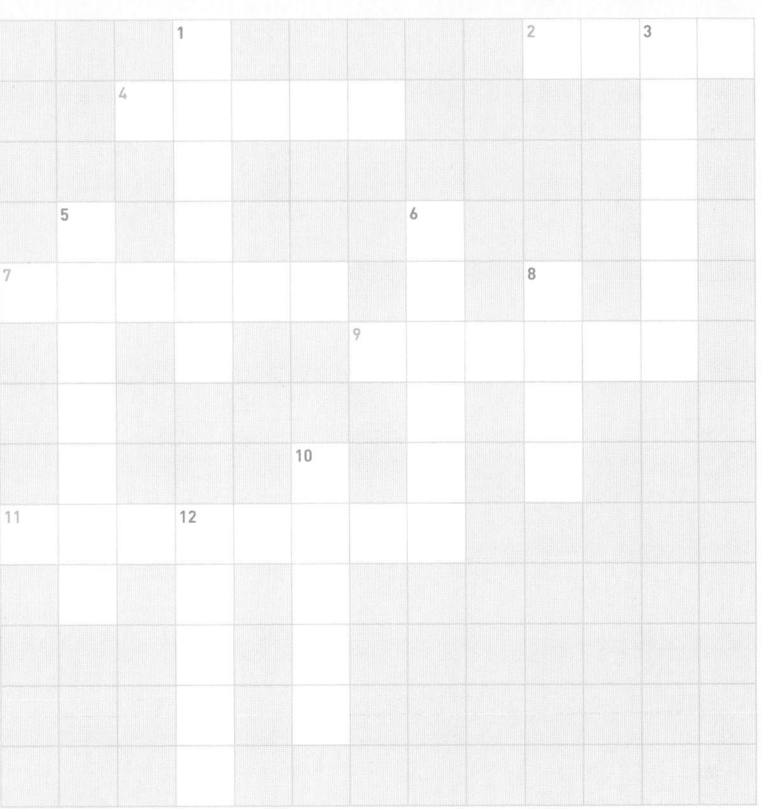

Across

2 공정한, 공평한
4 쉬다; (몸의) 긴장을 풀다, 이완시키다
7 빌리다
9 결정[결심]하다
11 언어, 말

Down

1 기억(력); 추억, 기억
3 초대하다
5 인기 있는
6 창조하다, 만들다
8 현명한, 지혜로운
10 습관, 버릇
12 학년; 성적

YOUR FUTURE JOBS MOVIE

Director 감독

· direct the making of films
영화 제작을 감독하다
· guide actors and technical crew
배우와 기술팀을 이끌다

Lighting Technician 조명기사

· operate lighting equipment
조명기기를 조작하다

Sound Recordist 녹음기사

· record the voices of actors
배우의 목소리를 녹음하다

Actor 배우

· play characters in films
영화에서 인물을 연기하다

Cameraman 촬영기사

· film the actors and background
배우와 배경을 촬영하다

ANSWER
KEY

DAY 01

PREVIEW p. 7

1 cap 2 actor 3 cut 4 heavy

CHECK-UP p. 10

1 만나다 2 무거운; (양 · 정도가) 많은, 심한
3 (길이 · 거리가) 긴; (시간이) 오랜 4 멋진, 좋은,
괜찮은 5 학교 6 큰, 넓은; 많은 7 많은 8 old
9 cap 10 actor 11 friend 12 cut 13 see
14 have 15 make 16 from 17 What
18 are, going, to

DAY 02

PREVIEW p. 11

1 clean 2 dance 3 model 4 bean

CHECK-UP p. 14

1 깨끗한; 청소하다 2 춤추다; 춤, 댄스 3 빛; (전깃)불,
전등; 가벼운 4 행복한 5 모형; 모델 6 너무; 또한,
게다가 7 좋은, 훌륭한; 즐거운, 기쁜 8 lunch
9 wait 10 out 11 eat 12 room 13 student
14 young 15 fun 16 for 17 made, friends
18 short

DAY 03

PREVIEW p. 15

1 house 2 watch 3 teacher 4 dirty

CHECK-UP p. 18

1 ~ 전에, 이전에 2 영리한, 똑똑한 3 모든; 모두
4 저녁 (식사) 5 취미 6 보다; (~하게) 보이다
7 공부(하다); 연구(하다) 8 classmate 9 dirty
10 house 11 day 12 watch 13 like
14 new 15 teacher 16 to 17 eat, out
18 had, fun

DAY 04

PREVIEW p. 19

1 wet 2 flower 3 classroom 4 color

CHECK-UP p. 22

1 색, 색깔 2 뜨거운, 더운; 매운 3 누구 4 나쁜,
불쾌한; 해로운, 안 좋은 5 (시간의 단위) 분; 잠깐
6 ~ (안)에서; ~(동안)에; ~ 후에 7 별; (연예 · 스포츠계
등의) 스타 8 well 9 classroom 10 body
11 late 12 act 13 wet 14 enter
15 Yesterday 16 beach 17 looks, like
18 all, day, long

DAY 05

PREVIEW p. 23

1 cold 2 sour 3 family 4 meat

CHECK-UP p. 26

1 마른, 건조한; 마르다, 말리다 2 추운, 차가운; 감기
3 실제로, 진짜로; 아주, 정말로 4 슬픈
5 (촉감으로) 느끼다; (기분 · 감정 등이) 들다
6 살다; 살아있는 7 신, 시큼한; (우유 등이) 상한
8 rain 9 morning 10 last 11 class
12 movie 13 lake 14 meat 15 hours
16 at 17 feel, like 18 looking, for

DAY 01-05

REVIEW TEST pp. 27-28

A 1 young 2 long 3 last 4 movie
5 time 6 watch 7 rooms 8 morning
9 rain 10 felt, like 11 well 12 hobby
B 1 그 가게는 오전 8시부터 오후 6시까지 문을 연다.
2 오늘은 너무 덥다. 3 그들 모두는 내 친구이다.
4 비가 올 것 같다. 5 나는 6년간 학교에 다녔다.
C 1 ② 2 ④ 3 ① 4 ③ 5 ②
D 1 have 2 light 3 class 4 minute
5 sour

DAY 06

PREVIEW p. 29

1 night 2 hair 3 test 4 baker

CHECK-UP p. 32

1 시험; 검사 2 비가 오는 3 (소)도시, 마을

4 사람들; 국민 5 준비가 된 6 바다 7 아이, 어린이 8 baker 9 cool 10 night 11 again 12 week 13 hair 14 funny 15 home 16 sea 17 are, good, at 18 watch, out, for

DAY 07

PREVIEW p. 33

1 read 2 start 3 knife 4 open

CHECK-UP p. 36

1 시작하다; 출발하다 2 (시간 · 순서상) 뒤[후]에; ~한 뒤[후]에 3 읽다 4 아이, 어린이; 자식, 자녀 5 놀다; 경기하다; 연주하다 6 말하다 7 (실내의) 바닥; (건물의) 층 8 every 9 word 10 dark 11 thin 12 evening 13 where 14 fill 15 open 16 name 17 again, and, again 18 is, happy, with

DAY 08

PREVIEW p. 37

1 window 2 rock 3 cook 4 sick

CHECK-UP p. 40

1 창문 2 닫다; (거리가) 가까운; 친한 3 쉬운 4 귀여운, 예쁜 5 다음의; 다음에(는), 다음으로 6 (게임 · 경기 등의) 참가자, 선수; 연주자 7 요리하다; 요리사 8 know 9 daughter 10 rock 11 sick 12 fat 13 month 14 walk 15 handsome 16 snow 17 after, school 18 say, hello, to

DAY 09

PREVIEW p. 41

1 bright 2 run 3 theater 4 push

CHECK-UP p. 44

1 친절한; 종류 2 해, 연(年); 나이 3 큰 소리의, 시끄러운 4 들리다, 듣다 5 끝나다, 끝내다; 끝, 마지막 6 입고[신고, 쓰고, 끼고] 있다 7 밀다 8 story 9 bright 10 afternoon 11 hungry 12 round 13 theater 14 group 15 sound 16 runs 17 Fill, in 18 next, to

DAY 10

PREVIEW p. 45

1 full 2 north 3 door 4 pull

CHECK-UP p. 48

1 듣다 2 어려운; 단단한, 딱딱한; 열심히 3 끌다, 잡아당기다 4 주말 5 크기, 규모; (옷 · 신발 등의) 치수, 사이즈 6 동물, 짐승 7 가득 찬; 배가 부른 8 warm 9 air 10 sit 11 noise 12 north 13 beautiful 14 music 15 How 16 put 17 go, on 18 in, the, end

DAY 06-10

REVIEW TEST pp. 49-50

A 1 afternoon 2 air 3 ready 4 end 5 warm 6 Where 7 sat 8 hungry 9 loud 10 north 11 people 12 next

B 1 나와 함께 갈래? 2 내 방은 2층에 있다. 3 감자를 씻고, 그 다음에 그것들을 잘라라. 4 그 버스는 사람들로 가득 차 있다. 5 너는 구멍을 메워야 한다.

C 1 ④ 2 ① 3 ② 4 ② 5 ④

D 1 rock 2 sick 3 music 4 rainy 5 knife 6 after 7 month

DAY 01-10

CROSSWORD PUZZLE p. 51

Across

2 all 3 flower 5 heavy 8 noise 9 meet 10 daughter 12 sour

Down

1 far 4 weekend 6 young 7 late 11 hour

DAY 11

PREVIEW p. 53

1 knock 2 mountain 3 grow 4 earth

CHECK-UP p. 56

1 싸우다; 싸움 2 (문을) 두드리다, 노크하다

3 (새 · 곤충이) 날다; 비행하다; 파리 4 아래로, 낮은 쪽으로 5 자라다, 성장하다; 기르다 6 목소리, 음성 7 길; 방법, 방식 8 loudly 9 fast 10 hit 11 thick 12 earth 13 easily 14 mountain 15 get 16 put, on 17 ride 18 make, fun, of

DAY 12

PREVIEW p. 57

1 fruit 2 bicycle 3 sky 4 cry

CHECK-UP p. 60

1 사람, 인간 2 깊은; 깊이, 깊게 3 화난 4 울다; 외치다 5 과일 6 느린, 더딘 7 뒤로; 되돌아가서[와서]; 뒤쪽, 뒷부분 8 about 9 parent 10 often 11 sky 12 find 13 rice 14 bicycle 15 drive 16 low 17 at, last 18 on, my, way

DAY 13

PREVIEW p. 61

1 wall 2 table 3 driver 4 pick

CHECK-UP p. 64

1 혼자인; 외로운; 혼자 2 탁자, 식탁 3 말하다, 이야기하다 4 고르다; 따다, 꺾다 5 각자의, 각각의; 각자, 각각 6 운전자, 기사 7 (높이가) 높은; (정도 · 양이) 높은, 많은; 높이 8 cloud 9 here 10 birthday 11 price 12 country 13 wall 14 slowly 15 work 16 set 17 grew, up 18 found, out

DAY 14

PREVIEW p. 65

1 paint 2 kick 3 half 4 map

CHECK-UP p. 68

1 흐린, 구름 낀 2 모든 사람, 모두 3 경보(기); 자명종, 알람 4 이야기하다, 말하다; 연설하다 5 반, 2분의 1; 반의, 2분의 1의 6 몇몇의, 약간의; 몇몇, 약간 7 차다, 걷어차다 8 east 9 map 10 tomorrow 11 holiday 12 weather 13 ship 14 buy 15 idea 16 before 17 think 18 by, the, way

DAY 15

PREVIEW p. 69

1 sleep 2 key 3 brush 4 speaker

CHECK-UP p. 72

1 (미래의) 언젠가 2 판자; 게시판; 탑승하다 3 쓰다, 사용하다; 사용 4 ~ 주위에, ~을 둘러싸고 5 애완동물 6 훌륭한, 좋은; 건강한 7 열쇠, 키 8 present 9 sleep 10 brush 11 speaker 12 tooth 13 life 14 little 15 call 16 market 17 got, up 18 is, made, of

DAY 11-15

REVIEW TEST pp. 73-74

A 1 cloudy 2 fruit 3 price 4 call 5 table 6 earth 7 date 8 fly 9 slow 10 present 11 east 12 got, up

B 1 나는 슈퍼마켓으로 가는 길을 안다. 2 너는 버스로 그곳에 갈 수 있다. 3 그녀는 너에게 화나 있다. 4 그 아이들은 위아래로 뛰고 있다. 5 그녀는 학교에 가는 길에 그를 만났다.

C 1 ② 2 ① 3 ④ 4 ③ 5 ②

D 1 fine 2 about 3 work 4 half 5 little

DAY 16

PREVIEW p. 75

1 backpack 2 police 3 give 4 glass

CHECK-UP p. 78

1 떨어지다; 넘어지다, 쓰러지다; 가을 2 ~ 때문에, 왜냐하면 3 주다 4 원하다, 바라다; ~하고 싶다 5 언제; ~할 때 6 유리; 유리잔; 안경 7 ~ 아래[밑] 에; ~ 미만[아래]인 8 street 9 backpack 10 police 11 strong 12 subway 13 always 14 tonight 15 watered 16 get, well 17 look, around 18 any

DAY 17

PREVIEW p. 79

1 kitchen 2 sing 3 stair 4 draw

CHECK-UP p. 82

1 (연필 등으로) 그리다; (마차 등을) 끌다
2 가져오다, 데려오다 3 약한, 힘이 없는
4 가로지르다, 건너다 5 노래하다, (노래를) 부르다
6 거의 7 음식, 식량 8 snack 9 early
10 special 11 road 12 busy 13 stair
14 kitchen 15 Which 16 over 17 pair
18 these, days

DAY 18

PREVIEW p. 83

1 glove 2 see a doctor 3 bottle 4 dish

CHECK-UP p. 86

1 죽다 2 그림; 사진 3 잎, 나뭇잎 4 장갑
5 입 6 팔다; 팔리다 7 병; 한 병(의 양)
8 season 9 dish 10 store 11 heart
12 useful 13 complete 14 hospital
15 bridge 16 off 17 dream 18 pick, up

DAY 19

PREVIEW p. 87

1 bread 2 shoe 3 do the dishes
4 vegetable

CHECK-UP p. 90

1 묻다, 물어보다; 부탁하다, 요청하다 2 (값이) 싼
3 나이 4 바람 5 사촌 6 신발, 구두 7 즐기다
8 wash 9 only 10 husband 11 sure
12 bath 13 teach 14 vegetable 15 into
16 be, over 17 takes 18 does, the, dishes

DAY 20

PREVIEW p. 91

1 jump 2 picnic 3 square 4 dessert

CHECK-UP p. 94

1 디저트, 후식 2 (소형) 배, 보트 3 사실인, 맞는; 진짜의 4 세계 5 배우다, 익히다 6 보여주다; 쇼, 공연물 7 가게, 상점; 물건을 사다, 쇼핑하다
8 airplane 9 restaurant 10 question
11 become 12 send 13 square
14 move 15 art 16 inside 17 for, sure
18 show, around

DAY 16-20

REVIEW TEST pp. 95-96

A 1 hospital 2 bottle 3 subway 4 early
5 love 6 When 7 season 8 always
9 weak 10 busy 11 picked, up
12 question

B 1 10세 미만 어린이들은 입장할 수 없다. 2 두 마리의 말이 그 수레를 끌었다. 3 한 여자가 길을 건너고 있다. 4 너 아파 보여. 너는 병원에 가야 해. 5 저는 이해를 못하겠어요. 그것을 다시 말씀해 주시겠어요?

C 1 ① 2 ② 3 ④ 4 ② 5 ③

D 1 age 2 glove 3 only 4 sell 5 useful
6 become 7 teach

DAY 11-20

CROSSWORD PUZZLE p. 97

Across
1 deep 5 special 7 learn 11 tooth 12 life

Down
2 pick 3 fall 4 alone 6 parent 8 easily
9 grow 10 season

DAY 21

PREVIEW p. 99

1 wake 2 bathroom 3 library 4 straight

CHECK-UP p. 102

1 가까이; 가까운; ~ 가까이에 2 서 있다, 서다
3 똑바로, 곧장; 곧은, 일직선의 4 수업; (교재의) 과; 교훈 5 시작하다 6 둘 다의, 양쪽의; 둘 다, 양쪽
7 부유한, 부자인 8 arrive 9 finish 10 wake
11 bathroom 12 quick 13 case 14 library
15 let 16 come, true 17 tried
18 one, by, one

DAY 22

PREVIEW p. 103

1 middle 2 catch 3 letter
4 talk on the phone

CHECK-UP p. 106

1 여행 2 예쁜; 꽤, 상당히; 매우 3 언덕, (낮은) 산
4 신선한; 새로운, 참신한 5 ~할 때, ~하면서; ~이기 때문에 6 돌다, 돌리다; 순서, 차례 7 만지다; 감동시키다 8 garden 9 soft 10 homework
11 letter 12 catch 13 gate 14 breakfast
15 middle 16 poor 17 try, on 18 side

DAY 23

PREVIEW p. 107

1 gift 2 write 3 clothes 4 straw

CHECK-UP p. 110

1 돈 2 대답하다; 대답, 답 3 예술가, 화가 4 짚, 밀짚; 빨대 5 (물감으로 그린) 그림 6 (글자를) 쓰다; (책 등을) 쓰다, 집필하다 7 앞(쪽)으로, 앞에
8 restroom 9 laugh 10 gift 11 strange
12 clothes 13 windy 14 future 15 corner
16 glad 17 turn, off 18 showed, up

DAY 24

PREVIEW p. 111

1 fish 2 feed 3 laugh at 4 seat

CHECK-UP p. 114

1 행운의, 운이 좋은 2 꼭대기, 정상; 맨 위의, 최고인
3 먹이[모이]를 주다 4 맞는, 정확한; 올바른; 오른쪽의
5 드레스, 원피스; 옷, 복장 6 물고기; 낚시하다
7 눕다; 놓여 있다; 거짓말하다 8 throat
9 museum 10 drawing 11 seat 12 active
13 away 14 excellent 15 laughed, at
16 job 17 bank 18 Thanks, to

DAY 25

PREVIEW p. 115

1 exit 2 stage 3 tie 4 poster

CHECK-UP p. 118

1 종류, 유형 2 속도, 속력; 빨리 가다 3 묶다, 매다; 넥타이 4 단계, 시기; 무대 5 냄새가 나다, 냄새를 맡다; 냄새 6 훌륭한, 멋진; 큰, 거대한
7 들다, 잡다; 열다, 개최하다 8 favorite 9 exit
10 thing 11 together 12 volunteer
13 wrong 14 leave 15 fan 16 across
17 change 18 get, to

DAY 21-25

REVIEW TEST pp. 119-120

A 1 money 2 fishing 3 answer
4 strange 5 catch 6 seat 7 Turn, on
8 laughed 9 middle 10 pretty
11 stage 12 feeds

B 1 나는 배고파서 샌드위치를 먹었다. 2 그 차는 빨리 가버렸다. 3 나는 늦었기 때문에 달렸다.
4 내가 너에게 곧바로 전화할 것이다. 5 그녀는 지금 통화 중이다.

C 1 ② 2 ④ 3 ③ 4 ① 5 ②

D 1 sorry 2 letter 3 gift 4 active 5 hold

DAY 26

PREVIEW p. 121

1 piece 2 station 3 ticket 4 break

CHECK-UP p. 124

1 역, 정류장; (특정 일을 하는) -소, -서 2 해, 태양; 햇빛, 햇볕 3 자유로운; 무료의; 한가한
4 웃다, 미소 짓다; 웃음, 미소 5 수, 숫자; 번호

6 부서지다, 깨뜨리다; 어기다; (짧은) 휴식 7 행동, 조치; 행위, 동작 8 wish 9 south 10 clear 11 ticket 12 careful 13 umbrella 14 grandparent 15 pieces 16 hold, on 17 take, turns 18 between

DAY 27

PREVIEW p. 125

1 dentist 2 ocean 3 throw 4 add

CHECK-UP p. 128

1 가라앉다; (부엌의) 싱크대, 개수대 2 앞(부분), 앞면; 앞부분의 3 규칙, 규정 4 필요하다; ~할 필요가 있다, ~해야 하다; 필요(성)
5 추가[첨가]하다; 더하다, 합하다 6 바다; 대양
7 던지다 8 example 9 choose
10 living room 11 sunny 12 swim
13 dentist 14 help 15 asked, for
16 manager 17 care 18 take, off

DAY 28

PREVIEW p. 129

1 hurt 2 fix 3 bone 4 park

CHECK-UP p. 132

1 수리하다, 고치다; 고정시키다 2 선; (순서를 기다리는) 줄; 늘어서다 3 돌 4 한 번, 1회
5 (특정한) 순간, 시점; 잠깐, 잠시 6 ~ 아래에; ~ 미만으로; 아래에, 아래로 7 (상태를) 유지하다; 계속하다; 가지고 있다 8 tired 9 bone
10 soon 11 park 12 mathematics
13 hurt 14 tell 15 facts 16 diary
17 get, off 18 for, free

DAY 29

PREVIEW p. 133

1 text 2 point 3 line up 4 stop

CHECK-UP p. 136

1 또한, ~도 2 쇼핑몰, 쇼핑센터 3 토지, 땅; 착륙하다
4 (작곡가 · 연주가 등의) 음악가 5 요점, 핵심; 점수; 가리키다 6 (책 등의) 글, 본문 7 비용, 값; (비용 · 값이) 들다 8 science 9 taste
10 activity 11 delicious 12 step 13 role
14 wood 15 stop 16 hope 17 ran, away
18 lined, up

DAY 30

PREVIEW p. 137

1 mix 2 scientist 3 toe 4 wife

CHECK-UP p. 140

1 평론, 비평; 복습; 복습하다 2 섞이다, 섞다 3 십 대; 십 대의 4 아내 5 ~보다 위에; 위에, 위로
6 계획; 계획하다 7 맛있는 8 forget 9 magic
10 carefully 11 scientist 12 skill
13 surprise 14 toe 15 agree 16 other
17 give, up 18 takes, care, of

DAY 26-30

REVIEW TEST pp. 141-142

A 1 stop 2 clear 3 below 4 wish
5 diary 6 break 7 free 8 skill
9 took, off 10 soon 11 teens
12 example

B 1 우리는 그 도둑을 잡기 위해 조치를 취할 것이다.
2 그는 오직 돈만 신경 쓴다.
3 너는 잠시 기다려야 한다. 4 그 비행기는 곧 착륙할 것이다. 5 그녀가 버스에 타고 있다.

C 1 ① 2 ③ 3 ④ 4 ② 5 ③

D 1 just 2 station 3 park 4 once
5 tired 6 toe 7 role

DAY 21-30

CROSSWORD PUZZLE p. 143

Across
2 case 4 carefully 7 favorite 9 exit
10 forget 12 rule

Down
1 future 3 surprise 5 leave 6 active
8 poor 11 throw

DAY 31

PREVIEW p. 145

1 drop 2 nail 3 photograph 4 band

CHECK-UP p. 148

1 ~을 따라서; 앞으로 2 손톱, 발톱; 못; 못으로 박다
3 자랑스러워하는, 자랑스러운 4 떨어지다,
떨어뜨리다; 방울 5 영화 6 반지; (소리가) 울리다
7 흔들리다, 흔들다; (몸이) 떨리다, 떨다 8 office
9 build 10 photograph 11 shape
12 expensive 13 wide 14 area 15 correct
16 hunt 17 each, other 18 Do, your, best

DAY 32

PREVIEW p. 149

1 seafood 2 island 3 bake 4 building

CHECK-UP p. 152

1 어떤 사람, 누구 2 (수량이) 거의 없는 3 풀; 잔디(밭)
4 바구니 5 ~까지; ~할 때까지 6 음악의, 음악적인;
뮤지컬 7 냄비, 솥 8 building 9 plant
10 island 11 teenager 12 danger 13 afraid
14 bake 15 seafood 16 note 17 stop, by
18 are, proud, of

DAY 33

PREVIEW p. 153

1 shadow 2 tail 3 blow 4 count

CHECK-UP p. 156

1 잃어버리다; (시합 등에서) 지다 2 지나가다,
통과하다; 합격하다 3 (총 수를) 세다, 계산하다; (수를
차례로) 세다 4 환호(성); 환호[응원]하다;
격려[위로]하다 5 놓치다, 빗나가다; (늦어서) 놓치다;
그리워하다 6 틀린, 거짓의; 가짜의, 인조의
7 (입구 · 통로 등을) 통(과)하여; 지나서
8 shadow 9 visit 10 textbook 11 tail
12 forest 13 history 14 same 15 safe
16 blowing 17 a, little 18 fell, in, love, with

DAY 34

PREVIEW p. 157

1 rest 2 examination 3 receive 4 climb

CHECK-UP p. 160

1 부분; 일부, 약간 2 아직도, 여전히 3 지루한, 따분한
4 휴식; 쉬다, 휴식하다 5 받다 6 (돈을) 쓰다,
소비하다; (시간을) 보내다 7 확인하다, 점검하다; 확인,
점검 8 climb 9 examination 10 gym
11 travel 12 lazy 13 difficult 14 enough
15 different 16 cheered, up
17 write, down 18 worry

DAY 35

PREVIEW p. 161

1 river 2 boil 3 weight 4 chef

CHECK-UP p. 164

1 연설 2 무게, 체중 3 추측하다, 짐작하다; 추측, 짐작
4 끓다, 끓이다 5 강 6 최대[최고]의; 대부분의; 대부분
7 장소, 곳; 집 8 remember 9 health
10 already 11 anything 12 interest
13 space 14 sometimes 15 company
16 exciting 17 hand, in 18 took, out

DAY 31-35

REVIEW TEST pp. 165-166

A 1 speech 2 gas 3 guess 4 shape
5 area 6 boils 7 someone 8 along
9 still 10 visit 11 proud 12 spent

B 1 그 가게는 오후 9시까지 문을 연다. 2 나는
그녀의 집에 저녁을 먹으러 갔다. 3 우리는 시간이
충분하지 않다. 4 우리는 마지막 기차를 놓쳤다.
5 그들은 그곳에 며칠간 있을 것이다.

C 1 ① 2 ④ 3 ② 4 ① 5 ②

D 1 ring 2 plant 3 afraid 4 anything
5 most[Most]

DAY 36

PREVIEW p. 167

1 hang 2 rope 3 farmer 4 pour

CHECK-UP p. 170

1 따르다, 붓다; (비가) 쏟아지다, 퍼붓다 2 때리다, 두드리다; 이기다 3 정직한; 솔직한 4 지루해하는 5 (돈을) 지불하다, 내다 6 ~하는 동안; ~에 반하여 7 걸(리)다, 매달(리)다 8 understand 9 healthy 10 writer 11 stomach 12 interesting 13 lovely 14 something 15 farmer 16 rope 17 on, time 18 is, worried, about

DAY 37

PREVIEW p. 171

1 empty 2 carry 3 drink 4 stick

CHECK-UP p. 174

1 나뭇가지; 채, 스틱; 붙다, 붙이다 2 나르다, 운반하다; 가지고 다니다 3 흥미 있는, 관심 있는 4 죽은 5 놀라운 6 (들어)올리다, 들다; 키우다, 기르다 7 또 하나의; 또 하나의 것[사람] 8 stay 9 famous 10 empty 11 drink 12 vacation 13 excuse 14 list 15 works, out 16 behind 17 outside 18 hang, out

DAY 38

PREVIEW p. 175

1 pond 2 dangerous 3 circle 4 ground

CHECK-UP p. 178

1 원 2 부끄럼을 타는, 수줍어하는 3 궁금하다; 경탄, 놀라움 4 매콤한, 자극적인 5 실패하다; (시험에) 떨어지다 6 구르다, 굴리다 7 (편지 첫머리에) ~에게[께]; 소중한 8 important 9 dangerous 10 pond 11 believe 12 neighbor 13 lonely 14 practice 15 solve 16 festival 17 get, out, of 18 give, it, a, try

DAY 39

PREVIEW p. 179

1 bowl 2 tip 3 blank 4 crash

CHECK-UP p. 182

1 경주, 경기 2 (글 등으로 남긴) 기록; (정보 등을) 기록하다 3 충돌[추락]하다; (자동차의) 충돌, (비행기의) 추락 4 고지서, 청구서; 지폐 5 가입하다; 함께하다, 합류하다 6 공백의, 빈; 빈칸 7 (뾰족한) 끝; 팁, 봉사료; 조언 8 daily 9 newspaper 10 surprised 11 problem 12 secret 13 however 14 collect 15 believe, in 16 hometown 17 wonderful 18 am, interested, in

DAY 40

PREVIEW p. 183

1 hole 2 sunlight 3 protect 4 lift

CHECK-UP p. 186

1 문제, 일; 문제가 되다, 중요하다 2 맨 아래, 바닥; 맨 아래의 3 (가짜가 아닌) 진짜의; (허구가 아닌) 실제의 4 구멍; (지면 등의) 구덩이 5 졸리는 6 대회, 콘테스트 7 종류, 유형; (문서) 서식; 형성하다, 이루다 8 brave 9 lift 10 hurry 11 welcome 12 magazine 13 protect 14 dialogue 15 sunlight 16 past 17 take, place 18 not, anymore

DAY 36-40

REVIEW TEST pp. 187-188

A 1 real 2 excuse 3 brave 4 protect 5 problem 6 famous 7 record 8 raise 9 honest 10 hurry 11 important 12 carry

B 1 나는 배드민턴에서 그녀를 이겼다. 2 물 한 잔 더 주세요. 3 우리가 자고 있는 동안 그들이 왔다. 4 이 케이크는 맛있다. 그러나, 이것은 비싸다. 5 그 식당은 매일 문을 연다.

C 1 ② 2 ① 3 ④ 4 ② 5 ③

D 1 own 2 drink 3 practice 4 behind 5 matter

DAY 31-40

CROSSWORD PUZZLE p. 189

Across

2 fail 4 believe 5 understand 10 office
11 weight 12 bored

Down

1 collect 3 interest 6 neighbor
7 already 8 danger 9 empty

DAY 41

PREVIEW p. 191

1 honey 2 fry 3 tea 4 sign

CHECK-UP p. 194

1 홍차; 차 2 강좌, 강의; 항로, 방향 3 스포츠, 운동
4 열; 더위; 가열하다, 데우다 5 알록달록한, 다채로운
6 (결함 없이) 완벽한; (목적에) 꼭 알맞은, 완벽한
7 친절한, 다정한 8 fry 9 trouble 10 sign
11 never 12 advice 13 habit 14 okay
15 without 16 serves 17 for, a, while
18 all, the, time

DAY 42

PREVIEW p. 195

1 sharp 2 score 3 headache 4 greet

CHECK-UP p. 198

1 눈 먼, 맹인의 2 날카로운, 뾰족한 3 득점, 점수; 득점하다 4 조종사, 파일럿 5 행운; 운 6 들판, 밭; 분야, 영역 7 맞이하다, 환영하다 8 cough
9 plate 10 headache 11 usual
12 nickname 13 meal 14 everything
15 during 16 mistake 17 Of, course
18 on, her, own

DAY 43

PREVIEW p. 199

1 wrap 2 cut down 3 win 4 garbage

CHECK-UP p. 202

1 함께 쓰다, 공유하다; 나누다 2 보통, 대개
3 (사람들이) 모이다, 모으다; (정보 등을) 수집하다
4 코미디의, 희극의; 만화책 5 (사건 등이) 일어나다, 발생하다 6 여행; 여행하다, 관광하다
7 아무것도 ~ 아니다[없다] 8 prize 9 win
10 amazing 11 borrow 12 mind
13 garbage 14 wrap 15 sale
16 director 17 cut, down 18 would, like, to

DAY 44

PREVIEW p. 203

1 insect 2 grade 3 melt 4 quiet

CHECK-UP p. 206

1 신이 난, 흥분한 2 만화 (영화) 3 도움이 되는, 유익한 4 녹다, 녹이다 5 학년; 성적 6 디자인; 디자인하다, 설계하다 7 경기, 시합; 성냥; 어울리다
8 village 9 sentence 10 possible 11 insect
12 quiet 13 award 14 subject 15 trash
16 count, on 17 posted 18 at, the, same, time

DAY 45

PREVIEW p. 207

1 pack 2 shout 3 throw away
4 meeting

CHECK-UP p. 210

1 평화 2 회의 3 창조하다, 만들다 4 쉬다; (몸의) 긴장을 풀다, 이완시키다 5 원인; ~의 원인이 되다, 일으키다 6 소리치다, 외치다 7 사건; 행사
8 pack 9 fantastic 10 information
11 flat 12 wise 13 opinion 14 nature
15 level 16 quiz 17 lives, next, door
18 Throw, away

DAY 41-45

REVIEW TEST pp. 211-212

A 1 mistake 2 trash 3 advice 4 during
5 gather 6 melted 7 never 8 cause
9 cut, down 10 friendly 11 happened
12 usual

B 1 그 가게는 오늘 할인 판매를 하고 있다. 2 그는 본성이 정직하다. 3 TV를 켜도 괜찮을까요?
4 지금 버스를 타는 것이 가능하다. 5 내 생각에는, 네가 틀렸다.

C 1 ④ 2 ② 3 ② 4 ③ 5 ④

D 1 match 2 pack 3 meal 4 share
5 excited 6 fashion 7 heat

DAY 46

PREVIEW p. 213

1 interview 2 float 3 save 4 wave

CHECK-UP p. 216

1 인간, 사람; 인간[사람]의 2 영웅 3 법정, 법원; (테니스 등의) 경기장, 코트 4 (물 위에) 뜨다, 띄우다; (공중에) 떠다니다 5 주된, 주요한 6 파도, 물결; 흔들리다, 흔들다 7 마지막의, 최후의; 결승(전)
8 fair 9 result 10 even
11 creative 12 scared 13 decide
14 member 15 order 16 saved
17 upside, down 18 Turn, over

DAY 47

PREVIEW p. 217

1 promise 2 exercise 3 traveler
4 hiking

CHECK-UP p. 220

1 간단한, 단순한; 소박한, 수수한 2 선택권; 선택(하는 행동) 3 인기 있는 4 따라가다[오다]; (규칙 · 조언 등을) 따르다 5 구역, 지대 6 물품, 품목; (목록의) 항목, 사항 7 약속하다; 약속 8 language
9 exercise 10 character 11 topic 12 scene
13 introduce 14 everywhere 15 make, it
16 recipe 17 travelers 18 over, and, over

DAY 48

PREVIEW p. 221

1 reach 2 tower 3 champion 4 huge

CHECK-UP p. 224

1 시(詩) 2 도착[도달]하다; (손이) 닿다 3 챔피언, 우승자 4 (크기가) 거대한 5 주인, 소유자 6 공장
7 결혼하다 8 view 9 machine
10 discover 11 president 12 focus
13 tradition 14 nobody 15 script
16 turn, down 17 please 18 such, as

DAY 49

PREVIEW p. 225

1 slide 2 power 3 recycle 4 lock

CHECK-UP p. 228

1 보고(서); 보고하다, 발표하다 2 안내자, 가이드; 안내하다 3 어쩌면, 아마 4 재활용하다, 재생하여 이용하다 5 힘, 능력; 동력, 에너지 6 적; (전쟁 시의) 적국, 적군 7 미끄러지다; 미끄럼틀 8 common
9 outdoor 10 memory 11 traditional
12 lock 13 royal 14 culture 15 national
16 wild 17 is, on, time 18 Millions, of

DAY 50

PREVIEW p. 229

1 tongue 2 desert 3 refrigerator
4 coupon

CHECK-UP p. 232

1 쿠폰, 할인권 2 마침내, 결국 3 펴다, 펼치다; (소문 · 정보 등이) 퍼지다 4 의미하다 5 영향력 있는; 강력한, 효과적인 6 초대하다 7 샤워; 소나기
8 refrigerator 9 total 10 freeze 11 tongue
12 curious 13 visitor 14 beauty
15 returned 16 partner 17 have, in, common 18 reporter

DAY 46-50
REVIEW TEST pp. 233-234

A 1 national 2 final 3 result 4 tongue
5 choice 6 means 7 follow 8 creative
9 promised 10 turned, down 11 even
12 tradition

B 1 그들은 아직 돌아오지 않았다. 2 아무도 나를 이해하지 못한다. 3 상자를 크기 순서대로 놓아라. 4 옛날 옛적에, 한 멋진 왕자가 있었다. 5 그는 그 콘서트에 시간 맞춰 갈 수 없었다.

C 1 ② 2 ① 3 ③ 4 ④ 5 ①

D 1 common 2 save[Save] 3 reach
4 report 5 spread

DAY 41-50
CROSSWORD PUZZLE p. 235

Across
2 fair 4 relax 7 borrow 9 decide
11 language

Down
1 memory 3 invite 5 popular 6 create
8 wise 10 habit 12 grade

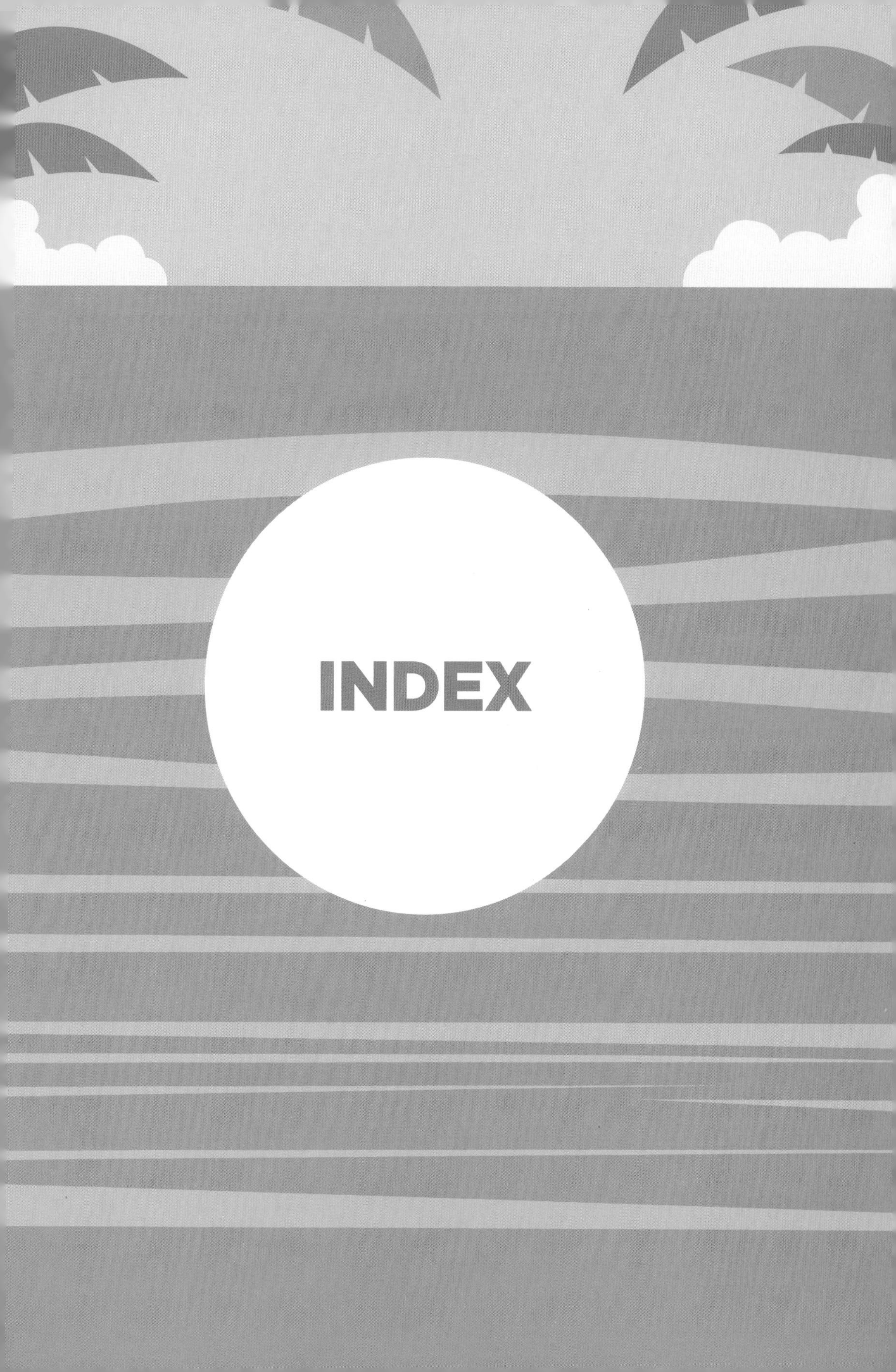

INDEX

A

B

C

D

E

F

G

L

M

Q

R

S

T

U

V

W

Y

Z

MEMO

MEMO

지은이

NE능률 영어교육연구소

NE능률 영어교육연구소는 혁신적이며 효율적인 영어 교재를 개발하고
영어 학습의 질을 한 단계 높이고자 노력하는 NE능률의 연구조직입니다.

주니어 능률 VOCA 〈입문〉

펴 낸 이 주민홍
펴 낸 곳 서울특별시 마포구 월드컵북로 396(상암동) 누리꿈스퀘어 비즈니스타워 10층
㈜NE능률 (우편번호 03925)
펴 낸 날 2023년 1월 5일 개정판 제1쇄 발행
2024년 9월 15일 제10쇄
전 화 02 2014 7114
팩 스 02 3142 0356
홈페이지 www.neungyule.com
등록번호 제1-68호
I S B N 979-11-253-4050-8 53740
정 가 12,000원

NE 능률

고객센터

교재 내용 문의 : contact.nebooks.co.kr (별도의 가입 절차 없이 작성 가능)
제품 구매, 교환, 불량, 반품 문의 : 02-2014-7114
☎ 전화문의는 본사 업무시간 중에만 가능합니다.

NE능률 교재 MAP

아래 교재 MAP을 참고하여 본인의 현재 혹은 목표 수준에 따라 교재를 선택하세요.
NE능률 교재들과 함께 영어실력을 쑥쑥~ 올려보세요!
MP3 파일 등 교재 부가 학습 서비스 및 자세한 교재 정보는 www.nebooks.co.kr 에서 확인하세요.

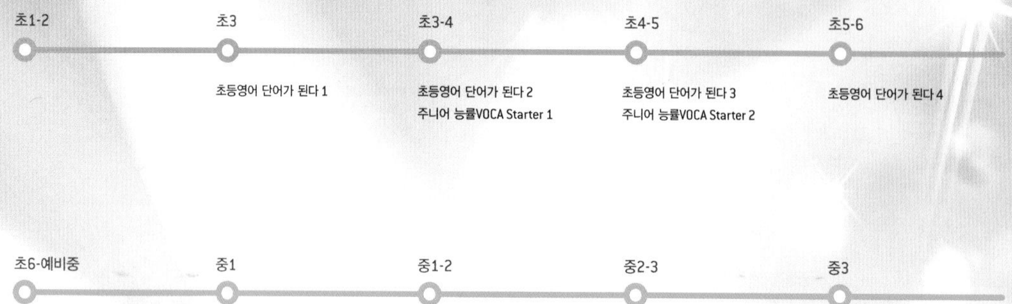

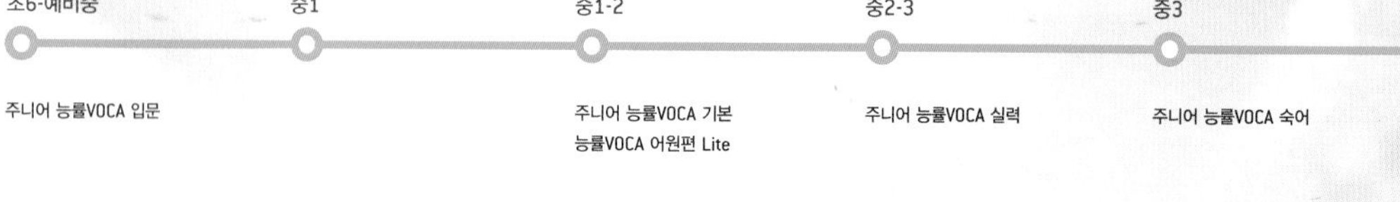

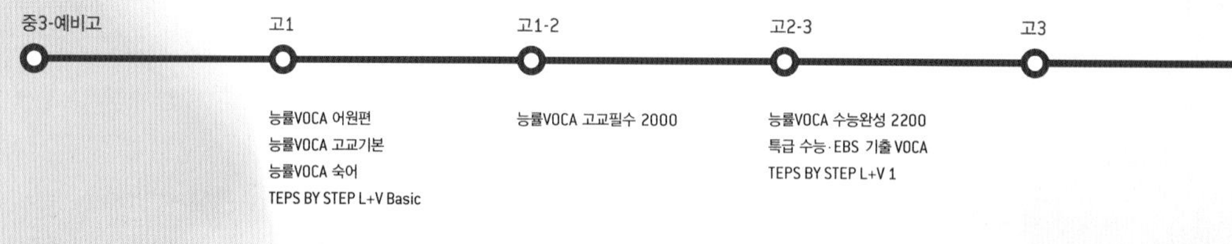

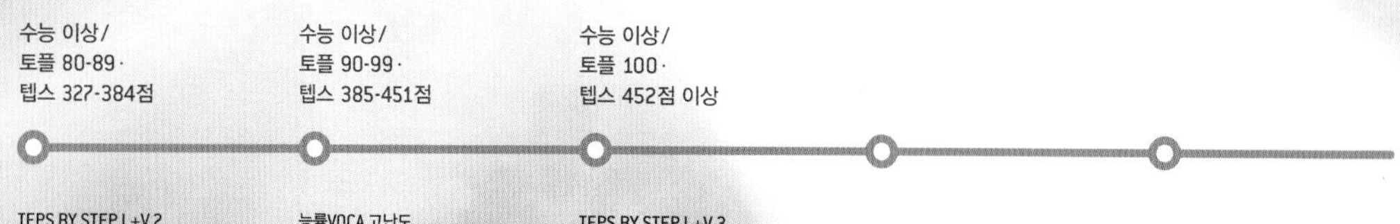

DAY 01

0001	tall	형 키가 큰, 높은
0002	cut	동 1 베다 2 자르다
0003	nice	형 멋진, 좋은, 괜찮은
0004	have	동 1 가지다 2 먹다, 마시다
0005	actor	명 배우
0006	many	형 많은
0007	see	동 1 보다 2 알다, 이해하다
0008	from	전 1 [장소] ~에서(부터) 2 [시각] ~부터
0009	what	대 무엇, 어떤 것 형 무슨, 어떤
0010	old	형 1 오래된 2 나이 든, 늙은
0011	meet	동 만나다
0012	make	동 만들다
0013	friend	명 친구, 벗
0014	cap	명 (앞에 챙이 달린) 모자
0015	large	형 1 큰, 넓은 2 많은
0016	heavy	형 1 무거운 2 (양 · 정도가) 많은, 심한
0017	long	형 1 (길이 · 거리가) 긴 2 (시간이) 오랜
0018	school	명 학교
0019	come[be] from	~ 출신이다, ~에서 오다
0020	be going to-v	~할 것이다, ~할 예정이다

DAY 02

0021	happy	형 행복한
0022	room	명 방
0023	dance	동 춤추다 명 춤, 댄스
0024	fun	명 재미, 즐거움 형 재미있는
0025	clean	형 깨끗한 동 청소하다
0026	bean	명 콩
0027	light	명 1 빛 2 (전깃)불, 전등 형 가벼운
0028	for	전 1 [목적] ~을 위해 2 [시간] ~ 동안
0029	good	형 1 좋은, 훌륭한 2 즐거운, 기쁜
0030	short	형 1 (길이 · 거리가) 짧은 2 키가 작은
0031	eat	동 먹다
0032	too	부 1 너무 2 또한, 게다가
0033	lunch	명 점심 (식사)
0034	wait	동 기다리다
0035	student	명 학생
0036	model	명 1 모형 2 모델
0037	out	부 밖에, 밖으로
0038	young	형 어린, 젊은
0039	go to school	학교에 다니다
0040	make friends	친구가 되다, 친해지다

DAY 03

0041	all	형 모든 대 모두
0042	city	명 도시
0043	day	명 1 하루, 날 2 낮
0044	smart	형 영리한, 똑똑한
0045	look	동 1 보다 2 (~하게) 보이다
0046	teacher	명 교사, 선생
0047	watch	동 보다 명 손목시계
0048	to	전 1 [방향 · 장소] ~으로, ~에 2 [범위] ~까지
0049	house	명 집, 주택
0050	hobby	명 취미
0051	like	동 좋아하다 전 ~처럼, ~와 같이
0052	new	형 새, 새로운
0053	ago	부 ~ 전에, 이전에
0054	classmate	명 급우, 반 친구
0055	dancer	명 춤추는 사람, 무용수
0056	dinner	명 저녁 (식사)
0057	dirty	형 더러운
0058	study	명 동 1 공부(하다) 2 연구(하다)
0059	have fun	즐기다, 재미있게 놀다
0060	eat out	외식하다

DAY 04

0061	enter	동 1 들어가다 2 입학하다
0062	body	명 몸, 신체
0063	act	동 행동하다 명 행동, 행위
0064	bad	형 1 나쁜, 불쾌한 2 해로운, 안 좋은
0065	classroom	명 교실, 강의실
0066	flower	명 꽃
0067	color	명 색, 색깔
0068	in	전 1 [장소] ~(안)에서 2 [기간] ~(동안)에 3 [시간] ~ 후에
0069	minute	명 1 (시간의 단위) 분 2 잠깐
0070	sand	명 모래
0071	star	명 1 별 2 (연예 · 스포츠계 등의) 스타
0072	wet	형 젖은, 축축한
0073	yesterday	부 어제 명 어제
0074	hot	형 1 뜨거운, 더운 2 매운
0075	late	형 늦은, 지각한 부 늦게
0076	well	부 잘, 훌륭하게 형 건강한
0077	beach	명 해변, 바닷가
0078	who	대 [의문문] 누구
0079	look like	1 ~처럼 보이다 2 ~할 것 같다
0080	all day (long)	하루 종일

DAY 05

0081	feel	동 1 (촉감으로) 느끼다 2 (기분 · 감정 등이) 들다
0082	cold	형 추운, 차가운 명 감기
0083	class	명 1 학급, 반 2 수업
0084	sad	형 슬픈
0085	family	명 가족, 가정
0086	really	부 1 실제로, 진짜로 2 [강조] 아주, 정말로
0087	hour	명 한 시간
0088	at	전 1 [장소] ~에(서) 2 [시간] ~에
0089	rain	명 비, 빗물 동 비가 오다
0090	dry	형 마른, 건조한 동 마르다, 말리다
0091	time	명 1 시각 2 시간 3 때, 번
0092	last	형 1 마지막의 2 지난
0093	morning	명 아침, 오전
0094	live	동 살다 형 살아있는
0095	movie	명 영화
0096	sour	형 1 신, 시큼한 2 (우유 등이) 상한
0097	meat	명 고기
0098	lake	명 호수
0099	look for	~을 찾다
0100	feel like	1 ~을 갖고[하고] 싶다 2 ~처럼 느끼다

DAY 06

0101 **again** 부 다시, 또

0102 **home** 명 집, 가정 부 집에, 집으로

0103 **kid** 명 아이, 어린이

0104 **baker** 명 제빵사

0105 **cool** 형 서늘한, 시원한

0106 **ready** 형 준비가 된

0107 **test** 명 1 시험 2 검사

0108 **with** 전 1 ~와 함께 2 ~로, ~을 이용하여

0109 **week** 명 주, 일주일

0110 **far** 부 멀리 형 먼

0111 **son** 명 아들

0112 **town** 명 (소)도시, 마을

0113 **rainy** 형 비가 오는

0114 **hair** 명 머리(카락)

0115 **funny** 형 우스운, 재미있는

0116 **sea** 명 바다

0117 **night** 명 밤, 야간

0118 **people** 명 1 사람들 2 국민

0119 **be good at** ~을 잘하다

0120 **watch out (for)** ~을 주의하다, ~을 조심하다

DAY 07

0121	say	동 말하다
0122	where	부 [의문문] 어디에, 어디로
0123	bakery	명 제과점, 베이커리
0124	word	명 단어, 낱말, 말
0125	thin	형 1 얇은, 가는 2 마른, 야윈
0126	play	동 1 놀다 2 경기하다 3 연주하다
0127	child	명 1 아이, 어린이 2 자식, 자녀
0128	after	전 (시간 · 순서상) 뒤[후]에 접 ~한 뒤[후]에
0129	start	동 1 시작하다 2 출발하다
0130	dark	형 어두운
0131	read	동 읽다
0132	evening	명 저녁
0133	open	형 열린 동 열다
0134	every	형 1 모든 2 매~, ~마다
0135	fill	동 채우다
0136	name	명 이름, 성명
0137	floor	명 1 (실내의) 바닥 2 (건물의) 층
0138	knife	명 칼, 나이프
0139	again and again	몇 번이고, 되풀이해서
0140	be happy with	~에 기뻐하다, ~에 만족하다

DAY 08

0141 **easy** 형 쉬운

0142 **cute** 형 귀여운, 예쁜

0143 **know** 동 알다, 알고 있다

0144 **daughter** 명 딸

0145 **player** 명 1 (게임 · 경기 등의) 참가자, 선수 2 연주자

0146 **window** 명 창문

0147 **close** 동 닫다 형 1 (거리가) 가까운 2 친한

0148 **of** 전 1 [소속 · 소유] ~의 2 [부분] ~의, ~ 중의

0149 **cook** 동 요리하다 명 요리사

0150 **then** 부 1 (과거 · 미래의) 그 당시, 그때 2 그 다음에

0151 **fat** 형 살찐, 뚱뚱한 명 지방

0152 **snow** 명 눈 동 눈이 오다

0153 **handsome** 형 잘생긴

0154 **sick** 형 아픈, 병든

0155 **month** 명 달, 월, 개월

0156 **walk** 동 걷다 명 걷기, 산책

0157 **rock** 명 바위, 돌

0158 **next** 형 다음의 부 다음에(는), 다음으로

0159 **after school** 방과 후에

0160 **say hello to** ~에게 안부를 전하다, ~에게 인사하다

DAY 09

0161 end	동 끝나다, 끝내다 명 끝, 마지막
0162 year	명 1 해, 연(年) 2 나이
0163 group	명 무리, 집단
0164 there	부 거기에(서), 그곳으로
0165 afternoon	명 오후
0166 wear	동 입고[신고, 쓰고, 끼고] 있다
0167 theater	명 극장
0168 on	전 1 [장소] ~ 위에 2 [요일 · 날짜] ~에
0169 hear	동 들리다, 듣다
0170 story	명 이야기
0171 sound	명 소리, 음성 동 (~하게) 들리다
0172 hungry	형 배고픈
0173 run	동 1 달리다, 뛰다 2 경영하다
0174 kind	형 친절한 명 종류
0175 round	형 둥근
0176 loud	형 큰 소리의, 시끄러운
0177 push	동 밀다
0178 bright	형 1 빛나는, 밝은 2 영리한
0179 next to	~ 옆에
0180 fill in	1 ~을 채우다, 써넣다 2 ~을 메우다

DAY 10

0181 **air** 명 1 공기, 대기 2 공중

0182 **hard** 형 1 어려운 2 단단한, 딱딱한 부 열심히

0183 **listen** 동 듣다

0184 **full** 형 1 가득 찬 2 배가 부른

0185 **music** 명 음악

0186 **animal** 명 동물, 짐승

0187 **beautiful** 형 아름다운

0188 **up** 부 위로[에], 위쪽으로 전 ~ 위로[에]

0189 **weekend** 명 주말

0190 **sit** 동 앉다

0191 **put** 동 놓다, 두다

0192 **warm** 형 따뜻한

0193 **pull** 동 끌다, 잡아당기다

0194 **north** 명 북쪽 형 북쪽의

0195 **noise** 명 (시끄러운) 소리, 소음

0196 **door** 명 문

0197 **size** 명 1 크기, 규모 2 (옷 · 신발 등의) 치수, 사이즈

0198 **how** 부 [의문문] 1 어떻게 2 어떤 상태로 3 얼마나

0199 **go on** (어떤 상황이) 계속되다

0200 **in the end** 마침내

DAY 11

0201	fly	동 1 (새 · 곤충이) 날다 2 비행하다 명 파리
0202	way	명 1 길 2 방법, 방식
0203	earth	명 1 지구 2 땅, 지면
0204	voice	명 목소리, 음성
0205	get	동 1 받다, 얻다 2 가져오다 3 도착하다
0206	thick	형 굵은, 두꺼운
0207	knock	동 (문을) 두드리다, 노크하다
0208	down	부 아래로, 낮은 쪽으로
0209	fight	동 싸우다 명 싸움
0210	fast	형 (움직임이) 빠른 부 빨리
0211	ride	동 (말 · 탈것 등을) 타다 명 (말 · 탈것 등에) 타기
0212	grow	동 1 자라다, 성장하다 2 기르다
0213	pocket	명 (호)주머니
0214	sweet	형 단, 달콤한
0215	hit	동 때리다, 치다
0216	mountain	명 산; 산맥
0217	loudly	부 큰 소리로, 시끄럽게
0218	easily	부 쉽게, 수월하게
0219	make fun of	~을 놀리다
0220	put on	~을 입다[신다, 쓰다]

DAY 12

0221	sky	명 하늘
0222	bicycle	명 자전거
0223	today	부 오늘 명 오늘
0224	angry	형 화난
0225	slow	형 느린, 더딘
0226	back	부 1 뒤로 2 되돌아가서[와서] 명 뒤쪽, 뒷부분
0227	rice	명 밥, 쌀
0228	about	전 ~에 대하여 부 거의, 대략
0229	person	명 사람, 인간
0230	cry	동 1 울다 2 외치다
0231	hat	명 (테두리에 챙이 있는) 모자
0232	deep	형 깊은 부 깊이, 깊게
0233	parent	명 부모, 어버이
0234	drive	동 운전하다
0235	often	부 흔히, 자주
0236	find	동 찾다, 발견하다
0237	low	형 1 (높이가) 낮은 2 (양 · 정도가) 낮은, 적은
0238	fruit	명 과일
0239	at last	마침내
0240	on one's way (to)	(~로 가는) 길[도중]에

DAY 13

0241 **date**	명 1 날짜 2 만날 약속, 데이트
0242 **talk**	동 말하다, 이야기하다
0243 **birthday**	명 생일
0244 **work**	동 1 일하다, 근무하다 2 노력하다 명 일, 업무
0245 **here**	부 여기에(서), 이곳으로
0246 **country**	명 1 나라 2 시골
0247 **price**	명 값, 가격
0248 **by**	전 1 [위치] ~ 옆에 2 [수단] ~에 의해, ~으로
0249 **alone**	형 1 혼자인 2 외로운 부 혼자
0250 **high**	형 1 (높이가) 높은 2 (정도 · 양이) 높은, 많은 부 높이
0251 **set**	동 1 놓다, 두다 2 (기계를) 맞추다 명 세트, 한 조
0252 **wall**	명 1 벽 2 담
0253 **driver**	명 운전자, 기사
0254 **each**	형 각자의, 각각의 대 각자, 각각
0255 **slowly**	부 느리게, 천천히
0256 **table**	명 탁자, 식탁
0257 **pick**	동 1 고르다 2 따다, 꺾다
0258 **cloud**	명 구름
0259 **find out**	~을 알아내다
0260 **grow up**	성장하다, 자라다

DAY 14

0261 **alarm** 명 1 경보(기) 2 자명종, 알람

0262 **weather** 명 날씨

0263 **some** 형 몇몇의, 약간의 대 몇몇, 약간

0264 **think** 동 1 생각하다 2 ~라고 생각하다

0265 **buy** 동 사다, 구입하다

0266 **speak** 동 1 이야기하다, 말하다 2 연설하다

0267 **cloudy** 형 흐린, 구름 낀

0268 **before** 전 ~ 전에 접 ~하기 전에

0269 **ship** 명 (커다란) 배, 선박

0270 **east** 명 동쪽 형 동쪽의

0271 **everyone** 대 모든 사람, 모두

0272 **paint** 명 페인트 동 1 페인트칠하다 2 (물감으로) 그리다

0273 **tomorrow** 부 내일 명 내일

0274 **map** 명 지도

0275 **half** 명 반, 2분의 1 형 반의, 2분의 1의

0276 **idea** 명 1 생각, 발상, 아이디어 2 지식, 이해

0277 **holiday** 명 휴일, 공휴일

0278 **kick** 동 차다, 걷어차다

0279 **by the way** 그나저나, 그런데

0280 **up and down** 위아래로

DAY 15

0281 **life** 명 1 인생, 삶 2 목숨, 생명

0282 **board** 명 1 판자 2 게시판 동 탑승하다

0283 **brush** 명 붓, 솔, 빗 동 솔[빗]질하다, 닦다

0284 **tooth** 명 이, 치아

0285 **little** 형 1 작은 2 어린

0286 **call** 동 1 (큰 소리로) 부르다 2 전화하다 명 전화 (통화)

0287 **market** 명 시장

0288 **around** 전 ~ 주위에, ~을 둘러싸고

0289 **speaker** 명 연설가, 발표자

0290 **fine** 형 1 훌륭한, 좋은 2 건강한

0291 **someday** 부 (미래의) 언젠가

0292 **much** 형 많은 부 매우, 대단히

0293 **sleep** 동 자다 명 잠, 수면

0294 **use** 동 쓰다, 사용하다 명 사용

0295 **why** 부 [의문문] 왜, 어째서

0296 **present** 형 1 참석[출석]한 2 현재의 명 선물

0297 **pet** 명 애완동물

0298 **key** 명 열쇠, 키

0299 **get up** 1 (잠자리에서) 일어나다 2 일어서다

0300 **be made of** ~로 만들어지다, ~로 구성되다

DAY 16

0301 **any**	형 1 [부정문] 아무것도 2 [의문문] 약간 3 [긍정문] 어떤 ~든지
0302 **always**	부 항상, 언제나
0303 **train**	명 기차, 열차
0304 **want**	동 1 원하다, 바라다 2 ~하고 싶다
0305 **water**	명 물 동 물을 주다
0306 **backpack**	명 배낭 동 배낭 여행하다
0307 **tonight**	부 오늘 밤에 명 오늘 밤
0308 **because**	접 ~ 때문에, 왜냐하면
0309 **strong**	형 힘센, 강한
0310 **fall**	동 1 떨어지다 2 넘어지다, 쓰러지다 명 가을
0311 **under**	전 1 ~ 아래[밑]에 2 ~ 미만[아래]인
0312 **glass**	명 1 유리 2 유리잔 3 안경
0313 **when**	부 [의문문] 언제 접 ~할 때
0314 **give**	동 주다
0315 **subway**	명 지하철
0316 **street**	명 거리, 길
0317 **police**	명 경찰
0318 **painter**	명 화가
0319 **get well**	(병이) 나아지다, 회복하다
0320 **look around**	(주위를) 둘러보다, 구경하다

DAY 17

0321	busy	형 1 바쁜 2 혼잡한
0322	early	부 일찍, 빨리 형 이른, 빠른
0323	food	명 음식, 식량
0324	almost	부 거의
0325	bring	동 가져오다, 데려오다
0326	draw	동 1 (연필 등으로) 그리다 2 (마차 등을) 끌다
0327	cross	동 가로지르다, 건너다
0328	over	전 1 ~ 위에[로] 2 (수 등이) ~ 넘는 부 건너, 너머
0329	sing	동 노래하다, (노래를) 부르다
0330	doctor	명 의사
0331	special	형 특별한
0332	weak	형 약한, 힘이 없는
0333	stair	명 계단
0334	which	대 [의문문] 어느[어떤] 것 형 [의문문] 어느, 어떤
0335	road	명 길, 도로
0336	kitchen	명 부엌, 주방
0337	snack	명 간식, 간단한 식사
0338	pair	명 한 쌍[켤레]
0339	these days	요즘
0340	get it	이해하다

DAY 18

0341	bottle	명 1 병 2 한 병(의 양)
0342	clock	명 시계
0343	dream	명 꿈 동 꿈을 꾸다
0344	complete	형 완전한, 완벽한 동 완료하다
0345	season	명 1 계절 2 시기, 철
0346	die	동 죽다
0347	store	명 가게, 상점
0348	off	부 [이동 · 방향] 떨어져, 멀리 전 [분리] ~에서 떨어져
0349	sell	동 1 팔다 2 팔리다
0350	mouth	명 입
0351	glove	명 장갑
0352	dish	명 접시, 그릇
0353	heart	명 1 심장 2 마음
0354	picture	명 1 그림 2 사진
0355	leaf	명 잎, 나뭇잎
0356	hospital	명 병원
0357	bridge	명 다리
0358	useful	형 쓸모 있는, 유용한
0359	see a doctor	병원에 가다, 진찰을 받다
0360	pick up	1 ~을 집다 2 ~을 (차에) 태우러 가다[오다]

DAY 19

0361	age	명 나이
0362	bath	명 목욕
0363	cousin	명 사촌
0364	enjoy	동 즐기다
0365	ask	동 1 묻다, 물어보다 2 부탁하다, 요청하다
0366	only	부 단지, 오직 형 유일한
0367	take	동 1 가져가다 2 잡다 3 (시간이) 걸리다
0368	into	전 1 ~ 안[속]으로 2 (상태가 변하여) ~로
0369	bread	명 빵
0370	wash	동 씻다
0371	sure	형 확신하는
0372	shoe	명 신발, 구두
0373	wind	명 바람
0374	cheap	형 (값이) 싼
0375	love	동 사랑하다 명 사랑
0376	husband	명 남편
0377	vegetable	명 채소, 야채
0378	teach	동 가르치다
0379	do the dishes	설거지를 하다
0380	be over	끝나다

DAY 20

0381	art	명 1 예술 2 미술
0382	show	동 보여주다 명 쇼, 공연물
0383	airplane	명 비행기
0384	become	동 ~이 되다, ~해지다
0385	boat	명 (소형) 배, 보트
0386	question	명 질문
0387	send	동 보내다, 발송하다
0388	inside	부 안에[으로] 전 ~ 안에 명 안, 내부
0389	jump	동 뛰다, 뛰어오르다 명 뛰기, 뛰어오르기
0390	learn	동 배우다, 익히다
0391	true	형 1 사실인, 맞는 2 진짜의
0392	move	동 1 움직이다 2 이사하다
0393	dessert	명 디저트, 후식
0394	square	명 1 정사각형 2 광장 형 정사각형의
0395	world	명 세계
0396	restaurant	명 식당, 음식점
0397	picnic	명 소풍, 피크닉
0398	shop	명 가게, 상점 동 물건을 사다, 쇼핑하다
0399	for sure	분명히, 확실히
0400	show ~ around	~에게 구경시켜 주다

DAY 21

0401 **arrive** 동 도착하다

0402 **bathroom** 명 욕실, 화장실

0403 **case** 명 1 상자, 용기 2 경우

0404 **library** 명 도서관

0405 **online** 형 온라인의 부 온라인으로

0406 **straight** 부 똑바로, 곧장 형 곧은, 일직선의

0407 **try** 동 1 노력하다 2 시도하다

0408 **near** 부 가까이 형 가까운 전 ~ 가까이에

0409 **begin** 동 시작하다

0410 **finish** 동 끝나다, 끝마치다

0411 **both** 형 둘 다의, 양쪽의 대 둘 다, 양쪽

0412 **quick** 형 신속한, 빠른

0413 **rich** 형 부유한, 부자인

0414 **stand** 동 서 있다, 서다

0415 **sorry** 형 1 미안한 2 유감스러운

0416 **lesson** 명 1 수업 2 (교재의) 과 3 교훈

0417 **wake** 동 잠에서 깨다, 일어나다

0418 **let** 동 1 ~하게 하다, ~하도록 허락하다 2 ~하자

0419 **come true** 이루어지다, 실현되다

0420 **one by one** 한 사람씩, 차례로

DAY 22

0421 **turn** 동 돌다, 돌리다 명 순서, 차례
0422 **airport** 명 공항
0423 **catch** 동 1 (붙)잡다 2 (병에) 걸리다
0424 **pretty** 형 예쁜 부 1 꽤, 상당히 2 매우
0425 **breakfast** 명 아침 식사
0426 **trip** 명 여행
0427 **hill** 명 언덕, (낮은) 산
0428 **as** 접 1 ~할 때, ~하면서 2 ~이기 때문에
0429 **homework** 명 숙제, 과제
0430 **touch** 동 1 만지다 2 감동시키다
0431 **side** 명 1 쪽, 측 2 측면, 옆면
0432 **letter** 명 1 편지 2 글자, 문자
0433 **middle** 명 가운데, 중앙 형 가운데의, 중간의
0434 **fresh** 형 1 신선한 2 새로운, 참신한
0435 **poor** 형 1 가난한 2 불쌍한
0436 **soft** 형 부드러운
0437 **garden** 명 정원, 뜰
0438 **gate** 명 1 문, 출입문 2 탑승구
0439 **try on** ~을 입어[신어]보다
0440 **talk on the phone** 통화하다

DAY 23

0441 **gift** 명 1 선물 2 재능, 재주

0442 **laugh** 동 (소리를 내며) 웃다 명 웃음

0443 **clothes** 명 옷, 의복

0444 **strange** 형 1 이상한 2 낯선

0445 **glad** 형 기쁜, 반가운

0446 **ahead** 부 앞(쪽)으로, 앞에

0447 **corner** 명 1 (길)모퉁이 2 구석, 모서리

0448 **artist** 명 예술가, 화가

0449 **restroom** 명 (공공장소의) 화장실

0450 **straw** 명 1 짚, 밀짚 2 빨대

0451 **thank** 동 감사하다, 고마워하다 명 감사

0452 **windy** 형 바람이 많이 부는

0453 **answer** 동 대답하다 명 대답, 답

0454 **write** 동 1 (글자를) 쓰다 2 (책 등을) 쓰다, 집필하다

0455 **money** 명 돈

0456 **painting** 명 (물감으로 그린) 그림

0457 **team** 명 (경기 등의) 팀

0458 **future** 명 미래, 장래 형 미래의, 장래의

0459 **turn on[off]** ~을 켜다[끄다]

0460 **show up** 나타나다

DAY 24

0461 **top**	명 꼭대기, 정상 형 맨 위의, 최고인
0462 **active**	형 1 활동적인 2 적극적인
0463 **bank**	명 은행
0464 **feed**	동 먹이[모이]를 주다
0465 **style**	명 1 (예술 등의) 양식, 형식 2 (행동) 방식 3 (옷 등의) 스타일
0466 **throat**	명 목구멍, 목
0467 **drawing**	명 (연필 등으로 그린) 그림
0468 **so**	부 1 매우, 아주 2 그렇게 접 그래서
0469 **seat**	명 좌석, 자리
0470 **lie**	동 1 눕다 2 놓여 있다 3 거짓말하다
0471 **fish**	명 물고기 동 낚시하다
0472 **dress**	명 1 드레스, 원피스 2 옷, 복장
0473 **away**	부 떨어져, 멀리
0474 **job**	명 1 일, 직업, 직장 2 역할, 책임
0475 **right**	형 1 맞는, 정확한 2 올바른 3 오른쪽의
0476 **museum**	명 박물관, 미술관
0477 **lucky**	형 행운의, 운이 좋은
0478 **excellent**	형 뛰어난, 아주 훌륭한
0479 **laugh at**	~을 비웃다
0480 **thanks to**	~의 덕분에, ~ 때문에

DAY 25

0481	tie	동 묶다, 매다 명 넥타이
0482	smell	동 냄새가 나다, 냄새를 맡다 명 냄새
0483	leave	동 1 떠나다 2 남겨두다, 놓고 가다
0484	change	동 변하다, 변화시키다
0485	fan	명 1 (스포츠 · 가수 등의) 팬 2 선풍기, 부채
0486	poster	명 포스터, 벽보
0487	wrong	형 1 틀린, 잘못된 2 나쁜
0488	across	전 1 ~을 가로질러 2 ~ 맞은편에, ~ 건너편에
0489	volunteer	명 자원봉사자 동 자원하다
0490	type	명 종류, 유형
0491	great	형 1 훌륭한, 멋진 2 큰, 거대한
0492	together	부 같이, 함께
0493	hold	동 1 들다, 잡다 2 열다, 개최하다
0494	exit	명 출구
0495	favorite	명 가장 좋아하는
0496	speed	명 속도, 속력 동 빨리 가다, 질주하다
0497	thing	명 1 것, 물건 2 일
0498	stage	명 1 단계, 시기 2 무대
0499	get to	~에 도착하다, ~에 이르다
0500	right away	곧바로, 즉시

DAY 26

0501 **action**	명 1 행동, 조치 2 행위, 동작
0502 **sun**	명 1 해, 태양 2 햇빛, 햇볕
0503 **wish**	동 바라다, 원하다 명 소원
0504 **number**	명 1 수, 숫자 2 번호
0505 **careful**	형 주의 깊은, 조심성 있는
0506 **fire**	명 1 불, 불꽃 2 화재
0507 **grandparent**	명 조부모
0508 **between**	전 1 [위치] ~ 사이에 2 [시간] ~ 사이에
0509 **clear**	형 1 분명한 2 맑은, 투명한
0510 **break**	동 1 부서지다, 깨뜨리다 2 어기다 명 (짧은) 휴식
0511 **station**	명 1 역, 정류장 2 (특정 일을 하는) -소, -서
0512 **south**	명 남쪽 형 남쪽의
0513 **free**	형 1 자유로운 2 무료의 3 한가한
0514 **smile**	동 웃다, 미소 짓다 명 웃음, 미소
0515 **piece**	명 조각, 한 개, 한 장
0516 **umbrella**	명 우산
0517 **paper**	명 종이
0518 **ticket**	명 표, 입장권
0519 **hold on**	기다리다
0520 **take turns**	교대로 하다

DAY 27

0521 **add**	동 1 추가[첨가]하다 2 더하다, 합하다
0522 **example**	명 예(시), 사례, 보기
0523 **care**	명 1 주의, 조심 2 보살핌 동 상관하다, 신경 쓰다
0524 **sink**	동 가라앉다 명 (부엌의) 싱크대, 개수대
0525 **manager**	명 경영자, 관리인
0526 **ocean**	명 1 바다 2 대양
0527 **help**	동 돕다, 도와주다 명 도움
0528 **sunny**	형 화창한, 맑은
0529 **choose**	동 선택하다, 고르다
0530 **dentist**	명 1 치과 의사 2 치과
0531 **swim**	동 수영하다, 헤엄치다
0532 **throw**	동 던지다
0533 **front**	명 앞(부분), 앞면 형 앞부분의
0534 **living room**	명 거실
0535 **message**	명 메시지, 전언
0536 **need**	동 1 필요하다 2 ~할 필요가 있다, ~해야 하다 명 필요(성)
0537 **west**	명 서쪽 형 서쪽의
0538 **rule**	명 규칙, 규정
0539 **ask for**	~을 요구[요청]하다
0540 **take off**	1 ~을 벗다 2 (비행기가) 이륙하다

DAY 28

0541	tell	동 말하다, 이야기하다
0542	bone	명 뼈
0543	stone	명 돌
0544	keep	동 1 (상태를) 유지하다 2 계속하다 3 가지고 있다
0545	fix	동 1 수리하다, 고치다 2 고정시키다
0546	diary	명 일기(장)
0547	mathematics	명 수학
0548	below	전 1 [위치] ~ 아래에 2 [수량] ~ 미만으로 부 아래에, 아래로
0549	concert	명 연주회, 콘서트
0550	fact	명 사실
0551	moment	명 1 (특정한) 순간, 시점 2 잠깐, 잠시
0552	soon	부 곧, 머지않아
0553	park	명 공원 동 주차하다
0554	triangle	명 삼각형
0555	once	부 한 번, 1회
0556	tired	형 1 피곤한, 지친 2 싫증이 난
0557	hurt	동 1 다치게 하다 2 아프다
0558	line	명 1 선 2 (순서를 기다리는) 줄 동 늘어서다
0559	get on[off]	~에 타다[내리다]
0560	for free	무료로

DAY 29

0561 also	부 또한, ~도
0562 activity	명 (즐기기 위한) 활동
0563 stop	동 멈추다, 중단하다 명 1 멈춤, 중단 2 정류장
0564 hope	동 바라다, 희망하다 명 바람, 희망
0565 science	명 과학
0566 cost	명 비용, 값 동 (비용 · 값이) 들다
0567 bookstore	명 서점, 책방
0568 delicious	형 맛있는
0569 wood	명 1 나무, 목재 2 숲
0570 musician	명 (작곡가 · 연주가 등의) 음악가
0571 land	명 토지, 땅 동 착륙하다
0572 mall	명 쇼핑몰, 쇼핑센터
0573 point	명 1 요점, 핵심 2 점수 동 가리키다
0574 role	명 역할, 임무
0575 step	명 1 (발)걸음 2 단계
0576 taste	명 맛 동 맛이 나다
0577 text	명 (책 등의) 글, 본문
0578 moon	명 달
0579 run away	도망가다
0580 line up	줄을 서다

DAY 30

0581	plan	명 계획 동 계획하다
0582	best	형 가장 좋은, 최고의 부 가장 (잘)
0583	carefully	부 조심스럽게, 신중하게
0584	forget	동 잊다, 잊어버리다
0585	review	명 1 평론, 비평 2 복습 동 복습하다
0586	agree	동 동의하다
0587	teen	명 십 대 형 십 대의
0588	above	전 ~보다 위에 부 위에, 위로
0589	scientist	명 과학자
0590	surprise	명 놀라운 일 동 놀라게 하다
0591	other	형 1 다른, 그 밖의 2 (둘 중) 다른 하나의 대 다른 것[사람]
0592	magic	명 마법, 마술 형 마법[마술]의
0593	toe	명 발가락
0594	skill	명 1 기량, 솜씨 2 기술
0595	wife	명 아내
0596	mix	동 섞이다, 섞다
0597	just	부 1 바로, 딱 2 방금, 막 3 단지, 다만
0598	tasty	형 맛있는
0599	give up	포기하다
0600	take care of	~을 돌보다

DAY 31

0601	wide	형 (폭이) 넓은
0602	area	명 1 지역 2 (특정 용도의) 구역
0603	band	명 1 (음악을 연주하는) 밴드 2 끈, 띠
0604	nail	명 1 손톱, 발톱 2 못 동 못으로 박다
0605	expensive	형 비싼
0606	correct	형 정확한, 옳은 동 수정하다, 고치다
0607	photograph	명 사진
0608	along	전 ~을 따라서 부 앞으로
0609	build	동 짓다, 세우다
0610	proud	형 자랑스러워하는, 자랑스러운
0611	shake	동 1 흔들리다, 흔들다 2 (몸이) 떨리다, 떨다
0612	ring	명 반지 동 (소리가) 울리다
0613	shape	명 형태, 모양
0614	hunt	동 사냥하다 명 사냥
0615	drop	동 떨어지다, 떨어뜨리다 명 방울
0616	sunglasses	명 선글라스, 색안경
0617	film	명 영화
0618	office	명 사무실
0619	each other	서로
0620	do one's best	최선을 다하다

DAY 32

0621 **few** 형 (수량이) 거의 없는

0622 **danger** 명 위험

0623 **camp** 명 야영지, 캠프 동 야영[캠핑]하다

0624 **building** 명 건물

0625 **afraid** 형 1 두려워하는 2 걱정하는

0626 **basket** 명 바구니

0627 **note** 명 1 메모, 쪽지 2 (수업 등의) 필기, 노트

0628 **until** 전 ~까지 접 ~할 때까지

0629 **singer** 명 가수

0630 **someone** 대 어떤 사람, 누구

0631 **teenager** 명 십 대

0632 **musical** 형 음악의, 음악적인 명 뮤지컬

0633 **bake** 동 (빵 · 과자를) 굽다

0634 **pot** 명 냄비, 솥

0635 **plant** 명 식물 동 (나무 등을) 심다

0636 **seafood** 명 해산물

0637 **island** 명 섬

0638 **grass** 명 1 풀 2 잔디(밭)

0639 **stop by** 잠시 들르다

0640 **be proud of** ~을 자랑스러워하다

DAY 33

0641 **blow**	동 1 (바람이) 불다 2 (입으로) 불다
0642 **cheer**	명 환호(성) 동 1 환호[응원]하다 2 격려[위로]하다
0643 **false**	형 1 틀린, 거짓의 2 가짜의, 인조의
0644 **gas**	명 1 기체 2 (난방 · 조리용) 가스 3 휘발유
0645 **lose**	동 1 잃어버리다 2 (시합 등에서) 지다
0646 **history**	명 역사
0647 **textbook**	명 교과서
0648 **through**	전 (입구 · 통로 등을) 통(과)하여, 지나서
0649 **visit**	동 방문하다 명 방문
0650 **count**	동 1 (총 수를) 세다, 계산하다 2 (수를 차례로) 세다
0651 **forest**	명 숲, 삼림
0652 **hall**	명 1 복도 2 홀, 강당
0653 **safe**	형 안전한
0654 **pass**	동 1 지나가다, 통과하다 2 합격하다
0655 **shadow**	명 그림자
0656 **miss**	동 1 놓치다, 빗나가다 2 (늦어서) 놓치다 3 그리워하다
0657 **same**	형 같은, 동일한
0658 **tail**	명 꼬리
0659 **a little[few]**	조금인, 약간의
0660 **fall in love (with)**	(~에게) 반하다, (~와) 사랑에 빠지다

DAY 34

0661	oil	명 1 (요리용) 기름 2 (연료용) 기름, 석유
0662	difficult	형 어려운
0663	travel	동 여행하다 명 여행
0664	part	명 1 부분 2 일부, 약간
0665	mirror	명 거울
0666	boring	형 지루한, 따분한
0667	examination	명 시험
0668	check	동 확인하다, 점검하다 명 확인, 점검
0669	receive	동 받다
0670	different	형 1 다른, 차이가 있는 2 여러 가지의
0671	enough	형 충분한 부 충분히
0672	worry	동 걱정하다 명 걱정, 고민거리
0673	still	부 아직도, 여전히
0674	gym	명 체육관
0675	spend	동 1 (돈을) 쓰다, 소비하다 2 (시간을) 보내다
0676	rest	명 휴식 동 쉬다, 휴식하다
0677	climb	동 오르다, 등반하다
0678	lazy	형 게으른, 나태한
0679	cheer up	격려하다
0680	write down	~을 적다

DAY 35

0681 **chef** 명 요리사, 주방장

0682 **boil** 동 끓다, 끓이다

0683 **exciting** 형 흥미진진한, 재미있는

0684 **already** 부 이미, 벌써

0685 **speech** 명 연설

0686 **guess** 동 추측하다, 짐작하다 명 추측, 짐작

0687 **weight** 명 무게, 체중

0688 **anything** 대 1 [긍정문] 무엇이든
2 [의문문 · 부정문] 무언가, 아무것도

0689 **sometimes** 부 때때로, 가끔

0690 **river** 명 강

0691 **farm** 명 농장

0692 **remember** 동 기억하다

0693 **interest** 명 흥미, 관심

0694 **most** 형 1 최대[최고]의 2 대부분의 대 대부분

0695 **place** 명 1 장소, 곳 2 집

0696 **company** 명 1 회사 2 동료, 일행

0697 **space** 명 1 공간 2 우주

0698 **health** 명 건강 (상태)

0699 **hand in** ~을 제출하다

0700 **take out** ~을 꺼내다

DAY 36

0701	bored	형 지루해하는
0702	goal	명 1 골, 득점 2 목표
0703	healthy	형 1 건강한 2 건강에 좋은
0704	farmer	명 농부
0705	pay	동 (돈을) 지불하다, 내다
0706	stomach	명 위, 배
0707	something	대 무엇, 어떤 것
0708	while	접 1 ~하는 동안 2 ~에 반하여
0709	beat	동 1 때리다, 두드리다 2 이기다
0710	hang	동 걸(리)다, 매달(리)다
0711	lovely	형 사랑스러운, 예쁜
0712	honest	형 1 정직한 2 솔직한
0713	understand	동 이해하다, 알아듣다
0714	interesting	형 재미있는, 흥미로운
0715	rope	명 밧줄, 로프
0716	pour	동 1 따르다, 붓다 2 (비가) 쏟아지다, 퍼붓다
0717	club	명 클럽, 동아리
0718	writer	명 작가, 필자
0719	on time	시간을 어기지 않고, 제시간에
0720	be worried about	~에 대해 걱정하다

DAY 37

0721 **list**	명 명단, 목록
0722 **project**	명 1 (대규모의) 계획, 프로젝트 2 (학교에서의) 연구 과제
0723 **carry**	동 1 나르다, 운반하다 2 가지고 다니다
0724 **empty**	형 비어 있는, 빈
0725 **famous**	형 유명한
0726 **raise**	동 1 (들어)올리다, 들다 2 키우다, 기르다
0727 **drink**	동 마시다 명 마실 것
0728 **behind**	전 1 [위치] ~ 뒤에 2 [발달 · 진도] ~에 뒤(처)져
0729 **stay**	동 머무르다 명 머무름, 방문
0730 **another**	형 또 하나의 대 또 하나의 것[사람]
0731 **surprising**	형 놀라운
0732 **outside**	부 밖에, 밖으로 전 ~ 밖에 명 외부, 겉면
0733 **stick**	명 1 나뭇가지 2 채, 스틱 동 붙다, 붙이다
0734 **vacation**	명 방학, 휴가
0735 **interested**	형 흥미 있는, 관심 있는
0736 **dead**	형 죽은
0737 **beef**	명 쇠[소]고기
0738 **excuse**	동 용서하다, 봐주다 명 변명
0739 **work out**	운동하다
0740 **hang out**	시간을 보내다, 어울려 놀다

DAY 38

0741 believe	동 믿다
0742 calm	형 침착한, 차분한 동 진정하다, 진정시키다
0743 dangerous	형 위험한
0744 festival	명 축제
0745 shy	형 부끄럼을 타는, 수줍어하는
0746 lonely	형 외로운, 쓸쓸한
0747 spicy	형 매콤한, 자극적인
0748 wonder	동 궁금하다 명 경탄, 놀라움
0749 solve	동 (문제를) 풀다, 해결하다
0750 fail	동 1 실패하다 2 (시험에) 떨어지다
0751 neighbor	명 이웃
0752 ground	명 지면, 땅
0753 circle	명 원
0754 important	형 중요한
0755 pond	명 연못
0756 roll	동 구르다, 굴리다
0757 dear	형 1 (편지 첫머리에) ~에게[께] 2 소중한
0758 practice	동 연습하다 명 연습
0759 get out of	~에서 나가다
0760 give it a try	시도하다

DAY 39

0761 **bill** 명 1 고지서, 청구서 2 지폐

0762 **collect** 동 모으다, 수집하다

0763 **surprised** 형 놀란, 놀라는

0764 **join** 동 1 가입하다 2 함께하다, 합류하다

0765 **blank** 형 공백의, 빈 명 빈칸

0766 **problem** 명 문제, 어려움

0767 **crash** 동 충돌[추락]하다 명 (자동차의) 충돌, (비행기의) 추락

0768 **however** 부 그러나, 그렇지만

0769 **secret** 명 비밀

0770 **record** 명 (글 등으로 남긴) 기록 동 (정보 등을) 기록하다

0771 **hometown** 명 고향

0772 **race** 명 경주, 경기

0773 **bowl** 명 1 (속이 깊은) 그릇, 사발 2 한 그릇(의 양)

0774 **daily** 부 매일, 날마다 형 매일의, 일상의

0775 **newspaper** 명 신문

0776 **tip** 명 1 (뾰족한) 끝 2 팁, 봉사료 3 조언

0777 **wonderful** 형 멋진, 훌륭한

0778 **own** 형 자기 자신의 동 소유하다

0779 **be interested in** ~에 관심이[흥미가] 있다

0780 **believe in** (~의 존재를) 믿다

DAY 40

0781 **lift** 동 (들어) 올리다

0782 **bottom** 명 맨 아래, 바닥 형 맨 아래의

0783 **hole** 명 1 구멍 2 (지면 등의) 구덩이

0784 **dialogue** 명 대화, 회화

0785 **real** 형 1 (가짜가 아닌) 진짜의 2 (허구가 아닌) 실제의

0786 **news** 명 1 소식 2 (신문 · 방송 등의) 뉴스

0787 **jungle** 명 밀림, 정글

0788 **form** 명 1 종류, 유형 2 (문서) 서식 동 형성하다, 이루다

0789 **sunlight** 명 햇빛, 햇살

0790 **contest** 명 대회, 콘테스트

0791 **brave** 형 용감한, 용기 있는

0792 **hurry** 동 서두르다 명 서두름

0793 **magazine** 명 잡지

0794 **welcome** 동 환영하다, (기쁘게) 맞이하다

0795 **sleepy** 형 졸리는

0796 **protect** 동 보호하다, 지키다

0797 **matter** 명 문제, 일 동 문제가 되다, 중요하다

0798 **past** 형 1 과거의, 지나간 2 (바로) 지난 명 과거

0799 **take place** (사건이) 일어나다, (행사가) 열리다

0800 **not ~ anymore** 더 이상 ~않다

DAY 41

0801	fry	동 (기름에) 튀기다, 볶다
0802	advice	명 충고, 조언
0803	course	명 1 강좌, 강의 2 항로, 방향
0804	habit	명 습관, 버릇
0805	sign	명 표지판 동 서명하다
0806	perfect	형 1 (결함 없이) 완벽한 2 (목적에) 꼭 알맞은, 완벽한
0807	heat	명 1 열 2 더위 동 가열하다, 데우다
0808	without	전 ~ 없이
0809	colorful	형 알록달록한, 다채로운
0810	never	부 결코[절대] ~하지 않다
0811	tea	명 1 홍차 2 차
0812	trouble	명 어려움, 문제
0813	okay	감 응, 좋아 형 괜찮은
0814	honey	명 (벌)꿀
0815	sport	명 스포츠, 운동
0816	friendly	형 친절한, 다정한
0817	serve	동 1 (음식을) 제공하다, 차려 주다 2 (손님을) 응대하다
0818	uniform	명 제복, 유니폼
0819	all the time	항상, 늘
0820	for a while	잠시 동안

DAY 42

0821	field	명 1 들판, 밭 2 분야, 영역
0822	blind	형 눈 먼, 맹인의
0823	center	명 1 중심, 중앙 2 종합시설, 센터
0824	headache	명 두통
0825	score	명 득점, 점수 동 득점하다
0826	pilot	명 조종사, 파일럿
0827	everything	대 모든 것, 모두
0828	during	전 ~ 동안 (내내)
0829	luck	명 1 행운 2 운
0830	nickname	명 별명
0831	mistake	명 실수, 잘못
0832	greet	동 맞이하다, 환영하다
0833	sharp	형 날카로운, 뾰족한
0834	usual	형 평소의, 보통의
0835	cough	동 기침하다 명 기침
0836	fashion	명 1 유행 2 패션, 의류업계
0837	plate	명 접시
0838	meal	명 식사, 끼니
0839	of course	물론, 당연히
0840	on one's own	스스로, 혼자 힘으로

DAY 43

0841 mind	명 마음, 정신 동 꺼리다, 싫어하다
0842 win	동 1 이기다 2 따다, 획득하다
0843 amazing	형 놀라운, 굉장한
0844 borrow	동 빌리다
0845 comic	형 코미디의, 희극의 명 만화책
0846 garbage	명 쓰레기
0847 sale	명 1 판매 2 할인 판매, 세일
0848 nothing	대 아무것도 ~ 아니다[없다]
0849 director	명 1 (회사의) 이사, 임원 2 (영화 등의) 감독
0850 cell phone	명 휴대전화
0851 tour	명 여행 동 여행하다, 관광하다
0852 share	동 1 함께 쓰다, 공유하다 2 나누다
0853 wrap	동 1 싸다, 포장하다 2 두르다
0854 energy	명 1 힘, 기운 2 (석유 · 가스 등의) 에너지
0855 gather	동 1 (사람들이) 모이다, 모으다 2 (정보 등을) 수집하다
0856 happen	동 (사건 등이) 일어나다, 발생하다
0857 usually	부 보통, 대개
0858 prize	명 상, 상품
0859 cut down	1 베어 쓰러뜨리다 2 (양 등을) 줄이다
0860 would like to-v	~하고 싶다

DAY 44

0861	joy	명 즐거움, 기쁨
0862	award	명 상 동 (상 등을) 수여하다, 주다
0863	nurse	명 간호사
0864	quiet	형 조용한, 고요한
0865	cartoon	명 만화 (영화)
0866	excited	형 신이 난, 흥분한
0867	melt	동 녹다, 녹이다
0868	grade	명 1 학년 2 성적
0869	helpful	형 도움이 되는, 유익한
0870	post	명 우편 동 1 (우편물을) 발송하다, 부치다 2 (웹사이트에) 게시하다
0871	sentence	명 문장
0872	trash	명 쓰레기
0873	design	명 디자인 동 디자인하다, 설계하다
0874	subject	명 1 주제 2 과목
0875	match	명 1 경기, 시합 2 성냥 동 어울리다
0876	village	명 (시골) 마을
0877	insect	명 곤충
0878	possible	형 가능한
0879	count on	~을 믿다, ~을 의지하다
0880	at the same time	동시에

DAY 45

0881	event	명 1 사건 2 행사
0882	nature	명 1 자연 2 천성, 본성
0883	level	명 수준, 단계
0884	create	동 창조하다, 만들다
0885	shout	동 소리치다, 외치다
0886	animation	명 만화 (영화), 애니메이션
0887	cause	명 원인 동 ~의 원인이 되다, 일으키다
0888	information	명 정보, 자료
0889	designer	명 디자이너
0890	pack	동 1 (짐을) 싸다 2 포장하다
0891	meeting	명 회의
0892	quiz	명 1 (간단한) 시험 2 퀴즈
0893	wise	형 현명한, 지혜로운
0894	fantastic	형 환상적인, 멋진
0895	peace	명 평화
0896	opinion	명 의견, 생각
0897	relax	동 1 쉬다 2 (몸의) 긴장을 풀다, 이완시키다
0898	flat	형 평평한
0899	throw away	~을 버리다
0900	live next door	옆집에 살다

DAY 46

0901 **hero**	명 영웅
0902 **save**	동 1 (위험으로부터) 구하다 2 (돈을) 저축하다
0903 **main**	형 주된, 주요한
0904 **final**	형 마지막의, 최후의 명 결승(전)
0905 **even**	부 ~조차, ~까지, ~도
0906 **human**	명 인간, 사람 형 인간[사람]의
0907 **scared**	형 겁먹은, 두려워하는
0908 **court**	명 1 법정, 법원 2 (테니스 등의) 경기장, 코트
0909 **interview**	명 1 면접 2 인터뷰, 회견
0910 **block**	명 1 블록, 토막 2 한 구획[블록] 동 (통로 등을) 막다
0911 **float**	동 1 (물 위에) 뜨다, 띄우다 2 (공중에) 떠다니다
0912 **decide**	동 결정[결심]하다
0913 **order**	명 순서 동 1 명령하다 2 (음식을) 주문하다
0914 **creative**	형 창의적인, 창조적인
0915 **result**	명 결과
0916 **wave**	명 파도, 물결 동 흔들리다, 흔들다
0917 **fair**	형 공정한, 공평한
0918 **member**	명 회원, 일원
0919 **upside down**	거꾸로
0920 **turn over**	~을 뒤집다

DAY 47

0921 item 명 1 물품, 품목 2 (목록의) 항목, 사항

0922 character 명 1 성격, 성질 2 등장인물

0923 popular 형 인기 있는

0924 scene 명 (연극 · 영화 등의) 장면

0925 topic 명 주제, 화제

0926 exercise 명 운동 동 운동하다

0927 choice 명 1 선택권 2 선택(하는 행동)

0928 promise 동 약속하다 명 약속

0929 everywhere 부 모든 곳에, 어디든지

0930 follow 동 1 따라가다[오다] 2 (규칙 · 조언 등을) 따르다

0931 language 명 언어, 말

0932 hiking 명 하이킹, 도보 여행

0933 recipe 명 요리법, 레시피

0934 simple 형 1 간단한, 단순한 2 소박한, 수수한

0935 traveler 명 여행자

0936 yet 부 1 [부정문] 아직 2 [의문문] 벌써, 이미

0937 introduce 동 소개하다

0938 zone 명 구역, 지대

0939 make it 1 성공하다, 해내다 2 시간 맞춰 가다

0940 over and over 반복해서

DAY 48

0941 **poem**	명 시(詩)
0942 **view**	명 1 경치, 전망 2 견해, 의견
0943 **champion**	명 챔피언, 우승자
0944 **discover**	동 발견하다
0945 **focus**	동 집중하다 명 초점, 중점
0946 **huge**	형 (크기가) 거대한
0947 **marry**	동 결혼하다
0948 **reach**	동 1 도착[도달]하다 2 (손이) 닿다
0949 **tradition**	명 전통, 관습
0950 **script**	명 대본, 각본
0951 **president**	명 1 대통령 2 회장, 사장
0952 **nobody**	대 아무도 ~않다
0953 **hunter**	명 사냥꾼
0954 **please**	부 부디, 제발 동 기쁘게[즐겁게] 하다
0955 **machine**	명 기계
0956 **owner**	명 주인, 소유자
0957 **factory**	명 공장
0958 **tower**	명 탑
0959 **turn down**	1 (소리 등을) 낮추다, 줄이다 2 거절하다
0960 **such as**	~와 같은

DAY 49

0961 **common** 형 1 흔한 2 공통의, 공동의

0962 **enemy** 명 1 적 2 (전쟁 시의) 적국, 적군

0963 **guide** 명 안내자, 가이드 동 안내하다

0964 **lock** 동 잠기다, 잠그다 명 자물쇠

0965 **memory** 명 1 기억(력) 2 추억, 기억

0966 **program** 명 (TV 등의) 프로그램

0967 **maybe** 부 어쩌면, 아마

0968 **power** 명 1 힘, 능력 2 동력, 에너지

0969 **royal** 형 왕실의, 왕족의

0970 **wild** 형 야생의

0971 **slide** 동 미끄러지다 명 미끄럼틀

0972 **national** 형 국가의, 국가적인

0973 **outdoor** 형 야외의

0974 **plastic** 명 플라스틱

0975 **report** 명 보고(서) 동 보고하다, 발표하다

0976 **culture** 명 문화

0977 **recycle** 동 재활용하다, 재생하여 이용하다

0978 **traditional** 형 전통의, 전통적인

0979 **be on time** 시간을 잘 지키다

0980 **millions of** 수백만의

DAY 50

0981 **invite** 동 초대하다

0982 **mean** 동 의미하다

0983 **total** 형 총, 전체의 명 합계, 총액

0984 **coupon** 명 쿠폰, 할인권

0985 **curious** 형 궁금한, 호기심이 강한

0986 **finally** 부 마침내, 결국

0987 **powerful** 형 1 영향력 있는 2 강력한, 효과적인

0988 **return** 동 1 돌아가다[오다] 2 돌려주다, 반납하다
명 돌아감, 귀환

0989 **visitor** 명 방문객, 손님

0990 **desert** 명 사막

0991 **refrigerator** 명 냉장고

0992 **shower** 명 1 샤워 2 소나기

0993 **freeze** 동 (얼음이) 얼다, 얼리다

0994 **partner** 명 1 동료, 동업자 2 (스포츠 · 댄스 등의) 파트너

0995 **tongue** 명 1 혀 2 언어

0996 **spread** 동 1 펴다, 펼치다 2 (소문 · 정보 등이) 퍼지다

0997 **beauty** 명 1 아름다움, 미(美) 2 미인

0998 **reporter** 명 (보도) 기자, 리포터

0999 **once upon a time** 옛날 옛적에

1000 **have ~ in common** 공통적으로 ~을 가지다

MEMO

MEMO

MEMO

MEMO

MEMO

MEMO